Quand la France réagira…

Groupe Eyrolles
61, bd Saint-Germain
75240 Paris cedex 05

www.editions-eyrolles.com

Du même auteur

- *La fin du risque zéro*, avec Patrick LAGADEC, 2002.
- *Voyage au cœur d'une implosion*, avec Patrick LAGADEC et Laura BERTONE, 2003.
- *Quand ONG et PDG osent*, avec Jean-Marie AOUST, Gilbert CANAMÉRAS et Claude REVEL, 2004.

Avec la collaboration de Julie Bouillet

© Groupe Eyrolles, 2007
ISBN : 978-2-212-53805-7

Xavier GUILHOU

Quand la France réagira...

EYROLLES

Xavier Guilhou est président de XAG Conseil. Il est aussi : Conseiller du Commerce extérieur de la France (CCE), auditeur de l'Institut des Hautes Études de la Défense Nationale (IHEDN), vice-président de l'Observatoire des Rébellions et expert de l'Association pour le Progrès du Management (APM).

Pour le contacter :
http://www.xavierguilhou.com

Dédicace

Ce livre est dédié à mes deux princesses pour leur « force de caractère » et leur « force d'âme »,
À mon épouse pour son talent porteur d'espérance,
Et à tous ceux que j'ai croisés et accompagnés depuis trente ans et qui se battent pour l'avenir de notre pays.

Sommaire

Introduction 1

Partie 1
Se résigner ? Jamais

Dans un premier temps, il est nécessaire de décrypter la crise singulière
que vit actuellement la France. Pour cela, il faut oser voir les signaux
en face et toucher du doigt les dysfonctionnements.

Chapitre 1
Oui, la confusion est totale 15
   Quelque part entre l'Argentine, l'ex-Yougoslavie
   et le Liban 16
   Rupture de confiance et déni de réalité 23
   Pourtant nous avons encore les moyens 27
   Pourtant nous sommes incontournables 33
   Entre solutions miracles et tentations populistes 36
   Un pays en faillite et une crise de pilotage sans précédent ... 39

Chapitre 2
Oui, le malade n'est pas imaginaire 43
   Plus personne n'y croit 44
   Tout le monde a « peur » 48
   Une société en régression 51
   Des pathologies lourdes 53

Cette « étrange défaite » 57

L'implosion du système a déjà commencé 60

Chapitre 3

Oui, tous les signaux sont *a priori* au rouge 63

Y a-t-il quelque part un responsable ? 63

Le système d'alerte est débranché 66

Inaptitude des élites face aux signaux forts 69

Le règne de la complexité des raisonnements 73

De la nécessité de clarifier notre pensée 76

De la nécessité de clarifier nos actes 78

De la nécessité de rétablir le principe de responsabilité 81

Partie 2

Il est encore temps de relever la tête

L'auteur propose ici des voies de sorties de crise pour montrer
à ses concitoyens qu'il est encore possible de rendre réversible
ce qui ne saurait être pour lui une fatalité.

Chapitre 4

Stoppons l'hémorragie 89

Ne pas confondre urgence et priorités 90

Ne pas se tromper dans les enjeux 93

Réflexes de survie 95

Arrêter le « racket budgétaire » 99

Éradiquer le « cholestérol bureaucratique » 102

Éliminer les « privilèges » 104

Assainir les structures intermédiaires et les médiateurs 107

Remettre des repères 112

Chapitre 5

Réinjectons du sens 117

Savoir faire son deuil d'un passé révolu 118

La « France » ne fait plus sens 119

Repli identitaire, tribus, culte du « moi » 123

Sortir de l'angélisme et de l'infantilisme 126

Se recentrer sur les questions vitales 132

Réinventer une certaine « idée de la France » 135

Retrouver l'autorité perdue 138

Pour le respect de la loi 140

Ouvrir le débat sur le défi religieux et culturel 142

Chapitre 6

Renouons avec le risque

Renouons avec le risque 147

Trouver des hommes audacieux et courageux..................... 148

Rétablir la culture du risque et du projet............................ 151

Imaginer un nouveau contrat social 155

Redonner envie 157

Se réconcilier avec l'intuition et le jeu 161

Libérer les talents 165

Partie 3

Quand la France se réveillera...

Le lecteur est engagé sur cette dimension ardemment souhaitée pour la France :
celle d'une « renaissance » forte et pleine d'espérance pour les jeunes
générations qui auront à œuvrer sur le moyen terme.

Chapitre 7

Réapprendre le monde 173

Accepter la « centralité de l'autre » 174

Le « retour de la guerre » 176

L'impuissance européenne.. 178

Le réveil de l'Islam 181

De nouvelles conflictualités.. 188

Les grands enjeux 193

Une nouvelle philosophie des risques................................. 199

De nouvelles formes de pilotage des sociétés 200

Chapitre 8

Préparer la jeunesse 205

Sujet tabou, modèle en panne 206

Se préparer à de violents changements de modèles.............. 209

Pour une rupture dans les méthodes 213
Remettre de la profondeur dans le savoir-être 216
Créer un « complément d'humanité » 219

Chapitre 9
Reprendre le leadership 223
Préalables pour survivre 224
Les impératifs vitaux 226
« Faire rêver » nos enfants 228
Notre défi européen 232
Reprendre « la main » 239

Conclusion 249
Bibliographie 255
Index 263

Introduction

« Ni la tour de pierre, ni les murailles de bronze travaillé
Ni le cachot privé d'air, ni les liens de fer massif
Ne peuvent enchaîner la force de l'âme. »
William Shakespeare, extrait de *Jules César*

C'est à la Nouvelle-Orléans, lors d'un voyage d'étude sur les enseignements du cyclone Katrina[1], que m'est venue l'idée de cet essai à destination de mes concitoyens. Bien entendu, la France n'est pas confrontée à des cyclones d'une telle violence et certains pourraient m'opposer immédiatement qu'il n'y a pas lieu d'esquisser la moindre transposition. Comme tout le monde le sait, notre pays

---

1. En février 2006, dans le cadre d'une mission Électricité de France, un retour d'expérience a été mené à la Nouvelle-Orléans pour tirer les enseignements de la gestion de la crise suite au passage du cyclone Katrina en septembre 2005 ; cette mission a été effectuée à la demande de Pierre Beroux, directeur du Contrôle des risques d'EDF, avec Patrick Lagadec (École polytechnique), Daniel Madet (EDF), Jean-Pierre Laroche (ADP), Erwan Lagadec (Harvard University). Voir le rapport de mission « Les Grands Réseaux vitaux, enseignements sur les crises hors cadre et leur pilotage » sur www.xavierguilhou.com rubrique publications/rapports.

1

est une « exception »[1]. De fait, il ne peut être concerné par des situations « hors normes » de ce type. Il serait donc présomptueux de ma part d'assimiler notre pays, à la « douceur angevine » et au climat tempéré, aux USA qui connaissent régulièrement des contraintes en matière de ruptures météorologiques... Enfin, tout ceci est très éloigné des préoccupations quotidiennes des Français qui sont persuadés que « tout est bien sous contrôle » et qui partent du principe que « l'État providence » est là pour surseoir au moindre dysfonctionnement collectif. Sur les berges de la Seine, le moindre écart de température par rapport aux moyennes établies se transforme immédiatement et souvent de façon exubérante en alerte « grand froid » ou « canicule », là où sous d'autres cieux nous ne sommes que dans la normalité. Il serait donc vraiment inconvenant de s'interroger sur la pertinence d'un système d'alerte aussi fin et subtil[2]. Comme l'affirme Auguste Comte : « *Tout est relatif, et cela seul est absolu.* »

Si ces pages d'écriture ne sont pas consacrées aux questions climatiques, alors que le « réchauffement de la planète » est à l'ordre du jour de tous les débats mondains, certains pourraient penser qu'elles sont donc dédiées aux liens historiques et culturels qui nous attachent avec cette partie du continent nord-américain. Ce n'est pas de cela non plus dont je souhaite parler ici, mais d'une autre dimension qui me semble plus profonde et néanmoins indispensable pour mon pays aujourd'hui. Je l'ai trouvée là-bas explicitée clairement et dignement au milieu d'un chaos indescriptible. Et il m'a paru important d'en retransmettre le message à qui veut bien l'entendre et le prendre en compte.

Il faut dire qu'en trente ans de voyages autour de la planète, je n'ai jamais côtoyé un tel désastre en termes d'amplitude, de brutalité et d'enjeux. Pourtant j'ai connu moult situations où l'homme

---

1. Pourtant les effets de ces caprices tropicaux sont bien connus de nos ressortissants des îles des Antilles et de l'océan Indien et nous pourrions en tirer des enseignements dans beaucoup de domaines.
2. Système d'alerte qui n'a pas empêché la mort de 13 000 personnes lors de la canicule d'août 2004...

s'est acharné pendant des années sur ses semblables au travers de guerres civiles ou de conflits ethniques. De même j'ai vu à plusieurs reprises la Nature pulvériser en quelques heures des infrastructures *a priori* indestructibles pour nos esprits prométhéens[1] mais qui n'ont pas été en mesure de résister à la violence extrême d'un tremblement de terre ou à la puissance destructrice d'un tsunami. Mais là, en Louisiane, bien au-delà du retour d'expérience qu'il m'a été possible de faire en termes de gestion de crises et de reconstruction, j'ai été surtout interpellé par le comportement et par la réaction des populations.

Une certaine « force d'âme »

Cela s'est passé en février 2006, alors que la ville n'avait pas encore fini de panser ses blessures, que l'on circulait au milieu de milliers de maisons détruites et de tonnes de gravats. Comme tous les ans, les habitants convergeaient vers le vieux quartier français pour le fameux carnaval. À la différence des autres années où l'insouciance et le plaisir étaient au rendez-vous, ils ont voulu cette fois-ci révéler aux caméras du monde entier combien leur volonté de vivre primait sur le chaos ambiant. Tandis que les chroniqueurs étaient venus pour « faire » dans ce voyeurisme et cette habituelle compassion médiatique qui sont servis après chaque désastre naturel, la « communauté »[2] avait décidé pour sa part de montrer une autre vision de sa situation et de son avenir. Pour bien signifier au reste des États-Unis et au Monde cette volonté de vivre qu'ils incarnaient désormais, ils avaient décidé de baptiser cet événement *« Rebirth »*,

---

1. Prométhée fait partie de la mythologie grecque. Prométhée (qui signifie : le prévoyant), est présenté comme un escroc intelligent qui parviendra à duper Zeus. Il deviendra le personnage central de nombreuses tragédies qui bâtiront sa légende. Hésiode, dans la *Théogonie*, et Eschyle, dans *Prométhée enchaîné*, en feront le sauveur de l'humanité.
2. Aux États-Unis, le terme de *« community »* revêt une signification très importante. Il réunit autour de la Constitution et du drapeau toutes les communautés qui appartiennent au rêve américain. En France, le terme de « nation » correspondrait à cette appellation collective.

3

ce qui signifie « Renaître ». Il est difficile de décrire le contexte mais je laisse le lecteur imaginer le niveau de précarité qui règne encore sur ces rivages du golfe du Mexique[1]. Il faudra au moins une bonne dizaine d'années pour reconstruire ce littoral dévasté et les quartiers sinistrés de la Nouvelle-Orléans. Et ne soyons pas angéliques, cette reconstruction débute avec en arrière-plan de nouvelles menaces cycloniques. Comme tout le monde le sait, elles pèsent de façon récurrente comme une épée de Damoclès sur ce delta du Mississipi et peuvent à tout moment anéantir tous les efforts de cette communauté. Mais ce n'est pas de cela dont je souhaite parler ici. C'est de cette « force d'âme », pour reprendre un terme cher à Jean-François Deniau dans son dernier livre *Survivre*, qui a retenu toute mon attention lors de cette mission. Elle ne cesse de m'interpeller au travers de mes missions sur d'autres terrains.

C'est la même « force d'âme » que je côtoie depuis vingt ans avec mes interlocuteurs et amis libanais. Pourtant ils ont vécu et revivent encore ce que je ne souhaite à aucun peuple. Une guerre civile est sans aucun doute la pire des confrontations que je puisse connaître. Celle-ci a fait plus de 150 000 morts depuis trente ans dans la quasi-indifférence de la communauté internationale. Malgré cela, alors qu'ils pourraient s'enfoncer inexorablement dans la désespérance, ils sont eux aussi mus dans leur for intérieur par cette volonté de renaître. Il ne s'agit pas seulement pour eux de reconstruire physiquement leur pays mais de redonner du sens à une vie individuelle qui a été anéantie par la folie des hommes. Cela va même plus loin quand on connaît bien ces contextes de l'intérieur. Il y a une recherche collective d'un nouveau souffle, d'un élan vital pour permettre

---

1. Quelques données : la superficie touchée est celle de la Grande-Bretagne, soit 50 % du territoire français. Ce cyclone de force 4 a causé la mort de 1 300 personnes. Le coût global de Katrina a été estimé à 200 Mds $, soit plus de six fois le cyclone Hugo (1989), ou encore cinq fois le coût des attaques terroristes du 11 septembre 2001. 250 000 à 300 000 maisons ont été gravement endommagées, voire détruites. À La Nouvelle-Orléans, près de 110 000 habitations, 50 % des foyers de la ville, ont été dans plus d'1,20 m d'eau ; certains quartiers sous plus de 3 m ; en superficie, il s'agit de 7 à 8 fois l'île de Manhattan.

à une aventure qui a été neutralisée par les aberrations de l'histoire de retrouver son cheminement. Ce souci de renaissance, je l'ai côtoyé dans d'autres univers et sous d'autres hémisphères. Je pourrais ainsi parler des Argentins qui ont vécu une implosion spectaculaire de leur système de vie avec une descente aux enfers des deux tiers de leur population. Celle-ci est passée en 2002[1] en dessous du seuil de pauvreté en quelques semaines. Avec cette fierté qui caractérise les Argentins, ils vous disent finalement les mêmes choses que le « Black » ou le « petit Blanc » du Mississipi réunis lors du carnaval derrière leurs saxos, ou que le Libanais à la terrasse d'un café à Beyrouth derrière son verre de raki. Ils vous le disent avec d'autres mots, mais avec la même intensité et la même profondeur dans le regard. Tous ont vécu des choses aujourd'hui inconcevables pour nous autres Européens qui sommes très loin de ces univers de vie. Non seulement nous ne pouvons pas imaginer ce que les uns ou les autres ont pu vivre mais du fait de notre quotidien très sécurisé et prospère, je crains que nous soyons dans l'incapacité de comprendre ce que tout cela signifie comme cheminement et surtout comme message. Pourtant, tous nous disent avec une force inouïe : *« Nous avons connu le chaos, nous avons appris à survivre, désormais il nous faut renaître ! »*

Je ressens les mêmes pulsions lorsque je parcours cette Europe Centrale qui sort de cinquante ans d'emprises totalitaires et ces Balkans qui émergent à peine d'une terrible guerre ethnique. On ne peut pas comprendre actuellement le polonais, le tchèque, le

---

1. En décembre 2001, dans les rues de Buenos Aires, la société argentine est descendue dans les rues, armée seulement de casseroles en criant *« Basta »*. Certes elle a éliminé le pouvoir en place mais elle a basculé dans une rupture profonde où les repères les plus basiques ont été pulvérisés en quelques jours. La population est passée alors en quelques mois de 28 % à 65 % sous le seuil de la pauvreté (source ONU) et l'économie de marché a laissé la place au troc, à la maffia. Heureusement la guerre civile a été évitée grâce à l'action méconnue d'associations locales et de l'Église catholique qui ont su tenir le terrain et contenir les débordements.
Cf. *Voyage au cœur d'une implosion, ce que l'Argentine nous apprend*, Patrick Lagadec et Laura Bertone, Eyrolles, octobre 2003.

croate ou le bosniaque sans cette quête imperceptible de renaissance. J'ai fait le même constat en Afrique Australe aux lendemains de l'apartheid. On ne peut pas comprendre la détermination actuelle de cette région vis-à-vis du règlement des crises africaines sans ce franchissement de seuil vital qu'elle a assumé seule il y a quinze ans. Tous ceux qui vivent ce cheminement extrêmement fort qui passe par une épreuve vitale et une période de survivance débouchent sur ce besoin de renaissance. Certains le refusent, se complaisent dans le gémissement, s'enfoncent dans le fatalisme, voire dans la victimisation, si ce n'est dans la radicalisation d'une crise d'identité plus ou moins décalée. Les exemples sont nombreux et je ne peux nier ces dérives individuelles ou localisées qui nourrissent les actualités mortifères de nos journaux télévisés. Elles existent et traduisent souvent un grand désarroi, notamment de nos sociétés occidentales, face aux « choses de la vie ». Pour autant j'avoue être beaucoup plus fasciné par tous ceux qui ont vécu des événements vitaux et qui ont décidé de relever la tête que par ceux qui se complaisent dans le gémissement. Ceux qui ont eu le courage de réagir ont généralement donné tort à tous les diagnostics pessimistes faits sur les drames qu'ils ont eu à assumer et à transformer. À leur contact j'ai appris que l'instinct de vie est toujours plus fort que le pathos de mort, même si celui-ci est *a priori* recherché en priorité et de façon morbide par les médias pour faire de l'audience. Il n'a pas toujours le dernier mot ! Heureusement…

Un seul mot d'ordre : lucidité

Je suis conscient, en écrivant ces premières lignes, que je perturbe et indispose sûrement le lecteur en postulant d'emblée qu'il ne peut y avoir de sens face aux revers de la vie sans une forte capacité de sublimation de l'existence. Selon le degré de réflexion, de croyance, d'espérance de chacun, cette recherche de sens s'exprimera avec des mots qui n'ont pas la même intensité : valeur, conscience… Qu'importent les définitions, ces mots exigent tous en amont des niveaux de convictions qui ne peuvent, dans nos cultures occidentales, qu'être au départ individuels. Pour autant, il est

6

clair que tout le monde n'a pas besoin de ce moteur existentiel pour se donner une raison d'être et de vivre. L'Asie qui est en pleine surchauffe socio-économique actuellement ne fonctionne pas avec ce même besoin de sens que notre monde judéo-chrétien. Du moins elle l'exprime différemment, avec moins d'exubérance individuelle et plus d'abnégation collective. Un désastre équivalent à celui de Katrina ne sera pas vécu et assumé de la même façon. Il suffit d'analyser le traitement du tsunami qui a frappé les côtes de l'océan Indien en janvier 2005, pour voir que les deux tiers de l'humanité n'ont pas besoin des mêmes ressorts que nous. Malraux l'exprime bien lorsqu'il écrit à ce propos : « *L'esprit occidental veut apporter le monde à l'homme, alors que l'esprit oriental propose l'homme en offrande au monde.* »[1] L'Occident, qui est très marqué par l'individualisme et la notion de libre arbitre, a particulièrement besoin de cette « force d'âme » pour accepter et assumer son destin qui est forcément tragique parce qu'excentrique. En le sublimant par une transfiguration de l'histoire, il devient sans doute ainsi plus acceptable et moins grotesque pour les individus et les sociétés. Néanmoins il donne à chacun la possibilité de s'inscrire dans des cheminements forts, d'y affirmer des convictions et de faire émerger des initiatives audacieuses, voire particulièrement innovantes, qui ont permis à l'Occident à plusieurs reprises d'initier de véritables ruptures créatrices[2].

Actuellement le monde bouge à très grande vitesse et nous ne pouvons pas nous contenter d'attendre les catastrophes pour imaginer des postures salutaires face à l'adversité et pour redresser la tête face aux aléas de la vie. La plupart des régions du monde sont engagées dans des mutations profondes qui remettent en cause non seulement les équilibres du siècle dernier mais aussi les rapports de force entre tous les acteurs en présence. Au milieu de ce maelström mondial, notre pays semble s'être installé dans un état particulier et bizarre où l'espace-temps n'existe plus. Certains

© Groupe Eyrolles

---

1. *La Tentation de l'Occident*, André Malraux, Grasset Fasquelle, 1926.
2. Cf. *Ruptures créatrices*, Patrick Lagadec, Éditions d'Organisation/Les Échos, 2000.

prétendent même que nous serions atteints du syndrome albanais[1], ce qui n'est pas très élogieux pour notre pays. Tout le monde s'accorde à dire que la France traverse depuis quelque temps une mauvaise passe. Mais tout le monde semble aussi attendre que la catastrophe se manifeste pour en prendre acte, comme s'il ne s'agissait que d'un exercice théorique sans conséquence pour la vie de chacun. Pour ma part je ne crois pas à la fatalité de l'échec ou à celle du désespoir. Je crois que la bêtise des dirigeants et la lâcheté des peuples mènent souvent de concert des collectivités humaines au désastre. Pourtant d'autres, parfois à nos frontières, nous démontrent quotidiennement qu'avec un peu d'intelligence et de volonté il est toujours possible d'enrayer des trajectoires destructrices. Ils nous montrent des voies intéressantes pour qu'une société puisse engager une véritable renaissance de son destin et de ses institutions. Mais dans l'immédiat cela ne semble pas intéresser les Français plus enclins à se plaindre sur leur sort, et encore moins les dirigeants plus concentrés sur le maintien de leurs privilèges.

Depuis trois ans je travaille, à la demande des circuits économiques et financiers, sur le risque souverain français. J'ai écrit de nombreux articles sur la question et multiplié les conférences sur le sujet tant est forte la demande de clarification et surtout d'issues pour sortir de la crise actuelle. Il faut avouer que la succession des événements qui secouent régulièrement le pays depuis les élections d'avril 2002 ne cesse d'alimenter les scénarios les plus sombres. Tout a été quasiment écrit sur la situation de notre pays. Les audits sont là et la multitude de diagnostics convergent *a priori* sur les mêmes conclusions. Par contre, et comme toujours dans notre pays qui sait briller par son esprit de synthèse et par son pessimisme de l'intelligence, s'il y a beaucoup de débats sur les convulsions de nos institutions, il y a

---

1. Pendant cinquante ans l'Albanie a vécu sous le régime communiste d'Enver Hodja. Ce dernier a coupé le pays de toute interférence avec l'extérieur en maintenant une psychose de menaces extérieures sur ses intérêts vitaux. Le pays a vécu ainsi sous la paranoïa morbide d'un homme enfermé dans son système où tout le monde était étouffé par l'omniprésence de l'État et du Parti. Pour plus d'informations, lire *Histoire de l'Albanie et des Albanais*, Georges Castellan, Arméline, Crozon, 2002.

peu de réflexions sur l'issue de la crise. Depuis plus de vingt ans je travaille sur la réversibilité des situations au niveau international et j'ai connu de nombreuses aventures stupéfiantes, « inconcevables » pour nos esprits endormis, qui ont donné tort à toutes les supputations de nos experts en géostratégie ou en gestion de crises. La plus spectaculaire fut sans aucun doute pour moi celle des PECO[1] au moment de la chute du mur de Berlin symbolisée par la résistance polonaise, le démembrement du pacte de Varsovie en quelques semaines et la désarticulation de la Yougoslavie en quelques mois. L'URSS, épicentre du communisme, ainsi que la Yougoslavie, symbole des non-alignés, ont été réduites à néant en moins d'un an. Et aucun des scénarios catastrophes rédigés sur ce tournant historique n'a vu le jour. Personne n'est en mesure de dire pourquoi. Est-ce dû à l'intelligence des peuples ? À la détermination de « l'Homme en blanc » qui a mis à genou le Kremlin, et à son fameux « N'ayez pas peur ! » qui a ébranlé le nihilisme ambiant des Européens ? Serait-ce dû à la force des processus bureaucratiques mis en œuvre sur le plan financier pour rattraper le temps perdu, ou encore à cette mondialisation et aux forces du marché, voire aux vertus des nouvelles technologies de communication qui nous font rentrer progressivement dans de nouvelles formes de pratiques de démocratie participative ? Il y a eu, c'est certain, une alchimie particulière qui a permis aux peuples opprimés de relever la tête. Dans tous les cas de figure, elle a donné tort aux cassandres de nos instituts de pensée.

Chaque fois que je suis confronté à des situations chaotiques, je me pose toujours la même question : le jour où tout bascule et où après le temps de la crise, il faut reconstruire un pays, une nation, un État, par où faut-il commencer ? C'est cette question du comment faire, avec qui, parfois contre qui, à quel rythme… que je me suis posée, au milieu des gravats en Louisiane, pour la France. C'est à cet ensemble de questions que je vais essayer de répondre cette fois-ci pour mon pays en suivant un cheminement simple mais toujours exigeant en termes de questionnement et de convictions. Dans ce type de situations qui sortent des normes bien pensées, il est préférable en effet d'avoir quelques convictions solides.

---

1. PECO : Pays d'Europe Centrale et Orientale.

Un essai ni polémique, ni politique

Cet essai se veut avant tout lucide et optimiste. Il sera franc, direct et sans concession. Je sais pour autant, comme chaque fois que je fais cet exercice devant des auditoires instruits, que le réflexe premier des cercles dits « informés » face à l'énoncé de la réalité sera de pratiquer le déni. C'est un réflexe compréhensible et normal d'auto-défense de personnes finalement non informées surtout face à l'opacité de la situation et je le comprends volontiers. Par contre j'ai du mal à l'admettre chez des gens avertis dont la première des vertus devrait être avant tout la lucidité, préalable à tout exercice de responsabilité. De nombreuses fois j'ai été confronté à des réactions du type « restons positifs », « ne vous inquiétez pas, ce n'est pas si grave que cela, nous en avons vu d'autres, ne soyez donc pas si pessimiste… » ; voire « vous avez raison mais vous ne pouvez pas dire cela ». Pourquoi ? « Parce qu'avec votre lucidité, vos sources d'informations et vos convictions vous allez les effrayer ! » Et quand je leur réponds : « Mais qui vais-je effrayer ? Autour de vous tout le monde sait déjà à quoi s'en tenir, ils ont déjà tout compris… », je vois alors des regards terrorisés qui avouent leur désarroi face à leur propre impuissance. Et je suis confronté à des silences assourdissants ! Pourtant ils devraient savoir selon le vieil adage que : *« La peur du danger est plus grande que le danger lui-même. »*

Tout avait été étudié, écrit, dit avant la catastrophe de Katrina et pourtant personne n'a voulu en tenir compte. Tout le monde connaît la suite. Personne n'a voulu non plus retenir les leçons du précédent cyclone Camille qui avait fait les mêmes dégâts un siècle auparavant. L'humanité a la mémoire défaillante et nos sociétés qui baignent dans l'opulence ont la vue courte quand cela les arrange. Ce qui vaut pour un cyclone vaut aussi sur le plan historique. Comme l'écrit Hannah Arendt : *« C'est dans le vide de la pensée que s'inscrit le mal. »*

Ce qui m'intéresse désormais ce n'est pas de rentrer dans la polémique des pro ou anti déclinologues qui alimente les nouveaux « combats d'Hernani » de l'intelligentsia française. Je trouve ces débats stériles et pathétiques. Ce qui m'intéresse c'est justement la suite : quand tout renaît. Quand après la rigueur de l'hiver, le printemps permet à toute la vitalité d'une nature de s'exprimer. Le carnaval de la Nouvelle-Orléans correspondait à ce besoin et à cette volonté de libération des énergies et de l'imagination de ces communautés de la Louisiane et du Mississipi. C'est à cet exercice de « passeurs de frontières » que je vais me livrer pour vous communiquer ces quelques convictions qui permettent d'assumer ces franchissements de seuils auxquels l'histoire nous convie régulièrement. Pour la France, il est encore temps de les imaginer intelligemment et de les assumer pour une fois sans passer par un drame collectif comme nous savons trop le faire. Notre pays n'est pas une « exception » et nous avons fort à apprendre de l'expérience des autres. C'est à cette ouverture, à ce voyage dans le regard et le souffle des autres que je vous convie afin de mieux comprendre et ressentir les cheminements que nous avons à engager au plus vite pour notre propre survivance, et demain pour notre renaissance.

Partie 1

Se résigner ? Jamais

Dans un premier temps, il est nécessaire de décrypter
la crise singulière que vit actuellement la France.
Pour cela, il faut oser voir les signaux en face et
toucher du doigt les dysfonctionnements.

« Notre salut et notre perte sont en nous-mêmes. »
Épictète

Chapitre 1

Oui, la confusion est totale

« Les plus belles histoires commencent
toujours par des naufrages. »
Jack London

La France est entrée depuis quelques années dans une spirale infernale qui, si l'on s'en tient aux seuls chiffres économiques et financiers, nous mène en effet tout droit à une tragédie collective. L'implosion du système est largement engagée mais nous ne voulons pas l'admettre. Globalement, quand je décortique les rapports d'expertise de tous ordres la situation est en effet très grave. Elle n'est plus de l'ordre de la crise conventionnelle, elle est désormais de l'ordre du « hors cadre », de « l'inconcevable » et exige d'autres méthodes, d'autres modes d'action et de communication pour s'en sortir. Tous les analystes, chroniqueurs, enquêteurs convergent en termes de diagnostic : le malade n'est pas « imaginaire ». Pour beaucoup les métastases de la crise, qui n'étaient localisées que sur les centres de pouvoir il y a encore dix ans, se seraient généralisées à l'ensemble du pays. Néanmoins nous ne serions pas en « phase finale » et il y aurait encore de l'espoir à condition de pratiquer des thérapies de choc pour reprendre des terminologies médicales.

Quelque part entre l'Argentine, l'ex-Yougoslavie et le Liban

Au-delà des études très fouillées des experts, j'ai pour ma part le sentiment que nous sommes quelque part, en terme de risques potentiels, entre l'effondrement argentin, le syndrome yougoslave et les pathologies libanaises. Pour avoir vécu et disséqué ces trois situations sur le terrain au cours des dernières décennies je ne peux en effet que ressentir un profond malaise à la vue de la dégradation à très grande vitesse de la situation française. Ce malaise est renforcé par le degré d'autisme et de schizophrénie qui règne à tous les niveaux. Ils se révèlent de façon flagrante dans les successions de messages lourds donnés par la population au corps politique lors des différentes consultations électorales et surtout lors des événements que nous avons appelés pudiquement à Paris la « crise des banlieues » et qui au-delà des frontières avait pris le nom de « guérilla urbaine » et pour certains de « début de guerre civile ». Tout le monde a en mémoire la carte de France présentée par CNN et parsemée de villes en feu. De nombreux articles dans *l'International Herald Tribune*, le *New York Times*, le *Washington Post*, mais aussi dans la presse européenne, ont été consacrés à la singularité de cette crise française, avec des analyses assez bien renseignées sur les appels à la violence qui circulaient sur les blogs et les messageries des émeutiers. Certains journalistes sont allés jusqu'à comparer la situation de nos banlieues à la situation irakienne et nos propres chroniqueurs, interrogés sur ces chaînes anglo-saxonnes, ont été les premiers à amplifier le caractère dramatique de la situation. Le *New York Times* entre autres était revenu sur le film de Mathieu Kassovitz *La Haine*, sorti en 1995 : « *Ceux qui ont vu ce film n'ont pas de raison d'être surpris par les violences de cet automne* », écrit le journal. Et de reprendre : « *À l'époque, la description d'une banlieue émigrante bouillonnante et même le choix du titre semblaient choquants et exagérés. Aujourd'hui, le film pourrait presque passer pour un documentaire.* »[1]

_____

1. Pour plus d'informations, voir l'excellent site Internet sur ce sujet : http://usmedia.over-blog.com/archive-11-2005.html

16

De l'Argentine, nous avons les mêmes travers

Il suffit d'additionner notre dette publique, le départ des cerveaux, la délocalisation de nos jeunes talents, la fuite des capitaux et surtout la rupture de confiance entre les populations et les élites dirigeantes. La question de la dette est sûrement la plus visible et la plus préoccupante. Dans ce domaine l'honnêteté voudrait que l'on parle de la véritable dette, non pas celle qui est affichée mais celle qui n'apparaît pas directement dans les comptes et qu'il faudra un jour comptabiliser car elle est garantie *« in fine »* par la signature souveraine de l'État. C'est le cas notamment pour les engagements contractés pour payer les retraites des fonctionnaires et autres statuts spéciaux dont personne ne parle. C'est ainsi qu'en quelques jours, après quelques joutes oratoires des experts financiers, nous sommes passés de 1 100 milliards d'euros de dettes publiques à 2 000 milliards d'euros de « dettes consolidées », pour revenir sur injonction politique au chiffre initial, soit 65 % du PIB (au lieu de 120 %) et plus de 3 % du PNB[1].

---

1. Cette nouvelle estimation, voulue par le gouvernement, prend en compte, comme l'imposent les normes comptables internationales, les engagements sur les retraites des fonctionnaires, évalués à 900 milliards d'euros. Confiée le 19 juillet 2005 à Michel Pébereau, président du conseil de surveillance de BNP Paribas, la mission d'évaluation a mis en évidence le montant réel de la dette publique et les conditions dans lesquelles elle a explosé ces vingt dernières années d'où ce chiffre de 2 000 milliards d'euros et 120 % du PIB. Selon les critères européens, la dette ne doit pas dépasser les 60 %… Aussi pour rester dans l'épure des 3 % du PNB imposée par les critères de Maastricht, les pouvoirs publics ont séparé astucieusement la dette brute de l'État et celles qui sont contractées au profit d'autres institutions publiques mais vis-à-vis desquelles la signature publique est engagée. Pour autant cette dette additionnelle ne rentre pas dans le calcul de la « dette consolidée » versus Maastricht, ce qui fausse le calcul réel de l'endettement public. Il faut lire les explications très complexes de nos comptables du Trésor pour comprendre les jeux d'écriture qui permettent à la France de rester dans cette épure des 3 % et aux politiques d'ignorer les évaluations faites par des experts indépendants. Dans les faits la véritable « dette consolidée » de la France devrait additionner les dettes brutes et les dettes dérivées garanties par la signature de l'État. Dans cette hypothèse comptable le pays devrait comme une entreprise se mettre sous la protection de la loi sur les faillites…

Il faut avouer que La France vit allégrement au-dessus de ses moyens, dépensant en moyenne 25 % de plus qu'elle ne gagne. Selon le rapport de la Cour des Comptes, la dette publique est passée de 17 % à 65 % du PIB en trente ans. Elle a été multipliée par cinq pour atteindre le même niveau qu'après la Seconde Guerre mondiale sans que la France ait vécu pour autant de catastrophe majeure. Depuis les années 80 aucun budget n'a été voté en équilibre, la croissance ne suffit pas à éponger les besoins publics et la dette grimpe en moyenne de 2 à 3 % par an. Elle devrait être de 67 % en 2007. Elle correspond à quatre fois le budget de l'État. Chaque année elle coûte en moyenne 50 milliards d'euros soit 20 % du budget de l'État mais 90 % de la recette des impôts sur le revenu, 140 % des revenus des impôts des sociétés... Ces recettes servent juste à payer le coût des intérêts, pas la dette. Aujourd'hui on estime que près de 53 % de la dette publique française est détenu par l'étranger.[1]

Par ailleurs, personne ne fait l'audit réel de cet endettement public en différenciant ce qui est de l'ordre du structurel (et en l'occurrence de l'ordre du bon investissement pour l'avenir que les financiers appellent « effet de levier ») et ce qui est de l'ordre du conjoncturel (et qui est plus de l'ordre de la « fuite en avant » que les financiers appellent « effet d'ancrage »). Actuellement l'État français use plus de la seconde forme d'endettement pour financer son train de vie dispendieux que pour garantir l'avenir du pays.

Mais qu'importent les querelles de chiffres quand à ce stade le pays est en quasi-faillite. Tout le monde le sait mais il y a un statu quo général de tous les corps constitués (y compris des syndicats si prolixes d'habitude pour dénoncer la gabegie publique), pour ne pas l'avouer et surtout pour ne pas la déclarer. Mais bien au-delà de cette conspiration du silence de nos grands argentiers il y a en toile de fond des pathologies plus sérieuses. Nous sommes dans la même posture que ces Argentins qui s'imaginaient encore à la fin du dernier millénaire qu'ils étaient toujours la huitième puissance mondiale alors que leur pays était entré depuis longtemps dans une dérive sui-

---

1. http://www.ofce.sciences-po.fr

cidaire. Nous ne voulons pas admettre que nous sommes nous aussi en perte de puissance à tous les niveaux, qu'il s'agisse de notre influence diplomatique, militaire, économique, et même culturelle.

Nous nous sommes enfermés dans une illusion d'optique avec des discours anesthésiants qui nous confortent dans des dérives dont on connaît malheureusement l'issue. Mais ne nous faisons pas d'illusions, si la dérive se poursuit au rythme actuel, ce sera pour nos populations bien au-delà des prélèvements actuels, la spoliation et la pauvreté. Ce sera surtout pour notre pays la sortie du système international par la petite porte. Ce sera enfin pour notre histoire la démonstration d'une faillite de notre système de gouvernance avec une nouvelle « trahison des clercs »[1].

De l'ex-Yougoslavie, nous avons les mêmes dérives

Cela semble surprenant mais la dilution du couple historique « État-nation » dans un système « communautariste » non maîtrisé risque de déboucher sur les mêmes réalités que celles qui ont provoqué l'éclatement de la fédération yougoslave à la mort de Tito. Le parallèle semble audacieux, voire inconvenant. Comment peut-on comparer mille ans d'histoire aux quelques décennies titistes ? Certes mais l'histoire montre qu'il n'y a pas de pérennité des systèmes ; ils sont la plupart du temps l'objet de dévoiement. Comme le

---

1. La précédente, dont la France ne s'est toujours pas encore remise, fut sans aucun doute l'effondrement de l'État et des institutions en 1939 face à l'agression nazie. L'historien Marc Bloch dans son livre *L'Étrange Défaite* en a décortiqué tous les mécanismes précurseurs et toutes les pathologies. Pourtant la France était à cette époque le pays « le plus craint d'Europe » et tout s'est effondré en quelques semaines… *L'Étrange Défaite* a été rédigé de juillet à septembre 1940. Destiné à n'être publié que dans une France libérée de l'occupant, l'ouvrage parut en 1946 grâce au mouvement Franc-Tireur. L'historien se fait témoin, lucide et acerbe, de la défaite et de la décrépitude de la République. Une grande leçon d'Histoire au présent. Dans cet esprit il faut lire aussi l'excellent ouvrage du romancier-essayiste Julien Benda publié en 1927 et intitulé *La Trahison des clercs*. Ce livre qui est une référence et d'une étonnante actualité est réédité chez Grasset, collection les Cèdres rouges, 2003.

dit fort justement Joseph de Maistre : « *L'Histoire est une conspiration permanente contre la vérité.* »[1]

C'est pour cette raison que nous devrions nous interroger sur la similitude des glissements institutionnels et politiques qui s'avèrent de plus en plus flagrants quand on connaît bien les deux terrains. Nous assistons indolents et impuissants à l'effondrement des institutions de la Vᵉ République, à la fin d'un système politique qui pratique l'endogamie et à l'échec d'un mode de gouvernance basé sur le corporatisme. Par ailleurs le pays subit en toile de fond des ruptures de sociétés majeures tant sur le plan culturel, identitaire, confessionnel que démographique qui remettent en cause les fondations de tous nos systèmes de gouvernance tant régaliens que républicains.

Ces ruptures ne peuvent plus être ignorées tant elles modifient en profondeur le fonctionnement de notre société. Il y a tout d'abord cet effet de ciseau démographique lié au vieillissement de la population, du fait de l'augmentation spectaculaire de la durée de vie, et à notre absence de jeunesse qui nécessite un appel croissant à une immigration du Sud. Même si elle est plus subie que choisie cette immigration s'avère inévitable afin de combler notre déficit de population active. Elle génère une rupture générationnelle et beaucoup plus si nous analysons ces chocs identitaires qui émergent sur les champs du partage des valeurs, du langage, de la connaissance et du savoir, du respect des croyances et des philosophies, de la notion de travail... Si nous suivons certains sociologues nous ne serions plus depuis longtemps dans le langage de la « fracture sociale » mais bien dans celui d'une « fracture ethnique et raciale »[2] sans précédent et dont les germes de violence ne peuvent plus être sous-estimés. Il y a aussi cette rupture environnementale qui est due à l'ouverture des marchés et aux phénoménales mutations technologiques en

---

1. Extrait de *Les Soirées de Saint-Pétersbourg*, Joseph de Maistre, Éditions Du Sandre, 31 juillet 2006.
2. Lire à ce propos les discours enflammés de Abdelmajid Guelmami, membre de l'Observatoire des mouvements des sociétés (OMOS) dont celui du 11 juillet 2006 intitulé « Ruptures générationnelles, contestations, arrachement : les Peter Pan de la République ».

cours. Les Français ne savent plus où ils sont : leur travail est détruit par la mondialisation des échanges alors que leur épargne profite de la globalisation financière. Ils ne savent plus qui régule quoi. L'emballement de la machinerie mondiale leur fait peur et les incite à se replier encore plus derrière ces « exceptions nationales » qui ne veulent plus rien dire aux autres peuples de la planète mais qui les rassurent sans qu'ils sachent trop pourquoi. Tous ces déphasages, paradoxes sont à l'origine des ruptures de confiance que nous enregistrons aujourd'hui entre la société civile et ses élites.

Il faut bien avouer que toutes nos références d'indépendance, d'autonomie, de liberté, d'égalité, sont contournées, bafouées, copiées, malmenées par une multiplicité d'acteurs qui se moquent de notre singularité tant en interne qu'à l'extérieur des frontières. Et ne rêvons pas, tous ces mouvements browniens contribuent à briser cette image immuable d'une « France tranquille » qui se serait affranchie des contingences de l'espace-temps et qui est si bien résumée par cette merveilleuse page d'écriture de Jacques Attali : « *La France est le plus beau pays du monde, celui de la beauté paisible. Elle est, à bien des égards, l'un des lieux les plus enviés de la planète. Grande puissance sans en exercer les responsabilités, pôle d'influence sans être suspect d'impérialisme, terre de culture sans rechigner à la beauté des choses, source de raison et de coup de foudre, elle devient, plus que jamais, l'un de ces trésors recherchés par tous les hommes, d'où qu'ils viennent, quels que soient leurs rêves…nulle nation n'a le même charme tranquille, la même sérénité dans l'opulence, le même équilibre entre douceur de la nature et force de la civilisation. La Charente, mieux qu'aucun autre lieu, incarne aujourd'hui cette force tranquille. Pays de François Mitterrand comme de Jean-Pierre Raffarin, lieu de rencontre tolérante entre toutes les fois chrétiennes, terre de vignoble et d'élevage, elle symbolise la grandeur d'un peuple, en son milieu. Milieu de l'Europe, milieu des idéaux, mi-libérale, mi-sociale-démocrate, terre du compromis, du tout et de son contraire, où les maîtres ne sont ni les plus riches ni les plus faibles, mais la classe moyenne ; ni la France d'en bas ni celle d'en haut, mais bien celle du milieu, vrai vainqueur de toutes les élections… tout homme mériterait le bonheur d'être Français.* »[1]

---

1. *L'Express*, 11 juillet 2002, rubrique « Débats » Jacques Attali.

Les quelques références gaulliennes, qui servent encore de lignes d'horizon pour la plupart des politiques, sont de l'ordre de la nostalgie et ne correspondent plus au monde de ce début du XXIe siècle. Elles étaient le fait d'une époque, d'un homme. Elles furent incarnées par une génération qui a certes reconstruit la France, mais qui a interdit toute rénovation de la pensée politique en s'enfermant dans des cohabitations stupides et dévastatrices qui ont occulté les mutations en cours sur tous les continents. Nous sommes confrontés à un grand vide politique et à un grand désarroi stratégique. Les Français ne savent plus qui ils sont et la France ne sait plus où elle va. La Yougoslavie a connu les mêmes dérives au moment de la mort de Tito et nous savons tous comment et à quelle vitesse le système a été pulvérisé et atomisé pour finir malheureusement en guerre civile à deux heures d'avion de Paris.

De Beyrouth, nous avons pris le même déchaînement de violence gratuite et de barbarie potentielle

Même si tout est relatif, nous commençons à vivre les mêmes prémisses que ceux qu'ont vécus les Libanais dans les années 75[1]. Comme dans tout système qui est en faillite politique et qui n'a plus de finalité, le chaos s'installe petit à petit. Nous avons tous en mémoire les images de la capitale libanaise avec ces communautés qui vivaient hier en bonne intelligence et qui se sont autodétruites quasiment à l'arme blanche quartier par quartier. Pourtant dans les années 70, Beyrouth était considérée comme « la Suisse du Moyen-Orient ». Lorsque le seul référentiel des populations devient l'instinct de conservation d'un territoire exigu et l'affirmation de son identité culturelle en passant par une radicalisation du confessionnel, faute de pouvoir se tourner vers un référentiel supérieur, nous savons comment cela se traduit en termes de sécurité publique. Ce qui se passe actuellement sur des dizaines de zones urbaines rappelle ce qui s'est passé il y a vingt ans à Beyrouth, mais aussi il y a

---

1. Pour ceux qui en douteraient, je recommande la lecture du très beau roman *Les Cèdres du Liban*, Joseph Chami, librairie du Liban, 1968. Lire aussi de Alain Ménargues, *Les Secrets de la guerre du Liban*, Albin Michel, 2004.

dix ans à Sarajevo. Mais personne ne souhaite évoquer ces réminiscences barbares et surtout personne ne veut admettre que nous avons aujourd'hui rendez-vous avec la même réalité, même si elle s'exprime différemment. Et pourtant tous ceux qui ont vécu ces contextes ont la sensation d'avoir les mêmes ingrédients réunis sur le terrain. Certains pourront relativiser, d'autres pourront expliquer que l'environnement n'est pas identique – on peut toujours faire appel à des sociologues pour garantir que les terrains et les contextes sont spécifiques – le résultat est malheureusement toujours le même et les populations touchées vivent la même descente aux enfers que les Libanais et les Bosniaques. C'est la même barbarie qui commence : elle a débuté dans le « 93 » avec ces bus incendiés avec des passagers à bord. Elle continue tous les jours avec des successions d'événements qui sont désormais considérés comme presque normaux. Ne faisons pas dans le même angélisme qu'à Beyrouth et à Sarajevo au début, c'est trop grave. La prochaine étape pourrait être autre chose qu'une simple intifada au regard des laboratoires que constituent pour une certaine jeunesse en recherche de référentiels les conflits en cours au Proche et Moyen-Orient.

Rupture de confiance et déni de réalité

Les processus politiques sont déjà entrés en logique fractale, les intérêts particuliers supplantent l'intérêt général. Les surenchères électoralistes et les effets de manche en termes de communication tirent le système de gouvernance vers le bas et interdisent toute émergence de nouvelle référence collective. Ne soyons pas dupes, ce ne sont pas des slogans comme « l'ordre juste » ou la « rupture tranquille » qui vont répondre aux questions de fond qui préoccupent la société française. Ces mots d'ordre qui sortent du cerveau de quelques communicants très parisiens sont très éloignés des priorités de la population. Celle-ci attend des messages moins complexes et ambigus. Elle exige des postures politiques plus simples et déterminées en termes de réponses. Elle demande moins de politiciens au sens du discours (que certains renomment abusivement débat…) et plus de politique au sens noble du terme. N'oublions pas que l'abstention (qui constitue le premier parti en

France) est la véritable sanction politique pour une démocratie qui se respecte. Elle porte en germe toutes les formes de radicalisation à terme. *« L'indifférence est une paralysie de l'âme ! »* Nous devrions méditer ce mot d'Anton Tchekov qui est particulièrement adapté à notre situation politique.

Plus rien ne fait sens pour les Français, ils se sont réfugiés dans un petit hédonisme de surface et dans la protection de leurs intérêts immédiats pendant que les élites et leurs associés se confortent dans la valorisation de leurs privilèges corporatistes ou syndicaux. La crise de confiance est totale. Elle ne cesse de se renforcer à chaque consultation, à chaque initiative politicienne. Les Français se réveillent aujourd'hui avec la migraine et ne comprennent plus ce qui se passe autour d'eux. Leurs voitures brûlent, leurs outils de travail sont délocalisés et la rue se transforme régulièrement en champ de bataille. Les dérives communautaristes s'installent, il ne manque plus que des tirs à balles réelles pour nous faire radicalement changer de registre. Fin 2005, la multiplication sur le territoire des exactions lors des événements des banlieues aurait pu nous faire basculer de la simple émeute à l'insurrection générale. Il s'en est fallu de peu. Mais beaucoup sont convaincus que la prochaine étape sera de ce niveau. Pour autant le système comme en 1939 prétend qu'il maîtrise la situation, que tout est sous contrôle alors que les chiffres sonnent l'hallali : actuellement nous comptabilisons les incivilités en voitures détruites. Doit-on attendre de compter en vies humaines pour réaliser le niveau de dérive dans lequel nous sommes collectivement entrés ? C'est autre chose que de simples parts de marché perdues face à la concurrence chinoise et indienne. Quoique les deux réunies contiennent tous les ingrédients pour détruire assez rapidement les bases judéo-chrétiennes et industrielles de notre société.

Face à cette situation, que se passe-t-il ? Nous avons au sommet des élites qui sont coupées de toute réalité, qui se réunissent en conclave et font dans l'incantation autour de plans génériques et tellement globaux que plus personne ne les écoute. Là où il faudrait tout mettre en œuvre pour arrêter l'hémorragie, nous avons l'impression que les décideurs ne font que jouer aux pompiers pyromanes. Les médias ne savent plus comment appréhender ces différents terrains qui échappent de plus en plus à leurs grilles de lecture. Pris entre des plateaux d'experts qui font dans la sociologie tout en essayant de réécrire une politique virtuelle de la ville et une opinion publique qui est profondément traumatisée et exaspérée, ils ne savent plus où se situe leur responsabilité. Les opérationnels sont au contact et sont débordés par les événements qui se multiplient de façon exponentielle. Et que dire de la grammaire des émeutiers qui déstabilisent nos banlieues. Ils fonctionnent avec des niveaux d'encadrements maffieux et radicaux sur le plan confessionnel qui n'étaient pas aussi explicites il y a encore dix ans, même si de rares experts les avaient néanmoins identifiés. Mais de cela personne ne veut en parler car ce serait admettre que notre société est rongée de l'intérieur par des réseaux et pratiques que nos gouvernements n'ont jamais voulu traiter, préférant les discours plus généraux et plus vertueux de « l'intégration » ou de « l'assimilation », voire encore plus angéliques avec le dernier mot à la mode qu'est « l'égalité des chances », comme si la chance pouvait être égalitaire…

Mais aujourd'hui la réalité est là. Faire du déni face à ces images attristantes mais surtout révoltantes qui dénaturent le quotidien de nos concitoyens, ternissent l'image de la France et nous font sombrer collectivement dans des prémisses de guerre civile est inacceptable[1]. Plus que jamais il faut que notre pays redresse la tête et se réveille. Il est possible d'interdire au cauchemar de s'installer. Il suffit pour ceci de sortir de notre léthargie et de traiter une fois pour toutes la faillite financière et institutionnelle de notre système avec lucidité, et de faire bloc pour interdire à la barbarie de prendre corps. Ce sont les jeunes qui nous révèlent nos faiblesses, c'est par rapport à eux que nous devons tout mettre en œuvre dès maintenant pour sortir au plus vite de cette situation inconcevable pour une démocratie qui se respecte. À moins que nous ayons décidé de ne plus rien respecter et de suivre la voie que certains nous indiquent. Cette voie, c'est celle que les plus radicaux regardent tous les soirs au journal de 20 heures dans les rues de Bagdad, de Gaza

---

1. Michel Godet, *Le Courage du bon sens*, Odile Jacob, déc. 2006.

et que certains de leurs « grands frères » leur distillent après leur retour d'Irak, de Bosnie, d'Afghanistan et désormais du sud Liban dans les caves des zones actuellement sinistrées. Ce cheminement ne peut pas être celui de la France. Il est déviant mais il ne faut pas se voiler la face : nous avons tout mis en œuvre pour qu'il s'installe durablement. Il n'y a pas de fatalité de l'échec, il n'y a que des décisions imbéciles. La bataille qui se joue désormais sur notre territoire est celle de l'intégrité de notre système de vie et de la crédibilité de notre système de gouvernance. Il suppose du pragmatisme, de l'authenticité et un certain sens du terrain. Trois qualités qui font cruellement défaut dans le traitement de la crise.

Bien entendu ce diagnostic, selon l'humeur ou le tempérament du lecteur, fait soit rire par son côté « forcément caricatural », soit peur par son côté « trop réaliste ». Allons, la France n'est pas l'Argentine, encore moins la Yougoslavie et quant à la comparer à Beyrouth, n'exagérons pas ! Soyons sérieux ! Que n'ai-je entendu de similaire au cours des trente dernières années. Lorsque je dresse le bilan d'une situation, d'un pays ou d'une région il m'est toujours demandé de relativiser mon diagnostic. Je dois toujours ramener la première impression que je peux avoir, et qui s'avère souvent la plus pertinente même si elle n'est qu'intuitive, à une bonne moyenne afin de permettre aux économistes, aux financiers, aux investisseurs, aux décideurs de continuer à œuvrer de façon « raisonnable ». Il faut donc tout ramener à des équations maîtrisables et procéder dès lors à des évaluations qui soient plus normatives et surtout plus acceptables pour nos raisonnements qui n'aiment que les médianes. Les sciences dites économiques n'aiment pas la dimension imaginative des sciences dites humaines que les experts appellent aussi « molles » ; elles ne savent fonctionner que dans une rationalité positiviste et préfèrent les vertus des sciences « dures ». Le mathématicien Henri Poincaré connaît bien les limites de ce raisonnement lorsqu'il précise que « *c'est avec la logique que nous prouvons et avec l'intuition que nous trouvons* ».

Nous conviendrons, pour rester dans le normatif et les bonnes certifications, que la position du navire France n'est ni celle des mers sans vent, ni celle des 50e hurlants. Nous ne pouvons être qu'au milieu d'un océan protégé des vents violents et des mers déchaînées, tout est parfait : la météo nous est favorable et nous évoluons dans un contexte « paisible et tempéré ». La France bénéficie d'un minimum de croissance et ne connaît pas de ruptures, ce qui justifie un certain niveau d'endettement public. Elle ne traverse pas non plus de crises majeures, même si les cours de l'énergie et des matières premières sont particulièrement nerveux. Tout ceci justifie donc une certaine continuité des politiques de redistribution, de partage, de solidarité entre circuits autorisés comme s'il ne se passait rien. Les arguments ne manquent pas en effet pour relativiser le diagnostic fait précédemment.

Pourtant nous avons encore les moyens

Tout d'abord, la France n'est pas l'Argentine. Nous sommes dans un pays riche, dont le patrimoine est évalué à plus de 9 000 milliards d'euros avec un PNB d'environ 25 000 euros par habitant. À titre de comparaison, les États-Unis représentent 5 % de la population et produisent 22 % de la richesse mondiale. La moitié de la richesse est produite par des pays qui représentent 13 % de la population. Les pays les plus pauvres, 20 % de la population, se partagent 3 % de la richesse. La France (27 640 $) figure parmi les neuf pays ayant plus de 20 millions d'habitants les plus riches. Cela ne signifie pas qu'il n'existe pas de misère en France, mais cette question concerne la distribution de la richesse et non pas son niveau moyen.[1]

---

1. La France était classée 4e en 1994 (après les États-Unis, le Japon et le Canada), 6e en 1999 (elle a été doublée par l'Australie et l'Allemagne), 8e en 2001 (elle a été doublée par le Royaume-Uni et l'Italie). Toutefois ces fluctuations du classement n'ont pas une grande signification : en fait le classement de ces neuf pays comporte un leader qui mène la course en tête (les États-Unis, 37 750 $), un traînard qui reste en queue (l'Espagne, 22 150 $) et, au milieu, un peloton bien serré à l'intérieur duquel les écarts sont relativement petits. Par ailleurs, une population qui comprend beaucoup de jeunes ou de vieux sera, à productivité égale, moins riche qu'une population qui a peu d'enfants ou une durée de vie courte. Il faut pour comparer les productivités considérer plutôt le PNB par personne d'âge actif.

Que signifie donc un endettement public de l'ordre de 1 160 milliards d'euros, même du double quand on connaît le haut du bilan du pays ? C'est ainsi que Jean-Paul Fitoussi, en tant que conseiller économique du gouvernement et expert économique, affirme que l'on peut même dépasser les 100 % du PIB[1]. Certains vont jusqu'à

---

1. Jean-Paul Fitoussi est professeur des universités à l'Institut d'Études politiques de Paris et président de l'OFCE : « *Deux choses : la première, c'est que la dette française est tout à fait soutenable. Le Japon a une dette égale à 129 % du PIB, contre 66 % pour la France, soit presque le double. L'Italie a plus de 100 %. Et on ne se pose aucun problème de soutenabilité de la dette pour ces pays. D'autre part, le service de la dette en France diminue, contrairement à ce que les Français croient. Pourquoi ? Parce que le taux d'intérêt est bas et que les gestionnaires de la dette publique française ont été assez intelligents pour profiter de ces bas taux d'intérêt. Par exemple, la France, l'année dernière, a placé un emprunt de 6 milliards d'euros à cinquante ans à un taux d'intérêt de 4 %, ce qui est très bas. Pour en revenir précisément à la question posée, l'essentiel des détenteurs de la dette publique en France, ce sont évidemment les institutions financières et les ménages. Maintenant, la dette publique française est détenue à peu près à 50 % par des étrangers. Mais en contrepartie, les Français détiennent dans leur portefeuille des titres étrangers. Donc cette structuration des détenteurs de la dette ne pose aucun problème en termes de soutenabilité. Ce qui importe n'est pas tant le montant de la dette brute d'un pays, comme pour un individu. Lorsqu'un individu me dit qu'il a 1 milliard d'euros de dette, cela ne me dit rien sur sa richesse effective. Ce milliard d'euros de dette peut être compensé par un patrimoine valant plusieurs milliards d'euros : immeubles, usines… En gros, on n'est pas dans la réalité, mais dans la rhétorique et l'idéologie. Comme je le disais, si la France était en faillite, tous les pays riches le seraient aussi. Pourquoi déclarerait-on la France en faillite alors que sa dette publique est analogue à celle des États-Unis, et ne pas déclarer les États-Unis en faillite ? Alors même que la capacité d'épargne des Français est bien supérieure à celle des Américains. Il n'y a aucun danger que la France se trouve dans une situation analogue à celle de l'Argentine. Ce qui a plongé l'Argentine dans la crise, ce n'est pas un problème budgétaire, mais un problème monétaire dû au fait que le pays a voulu maintenir la parité de sa monnaie par rapport au dollar, et même l'égalité (un peso est égal à un dollar), alors même qu'il n'en avait pas les moyens ; cela a conduit à une augmentation fabuleuse des taux d'intérêt et à une chute des exportations argentines. On confond donc les problèmes. Ce n'est pas un problème de solvabilité directe qui a conduit à la situation argentine, mais un problème de politique monétaire folle qui a étouffé complètement l'économie argentine. Il n'y a donc aucune possibilité d'évolution catastrophique en France qui conduirait à la faillite des épargnants…* » Extrait du débat, *Le Monde*, 3 janvier 2006.

prétendre qu'une reprise de l'inflation nous permettrait de régler la question de la dette en très peu de temps, c'est ignorer l'impact de la hausse des taux d'intérêt sur son remboursement… Une entreprise, comme un pays, meurt toujours sur ses défaillances de trésorerie, rarement sur son patrimoine, mais cette réalité bien connue des entrepreneurs échappe à nos meilleurs économistes. Le pays est du reste extrêmement attractif et comme tout le monde peut le constater les capitaux étrangers viennent se fixer sur notre territoire malgré tous les diagnostics sévères faits par le FMI ou d'autres sur la gestion publique de notre État. À titre d'exemple, en 2001 plus de 13 000 investisseurs internationaux ont investi en France contre moins de 9 000 en 1993, soit un stock d'IDE qui est passé de 100 milliards d'euros en 1992 à plus de 380 milliards d'euros en 2003. Rappelons que depuis 1986 le total des recettes des cessions d'actifs de l'État a atteint 83 milliards d'euros, et que ces recettes n'ont contribué à diminuer le désendettement qu'à hauteur de 9 milliards d'euros entre 1986 et 2004. En 2006 les participations de l'État n'atteignaient que 130 milliards d'euros (dont 100 milliards dans EDF et GDF).

En fait, la véritable richesse est entre les mains des particuliers et du monde entrepreneurial, elle est de moins en moins contrôlée par l'État, ce qui fausse considérablement l'analyse. Depuis les années 75, l'État n'a eu de cesse de dilapider le capital national soit au titre de la dérégulation, soit pour assurer son train de vie. Dans les deux cas de figure les effets de la mondialisation sur le développement des entreprises publiques et sur les fractures sociales ont eu bon dos pour justifier une absence de stratégie industrielle, un défaut de vision sociétale et l'impossibilité d'inventer une nouvelle ingénierie financière publique/privée pour passer le cap de la société industrielle et entrer intelligemment dans celle de l'information.

De ce fait notre pays s'est littéralement « vautré » dans une pseudo « social-démocratie » où le sport principal au plus haut niveau de l'État et de ses corporations assujetties a été d'organiser le prélèvement de la richesse pour acheter à la petite semaine la « paix sociale » et désormais la « paix civile »[1]. Aujourd'hui, l'urgence est de repérer les niches fiscalisables pour continuer à financer cette dérive de société dont tout le monde profite plus ou moins, alors que le système est saturé en termes de prélèvements. Après s'être attaqué à la trésorerie courante, l'État s'attache maintenant à taxer encore plus le capital productif et le patrimoine de base. Ce franchissement de seuil est décisif car il consiste à consommer l'outil de création de richesse et le patrimoine de référence qui constituent la garantie de bonne santé et la caution d'un pays.

Et ne nous trompons pas dans l'analyse, actuellement si la France est aussi attractive, c'est parce qu'elle est achetable. Les investisseurs tant privés (immobilier, entrepreneurs) qu'institutionnels (banques étrangères, fonds d'investissements…) ramassent des actifs que des patrons cèdent du fait de leur âge[2] et de la pression de l'ISF, des propriétés que des Français ne peuvent plus entretenir ou acheter compte tenu de la pression fiscale. Que dire de la note laissée par nos technocrates aux jeunes générations ? Avant même d'espérer gagner et épargner un peu d'argent, ils ont l'équivalent d'un pavillon neuf à rembourser[3] : nous sommes loin de la notion d'héritage cultivée lors des siècles précédents. Désormais il faut parler de transmission de passif. Quel « ticket d'entrée » dans la vie active pour les jeunes ! Après, nous nous étonnons que les plus avertis d'entre eux aillent chercher la « providence » en dehors de nos frontières. Et comme l'écrit François d'Orcival, ne négligeons pas cet aspect *« quand nous savons que sur les 2,2 millions d'expatriés français à l'étranger plus de la moitié ont moins de 35 ans, qu'un créateur d'entreprise expatrié sur deux ne veut plus revenir en France si ce n'est*

---

1. Ted Stanger, *Sacrés fonctionnaires – Un Américain face à notre bureaucratie*, Éditions Michalon, 2006 et de Michel Brulé et Michel Drancourt, *Service public – sortir de l'imposture*, Jean-Claude Lattès, 2004.
2. 70 % des patrons ont plus de 65 ans.
3. Si l'on ramène le chiffre officiel de 1 150 milliards d'euros à la population française, à la naissance, un Français doit donc déjà 18 000 euros ; dans l'hypothèse des rapports Camdessus et Pébereau ce chiffre serait de 33 000 euros. Cf. *Nos enfants nous haïront*, Denis Jeambar et Jacqueline Remy, Seuil, 2006.

parce qu'il est persuadé qu'en travaillant ici il n'en sera pas récompensé mais au contraire pénalisé… »[1] Et ne parlons pas du coût des retraites… Tout ceci doit être couvert bien entendu par la croissance, qui ne cesse de se faire désirer. Pour cause, on n'a jamais vu la croissance s'installer là où la taxe prolifère. C'est un processus quasiment écologique : on n'a jamais vu une faune et une flore saines s'installer là où il y a de la pollution. Par ailleurs notre substrat aujourd'hui est constitué d'une population qui ne cesse de vieillir et qui se complaît dans l'inactivité. Les 35 heures sont comme du cyanure qui accélère la mortalité de notre système de vie face à une Chine qui ne dort que 35 heures, quand elle dort !

À ceci les esprits tatillons répondront fort justement que la France, ce n'est pas et ne peut pas être l'Argentine et ce quel que soit le niveau de transfert de capitaux ou de concurrence. Notre pays bénéficie de l'une des meilleures infrastructures du monde et constitue l'une des destinations les plus fréquentées sur le plan touristique et culturel. Certes, mais le dynamisme d'un pays n'a jamais été mesuré en fonction du confort de ses autoroutes ou de ses TGV pour satisfaire l'ego de nos Polytechniciens, et encore moins à la qualité des cocktails du festival de Cannes pour faire plaisir aux intermittents du spectacle… Il se mesure à sa capacité de déposer des brevets, d'inventer des marques, à son dynamisme maritime et aéroportuaire, à son aura financière, à la concentration des centres de décision, au rayonnement de sa langue et de son droit dans la vie des affaires, au classement de ses universités.

La 3e édition du « top 500 » des meilleures universités du monde réalisée par l'Université Jiao Tong de Shanghai a créé un véritable séisme dans les couloirs de nos universités : toute-puissance anglo-saxonne oblige, Harvard, suivie de Cambridge et Stanford, raflent les premières places. Pour la 3e année consécutive, l'Université Pierre et Marie Curie (UPMC) est le premier établissement français représenté. Située en 46e position, l'UPMC enregistre une perte d'une place par rapport à 2004. Rappelons qu'en 2003, la

---

1. Chronique de François d'Orcival dans *Le Figaro* du 23 décembre 2006 : « *La Voix de Johnny porte plus loin.* »

très renommée université scientifique occupait la 65e position, les Médailles Fields (équivalent du prix Nobel pour les mathématiques) n'étant alors pas prises en compte. Parmi les 100 premiers du classement, apparaissent également Paris XI (61e), Strasbourg I (92e) et l'École Normale Supérieure (93e)[1].

Sur tous ces points certes nous ne sommes pas comme en Argentine, mais il suffit de voyager partout en France pour noter que l'état des lieux n'est pas si idyllique et qu'à côté d'infrastructures superbes ou de situations particulières encore bien dotées de financements publics souvent non rentables, il y a une très nette dégradation du patrimoine urbain soit par la montée des incivilités soit par désinvestissement. Cela est toujours un signe précurseur d'une paupérisation rampante, certains parlent même dans certaines zones d'une africanisation du bâti et du foncier. Quand je voyage dans les pays d'Europe Centrale j'assiste à l'inverse et tout le monde n'a de cesse d'embellir le patrimoine collectif par fierté nationale et par souci d'enrichissement. Nous préférons faire dans l'appauvrissement et dans la victimisation collective. Cela permet d'agrémenter « la faute », car il faut bien trouver une cause à toute cette dérive collective. Elle ne peut qu'être attribuée plus ou moins consciemment aux « riches », compte tenu de notre « câblage cérébral ». Les autres n'ayant rien à cacher il faut désormais s'attaquer à ceux qui ont les moyens de financer cette illusion collective. Tout le monde sait que les riches sont partis de France depuis longtemps. On estime que l'on perd plus de 400 fortunes par an, soit un départ par jour en moyenne. *A priori*, ce n'est rien si l'on s'en tient aux quelque 400 000 assujettis à l'ISF... En fait ce sont chaque année 20 milliards d'euros de patrimoine qui franchissent nos frontières (soit autant d'argent que celui que l'État consacre à

---

1. À ce jour, le classement se fonde sur les critères suivants : prix Nobel en physique, chimie, médecine et économie, Médailles Fields, chercheurs les plus cités dans 21 domaines scientifiques, nombre d'articles publiés dans *Sciences et Nature*, nombre de publications au *Science Citation Index* (sciences et sciences sociales), et la « performance universitaire » de chaque faculté (Voir http://ed.sjtu.edu.cn/rank/2005/ARWU2005_Top100.htm).

la recherche et à l'enseignement supérieur[1]). La cible aujourd'hui des technocrates est la classe moyenne ! Je parle de ceux qui se sont suffisamment enrichis pour être un peu plus prélevés mais qui ne sont pas suffisamment riches pour se délocaliser réellement. Au maximum ils envoient leurs enfants faire des études à l'étranger pour tenter de les sortir de l'impasse française. Là nous sommes totalement dans le syndrome argentin, n'en déplaise aux experts, et le risque majeur de la situation actuelle est de tuer une fois pour toutes la « poule aux œufs d'or » en sacrifiant cette catégorie de population encore productrice de richesse, mais parallèlement durement éprouvée par le nivellement par le bas provoqué par les effets de la mondialisation dans tous les domaines. N'oublions pas que le chômage qui est passé sous la barre des 9 % en France touche 20 % des cadres (dont 40 % sur la seule région Île-de-France) et 23 % des jeunes.

Pourtant nous sommes incontournables

Un autre argument plus noble dans les dîners parisiens est d'affirmer que si rien ne va à l'intérieur, nous n'en sommes pas moins entendus à l'extérieur. Il faut donc être sérieux, le monde entier a les yeux rivés sur la France ! Dès lors on a droit à toute la litanie habituelle et quasiment sacrale sur notre rôle au sein du Conseil de sécurité de l'ONU, sur notre place dans le « concert des nations » et le rayonnement de la francophonie dans le monde… Il est vrai que nous sommes aujourd'hui dans le petit club des puissances majeures qui comptent encore. Cela ne signifie pas qu'elles soient forcément écoutées ou qu'elles fassent des choses. Nous pourrions décemment nous poser la question de savoir si nous sommes vraiment l'une des clés de voûte de l'ordre du monde. Ne serions-nous pas comme le gendarme du théâtre de marionnettes qui se contente de gesticuler ? Les pantomimes de nos diplomates donnent de plus en plus cette impression et l'incantation des résolutions onusiennes,

---

1. Source : chronique de François d'Orcival dans *Le Figaro* du 23 décembre 2006.

dont nous avons le génie, s'avère de plus en plus pathétique sur le terrain. Il suffit d'analyser nos gesticulations actuelles sur la Côte d'Ivoire et sur le Liban pour se poser la question de la crédibilité de nos actions face à des acteurs qui sont sur d'autres logiques d'intérêts que nous ne cessons de nier. En réalité, la France n'est plus une puissance moyenne, mais, il faut bien l'admettre, une petite puissance dont l'autorité est encore respectée en grande partie du fait de la détention de l'arme nucléaire bien plus que pour ses résultats économiques et sa position financière. Le récent rachat d'Euronext par le NYSE *(New York Stock Exchange)* vient de confirmer notre impuissance en la matière.

À chaque crise internationale nous nous enfermons dans un juridisme de façade afin de ne pas avoir à traiter la « realpolitik » qui secoue tous les continents. Il suffit d'analyser toutes les déclarations officielles de nos hommes politiques depuis quelques années, et pour ne prendre que les plus récents face aux contextes du Liban, du Darfour ou de l'Iran, pour noter leur impuissance sémantique face à des situations qui exigent des comportements énergiques et visionnaires. Est-ce parce qu'il nous manque les moyens, ou est-ce parce qu'il nous manque la volonté d'agir ? Je crains que nous soyons sur une conjonction des deux avec en plus une absence de courage politique qui se passe de commentaires. Je devrais parler parfois d'un surcroît de lâcheté qui est à la hauteur des modèles éducatifs de nos dirigeants actuels. Quant au rayonnement de la langue française, les chiffres sont vertigineux. La France est devenue un petit pays qui, comme toute étoile, n'a pas encore compris que l'astre qui brille dans les institutions internationales est d'ores et déjà une planète morte. Les Anglais l'avaient compris juste avant l'arrivée de Madame Thatcher. Ils s'étaient sûrement rappelé cette citation de l'historienne Barbara Tuchman (1962) lorsqu'elle relate avec son immense talent les funérailles d'Édouard VII en 1910, sur fond de déchirement collectif en marche : « *Le carillon assourdi de Big Ben sonnait neuf heures quand le cortège quitta le palais, mais l'horloge de l'Histoire marquait le crépuscule ; le soleil du vieux monde se couchait dans une gloire éblouissante qu'on ne reverrait plus. Lord Escher nota dans son journal : "Jamais il ne s'est produit une telle rupture. Toutes les vieilles bouées qui*

34

balisaient le chenal de notre vie semblent avoir été balayées." » J'ai parfois cette impression quand j'observe en spectateur engagé les tribulations officielles de nos institutions.

Le même syndrome est tombé sur la France avec l'entrée en guerre des États-Unis et la crise irakienne. Nous n'avons rien compris à la chute du mur de Berlin, à la mondialisation, à la vraie lutte contre le terrorisme et aux changements radicaux de paradigmes de puissance qui sont en train d'émerger. Notre isolement est total actuellement, tant Outre-Atlantique que vis-à-vis de nos partenaires européens. Alors que dire vis-à-vis de l'Asie et de ces puissances non plus émergentes mais triomphantes que sont la Chine et l'Inde ! Les prises de contrôle de Marionnaud et d'Arcelor sont de bonnes illustrations de l'indifférence de ces univers à l'égard de notre impuissance et de notre arrogance, les deux allant bien ensemble. Pour eux nous n'existons plus dorénavant, sinon comme nouvelle destination touristique… Pour les Chinois, il n'y a plus de doutes sur ce plan : nous sommes devenus un « musée vivant ».

Mais en réalité soyons vraiment sérieux, nous ne craignons rien, nous sommes protégés et il ne pourra rien nous arriver *in fine*. C'est ce culte de la dissuasion version « ligne Maginot » qui prévaut désormais sur le plan économique et qui nous est servi à chaque journal télévisé. Les grands argentiers ont en effet tout prévu et il suffit de leur faire confiance en dernier ressort. L'Euro est notre bouée de sauvetage et le patriotisme économique notre bouteille d'oxygène. Dans le premier cas la monnaie européenne permet de gommer les exubérances publiques, de masquer une fausse inflation du fait de l'augmentation des prix liée au passage à la monnaie unique et surtout de faire assumer par les autres nos faiblesses structurelles. De ce point de vue, l'Euro, s'il diminue les risques de crises monétaires et financières, a anesthésié nos capacités de réactivité sur le plan économique. Le seul pays qui aurait pu nous ramener dans le droit chemin est l'Allemagne. Mais il est lui-même en situation difficile du fait du surcoût de la réunification allemande. Il ne peut qu'être solidaire de notre état des lieux et fermer temporairement les yeux sur nos tribulations. Pas pour longtemps certes mais le peu qui est pris suffit à nos politiques pour continuer sur la pente actuelle. Dans le cas inverse nous aurions été obligés de dévaluer notre monnaie depuis longtemps et d'assumer une situation douloureuse sur le plan macroéconomique.

Entre solutions miracles et tentations populistes

C'est ce qui a finalement sauvé le Royaume-Uni dans les années 80 : la profondeur du désastre rendu explicite avec l'effondrement de la livre sterling a permis aux Anglais de sortir du déni de réalité et de transformer le pays au point d'en faire l'un des plus dynamiques de l'espace européen[1]. Forts de cette imposture monétaire qui permet de cacher nos défaillances politiques et financières, nous franchissons un seuil dans l'exercice en instituant la norme du « patriotisme économique », qui est une sorte de protectionnisme populiste pour continuer à apitoyer le Français sur son sort. Il permet de stigmatiser l'étranger comme étant celui « qui mange le pain des Français ». Quand l'économie est asphyxiée, le meilleur remède actuellement est de la mettre sous oxygène, faute de pouvoir la mettre sous perfusion comme ce fut le cas lors des deux dernières décennies. En effet nous n'avons plus de moyens financiers à réinjecter[2] pour soutenir nos actifs, l'essentiel étant dépensé pour assurer la paix sociale et civile. En France, à la différence des Britanniques qui l'ont cherchée dans la défiscalisation, l'oxygène est dans les mots. Les affaires Sanofi, Danone, Arcelor, EADS… révèlent jour après jour la forfanterie de nos institutions. Tous nos hiérarques crient « aux loups ! » pour tenter de mobiliser la population alors que la bergerie est ouverte depuis longtemps aux quatre vents et que les troupeaux sont dispersés sans défense à tous les prédateurs de

---

1. Cf. *Nouveau monde, vieille France*, Nicolas Baverez, Perrin, décembre 2005 et *Plus encore*, François de Closet, Fayard, mai 2006.
2. Personne n'est en mesure aujourd'hui de dire exactement comment se situe le coût de la redistribution sociale. Il contribuerait à plus de la moitié de notre déficit public qui oscille autour des 55 milliards d'euros (État et Sécurité sociale).

la planète. Et ne parlons pas de tous les bergers qui ont trouvé ailleurs des pâturages plus gras depuis longtemps. Ce sont forcément des traîtres.

Ceux qui l'affirment oublient vite que leurs confrères des bancs de l'ENA ou des autres grandes écoles passent systématiquement « à l'ennemi » dès qu'ils le peuvent après avoir tout épuisé du système. Parmi les migrations emblématiques il y eut Christian Blanc, ancien préfet, président de la RATP et d'Air France qui fut par la suite président de Merryl-Lynch France ; Yves Galland, l'ancien ministre du Commerce extérieur actuellement président de Boeing France ; François Roussely, ancien président d'EDF qui a rejoint le CSFB (Crédit Suisse First Boston) ; l'ambassadeur de France François Bujon de l'Estang : Citigroup ; l'ancien directeur de cabinet d'Edmont Alphandery, Patrice Vial : Morgan Stanley ; et dernièrement Clara Gaymard, l'ancienne présidente de l'AFII (Agence française pour les investissements internationaux) : General Electric.

Les groupes privés connaissent depuis longtemps ces réalités et se sont organisés pour résister sur le plan international face aux jeux d'acteurs impitoyables qui sont ceux de la vie économique actuelle. Beaucoup ont fait la démonstration que l'offensive était souvent la meilleure défense et la parade la plus intelligente à une concurrence exacerbée. Ils ont fait aussi la démonstration qu'ils n'étaient pas si mauvais que cela tant sur le plan tactique que stratégique. En l'occurrence, le meilleur patriotisme économique aurait été il y a trente ans d'accepter de créer un véritable marché boursier en France et de prendre le pilotage stratégique d'un marché financier sur le plan européen. Il aurait été de créer une véritable fiscalité qui aurait favorisé le développement de groupes mondiaux et aurait permis à de multiples marques de fleurir sur notre territoire plutôt qu'en Angleterre, aux USA ou au Canada comme c'est le cas en ce moment. Il aurait été aussi de créer de véritables structures de « capital risk », en s'appuyant sur la philosophie des « Business Angels » qui a fait le succès entre autres de la Silicon Valley, pour développer l'investissement et de « fonds de pension » pour anticiper la question des retraites. Au lieu de cela nos technocrates ont

37

fait l'inverse, dominés par la pensée planificatrice, centralisatrice, par l'absence de culture du risque et par cette obsession marxiste et keynésienne de la nécessaire et salutaire redistribution.

Alors si la France n'est plus protégée par le haut, le serait-elle par le bas ? Bien entendu, me rétorqueront fort justement les énarques en charge de la pérennité du système. La France a non seulement d'excellentes infrastructures mais elle bénéficie d'un réseau de collectivités territoriales exceptionnel en termes de densité et de maillage. Du reste quand on parle d'endettement public, on devrait mentionner aussi la situation des villes et régions vers lesquelles l'État organise de nombreux transferts de charges. D'autres feront remarquer aussi fort pertinemment que chaque fois que le pays a eu à traverser des périodes difficiles, il a su décentrer (certains diront abusivement décentraliser) un certain nombre de fonctions régaliennes pour les faire assumer par les structures locales. De nombreuses villes portent les stigmates de ce va-et-vient entre l'État et la nation qui se traduit régulièrement par des formes de franchise de gouvernance. C'est ainsi que nous croisons souvent sur nos routes ces « Villefranche » qui illustrent ce mode de respiration alternative de nos institutions.

Aujourd'hui le système administratif est réellement protégé par le haut grâce à la monnaie européenne et par le bas grâce à cette capacité d'amortissement des collectivités locales. C'est un fait ! Rien que pour cela la France ne peut être comparée à l'Argentine qui n'a pas cette double sécurité, ni à la Yougoslavie qui n'a pas été capable de jouer cette décentralisation du pouvoir (pensée par Deferre et réellement mise en œuvre par Raffarin) malgré sa structure fédérative au moment de la mort de Tito. La France a toujours tenu les « quarantièmes rugissants » de l'histoire parce que ses structures locales ont toujours été en mesure d'assumer les à-coups des turbulences politiques au sommet de l'État. Est-ce toujours le cas ?

Oui, tout ceci a prévalu au cours des derniers siècles mais pour aller jusqu'au bout du raisonnement il faut intégrer à l'analyse la forte tradition administrative française. Beaucoup affirment que notre pays en a vu d'autres et que chaque fois nos « grands commis de l'État » ont su faire face et ont su procéder aux arbitrages qui convenaient. Il suffit d'interroger de nombreux Français pour mesurer le niveau de persuasion qui règne dans ce domaine. Tout le monde critique l'État, mais tout le monde reste fasciné et aimanté par son aura au point d'en rêver pour ses enfants. Il est un fait que nos élites passent toutes par cette antichambre sacrée, tels des mandarins chinois, sinon elles n'ont ni les codes, ni l'adoubement pour la suite de leurs carrières y compris (et à commencer) dans le privé… Pour le commun des mortels la « providence » de l'État est à la hauteur de l'intelligence de ses commis. La véritable question qu'il faut désormais se poser est celle de la véracité de cette croyance.

Un pays en faillite et une crise de pilotage sans précédent

Où sont les grands commis de la Royauté, puis de la République ? Suffisamment de choses ont été écrites sur le « krach de nos élites »[1] pour en rajouter. Néanmoins nous sommes devant une situation singulière depuis deux décennies. Nous sommes confrontés désormais à une crise de pilotage de notre système public qui est unique. La France, depuis sept siècles, est très marquée par la centralisation de ses institutions et par le poids de son État. Bien au-delà des monarchies, Richelieu, Napoléon et les différentes Républiques n'ont fait qu'entériner et consolider cette suprématie et cette centralité étatique. La vision qu'ont les étrangers de notre système est édifiante : « *Vous les French, vous êtes une nation sous l'emprise des fonctionnaires, qu'ils soient d'en haut ou d'en bas. Pas surprenant que vous soyez tous, sans exception, des spécialistes des démarches bureaucratiques, des licenciés ès dossiers, des fidèles du guichet, des remplisseurs de formulaires, des « cocheurs » de cases. Votre République se veut laïque, mais je trouve qu'en un sens le peuple fran-*

---

1. Cf. *Le Krach des élites*, Emmanuel Lémieux, Bourin Éditeur, février 2006 et *Le Crépuscule des petits dieux*, Alain Minc, Grasset, mai 2006.

çais est le plus croyant au monde. Ici, le Dieu des chrétiens est remplacé par le culte de l'État, la Bible par le Code civil, et les cathédrales par les ministères. De nos jours le Français moyen pénètre dans une administration avec une révérence égale à celle de ses très lointains aïeux entrant dans leur église. Le parchemin du moine a cédé sa place à la paperasse de Courteline... »[1] Il est un fait que l'État français par rapport aux autres grandes bureaucraties connues, comme celles des Chinois, des Indiens, des Russes... se singularise par la taille et l'omniprésence de la fonction publique. À titre d'exemple Ted Stanger signale que « *les USA disposent de 80 000 agents pour traiter l'impôt sur le revenu contre 130 000 en France alors que l'Amérique est presque cinq fois plus grande* »... Cela signifie que dès que la notion de service public s'avère défaillante, l'ensemble du système de décision national part en vrille. Cette défaillance de l'État est désormais très nette et très problématique depuis quelques années.

Rarement dans l'histoire nous avons eu une telle conjonction d'absence de vision politique et d'absence de direction à la tête de l'État. Une nation comme la France sans un pilotage ferme et soutenu court droit au drame collectif. Aujourd'hui nos élites sont incapables d'arbitrer et d'assumer. Pourquoi ? Elles n'ont pas été éduquées dans cet état d'esprit, et l'émergence du principe de précaution[2] comme système de protection administrative et politique n'est pas là pour arranger les choses, bien au contraire.

Cette situation assez nouvelle se traduit par un affaiblissement de la crédibilité et de la légitimité républicaine, par la montée des

---

1. « Sacrés fonctionnaires – Un Américain face à notre bureaucratie » de Ted Stanger, Éditions Michalon, 2006.
2. Voir la définition donnée par le site de Wikipedia : le principe de précaution est un principe philosophique que les chartes ou conventions internationales, nationales intégraient plus ou moins dans leurs textes. Il est officiellement entériné dans la convention de Rio en 1992. Bien qu'il n'y ait pas de définition universellement admise du principe de précaution, il est néanmoins commun d'énoncer que ce principe concerne des mesures à prendre lorsqu'il existe des raisons suffisantes de croire qu'une activité ou un produit risque de causer des dommages graves et irréversibles à la santé ou à l'environnement.

communautarismes, par un décrochage de la population qui n'a plus confiance et par une marginalisation de la France à tous les niveaux. Beaucoup me rétorquent que la France reste néanmoins un pays de droit et que nous sommes loin des dérapages civils pressentis, que l'autorité de l'État est toujours présente et que le pays est encore capable d'assumer la « légèreté de l'être » des politiques. Certes, mais quand l'État de droit n'est plus respecté au quotidien dans plus de 200 zones urbaines classées sensibles, que faire ? Le rétablir ! Comment ? Avec des approches républicaines classiques de maintien de l'ordre et de négociation comme s'il s'agissait des révoltes classiques et conventionnelles des pêcheurs d'Audierne ou des mineurs du Nord ?

Je crains qu'il nous faille comprendre assez rapidement que nous sommes confrontés à autre chose de plus déstabilisant et exigeant. Les approches des réseaux radicaux islamiques ou celles des investisseurs chinois et indiens ne sont finalement pas très éloignées. Elles ne passent plus par le haut en respectant les antichambres diplomatiques et les hiérarchies militaires ou industrielles. Elles passent par le bas avec des manœuvres atomisées et décentralisées qui s'appuient sur une connaissance du terrain que nous n'avons plus. Elles nécessitent une autre pratique des rapports de force moins virtuelle et beaucoup plus existentielle. Cela interpelle à plus d'un titre et c'est sur ce front que se joue la véritable bataille de notre survivance. C'est sûrement ce qui nous fait le plus peur. C'est ce qui justifie la force du déni de réalité actuel et l'impossibilité de transformer notre société.

Je maintiens mon intuition : nous sommes quelque part entre le risque argentin, le syndrome yougoslave et la pathologie libanaise. Notre « exception » est d'avoir su inventer en notre sein et en moins de vingt ans un risque global « hors norme » par rapport à nos responsabilités et engagements au sein de la communauté occidentale. Je ne crois pas que les arguments sur la richesse, la notoriété, la protection monétaire, la tradition administrative et les valeurs républicaines soient désormais suffisants pour traiter la crise dans laquelle nous nous enfonçons irrémédiablement. Tous ces arguments sont dépassés par la vitesse des mutations engagées au niveau international, par la détermination des jeux d'acteurs à nos frontières et par la profondeur des ruptures en cours au sein de notre société. Je crois que ces arguments de petits comptables et technocrates ne sont pas en mesure de résister à l'implosion qui guette désormais notre système de vie.

Chapitre 2

Oui, le malade n'est pas imaginaire

« Mieux vaut cacher sa déraison, mais c'est difficile
dans la débauche et l'ivresse. »
Héraclite

Le bateau France est quelque part sur une mer sans nom à la dérive, sans vent porteur et face à des courants contraires. Mais tout le monde profite sur le pont du confort apparent et de l'indolence ambiante. Le bateau étant réputé insubmersible et inattaquable, l'équipage comme les passagers vivent comme si le temps s'était arrêté. Certains pour mettre un peu de piquant à la croisière font comme dans *Le Rivage des Syrtes*[1] : ils imaginent une menace extérieure et se complaisent dans des discours sur l'imminence et la permanence d'une atteinte aux « intérêts vitaux »… alors que la véritable menace est à l'intérieur du bateau. En fait la France est mûre pour l'implosion. Elle l'ignore et croit qu'elle va solutionner ses éternelles contradictions par une énième révolution. C'est le

---

1. Cf. *Le Rivage des Syrtes* a valu en 1951 le prix Goncourt à Julien Gracq, prix qu'il a refusé, étant écœuré par le côté mondain intellectuel de ceux qui l'avaient primé.

mot magique et salutaire[1]. Il doit permettre à la République d'affirmer ses principes et à la Nation de soulager ses pulsions. Mais là nous sommes dans le domaine de l'exorcisme, de l'irrationalité, de la croyance.

Plus personne n'y croit

A priori, c'est pour les experts, le seul remède pour ce couple infernal, représenté par ce modèle particulier qu'est l'« État-nation » à la française, qui n'a jamais su réguler et régler ses conflits. Là est en effet le problème majeur de la France : l'incapacité de savoir gérer et digérer ses turbulences internes. Chaque fois il faut passer par un processus radical avec ces inévitables confrontations civiles sans lesquelles il n'y a pas de franchissement de seuil possible tant sur le plan politique qu'historique[2]. Pour beaucoup la révolution serait la solution idéale pour sortir du bourbier actuel. J'ai bien peur qu'ils se trompent de « protocole » et que nous soyons confrontés à autre chose de plus profond et de beaucoup plus pervers.

Les hommes politiques utilisent souvent le terme de « fracture » pour évoquer ce qui leur semble être des écarts, voire des cassures, dans le fonctionnement entre « catégories sociales ». Tous, quel que soit le bord politique, ont une vision mécaniste et marxiste de la société. Elle passe par une juxtaposition bien stéréotypée de la société avec ces fameuses « CSP »[3] sans lesquelles nos statisticiens

---

1. Cf. *Révolution ! Pour en finir avec les illusions françaises*, Gérard Mermet, Éditions Audibert, décembre 2005 et *C'est une révolte ? Non, Sire c'est une révolution*, Charles Gave, Bourin Éditeur, mai 2006.
2. Cf. *Du bon usage de la guerre civile en France*, Jacques Marseille, Perrin, mars 2006.
3. Catégories socioprofessionnelles, terminologie utilisée par l'INSEE pour répartir les populations par profession et secteurs d'activités. Cette approche est très liée à une vision de la société qui s'appuie sur une modélisation marxiste par « classes sociales » et à une vision du partage de la valeur par le « travail », notions qui sont très ébranlées par la société de la connaissance, par le nomadisme et la pluriactivité qui émergent du fait de la mondialisation des échanges.

et nos experts en marketing ne peuvent avoir de représentation mathématique de la société. Cette vision catégorielle bien pensée et normée est à la base de leur pensée politique qui consiste comme des chirurgiens à traiter les traumatismes entre articulations en mettant des plâtres, voire à réduire les fractures complexes en introduisant des broches ou des prothèses pour consolider les structures fragilisées. À cet effet ils usent et abusent de lois comme s'il s'agissait de baumes ou reconstituants salvateurs. Tout le monde sait que seulement un quart de ces dispositions législatives débouchent sur des décrets, et qu'un dixième de ces derniers sont véritablement mis en œuvre. Je ne parle pas de tout l'appareillage législatif remis en cause en aval par la législation européenne qui contredit sur le fond la plupart des décisions de notre parlement. Pour autant nos politiques sont convaincus que cette surenchère législative[1] permet de remédier à ce qu'ils appellent la « fracture sociale », la « fracture fiscale », la « fracture éducative », la « fracture numérique »… Que sais-je, l'inflation de noms composés est une spécificité du marketing politique. Moins on a de vision plus on déborde d'artifices sémantiques.

En fait ils se trompent radicalement de diagnostic. La France ne souffre pas de « fracture » au singulier ou au pluriel, elle est tout simplement plongée dans une « dépression » profonde et sérieuse. Là où le politique et sa cohorte de technocrates s'évertuent à plâtrer le système pour tenter d'obtenir une recalcification, au point de tellement le plâtrer qu'il ne peut plus bouger, il n'y a rien de significatif. Il n'y a en général que quelques corporations qui savent user et abuser du système de la « providence étatique » et obtenir ainsi un racket supplémentaire. Non, le problème majeur de la France est ailleurs : il est mental. Si la faillite du système aujourd'hui n'est pas

---

1. En moyenne 10 % des textes codifiés changent chaque année, créant une inflation du droit, que dénonce le Conseil d'État comme source de complexité et d'insécurité juridique. En 2000, 9 000 lois et 120 000 décrets applicables ont été recensés. Depuis, s'y sont ajoutés chaque année 70 lois, 50 ordonnances – plus nombreuses que les lois en 2004 et 2005 – et 1 500 décrets. Les juristes considèrent qu'un décret sur 4 est applicable…

uniquement d'ordre technique, il est en effet d'ordre moral et spiri-tuel. Je suis conscient en écrivant ces lignes qu'elles vont en faire réagir plus d'un tant ces mots portent en eux des sous-entendus, voire des *a priori*. Mais j'ai prévenu le lecteur qu'un diagnostic sup-pose d'aller jusqu'au bout du raisonnement, et l'analyse que je pro-pose maintenant implique d'accepter de se confronter à des réalités pas toujours sympathiques.

La faillite est d'abord morale parce plus personne « n'y croit ». Plus personne n'a véritablement confiance dans notre système de gou-vernance et plus grave encore dans notre système de vie. Par ailleurs elle est spirituelle parce que plus personne ne croit en rien. Au XIXᵉ siècle nous avons tué Dieu en bannissant la religion de notre quotidien ; au XXᵉ siècle nous avons tué le Diable en éliminant le communisme de notre futur. Sans espérance et sans faute il ne nous reste plus que la carte de crédit pour faire les soldes de l'His-toire. La déchristianisation de la France depuis deux siècles est presque réussie[1]. La marxisation des circuits de décision est aboutie sous une forme plus subtile et intelligente que dans les pays qui étaient sous emprise communisme. Enfin le nihilisme et le cynisme de la classe dirigeante sont absolus ; ils ont remplacé l'humanisme et le rigorisme de cette dernière génération de responsables qui ont reconstruit la France entre 1950 et 1980. Le résultat de cette dérive est une perte de croyance en des repères simples qui avaient des vertus morales non négligeables pour fédérer l'action collective et

---

1. Les chiffres sont éloquents, selon une enquête récente (La Croix/IFOP, Annuaire statistique de l'Église/INSEE) : les catholiques dans la popula-tion française sont passés de 87 % en 1972 à 65 % en 2006. Sur la même période, ceux qui pratiquent sont passés de 20 % à 4,5 %, les baptêmes de 0 à 7 ans (en % des naissances) de 60,2 % à 44 % et les mariages catholi-ques (en % du nombre total des mariages) de 51,3 % à 35,7 %. Le nombre de séminaristes qui était de 1 155 en 1995 est de 758 en 2006. Pour autant les pratiques changent et de nouveaux comportements apparaissent notamment au sein des jeunes générations et les statistiques ne reflètent pas forcément les nouvelles formes de vie religieuse (pèlerinages, retraites, rassemblements, renouveau charismatique…). Source *Le Figaro*, « La Pra-tique religieuse des Français », 25 décembre 2006.

sceller la nation autour de principes de survivance forts. Quand j'entends parler de « patriotisme économique » d'un côté et que je constate l'indifférence des Français, à commencer par les élus locaux, vis-à-vis de toutes ces générations[1] qui ont connu et connaissent encore l'épreuve du feu derrière des mandats acrobatiques de type onusien ou autre, je me fais souvent la réflexion que notre pays ne sait plus où est l'essentiel. La liberté est infiniment plus délicate à défendre et à maintenir qu'un haut de bilan pour des entreprises dites nationales.

C'est à ce niveau de décrépitude de la pensée politique que l'on peut mesurer le niveau réel d'engagement et de résistance d'un pays face aux aléas de l'histoire. Quand je vais au-delà de l'espace-temps de la morale et que je sonde la spiritualité de mes concitoyens (que je ne confonds pas avec la religiosité), je suis effrayé par le niveau de matérialisme ambiant et aussi par le désarroi qui en ressort. Les cathédrales de notre époque sont les grandes surfaces des zones commerciales qui défigurent nos banlieues. Quant aux grandes processions elles convergent désormais vers ces « rêves parties » plus ou moins alimentées en somatiques électroniques ou narcotiques mortels. Nous sommes englués dans une société qui cultive l'instantané et l'instinct de mort. Elle manque de profondeur, de rêve, d'idéal sinon celui de consommer en « live » selon l'expression à la mode. À l'exception de quelques marges de

---

1. Dans le monde combattant on distingue en effet quatre générations qui ont été confrontées à l'épreuve du feu. La première fut celle de la grande guerre de 1914-1918, celle que les anciens combattants ont appelée la « der des ders ». La seconde fut celle de la Seconde Guerre mondiale aux lendemains de cette « étrange défaite ». La troisième fut celle des guerres de décolonisations que l'on a pudiquement appelées à l'époque des opérations de rétablissement de l'ordre avant de leur redonner l'appellation de guerre d'Indochine, de guerre d'Algérie. La quatrième est celle qui depuis trente ans assume sur tous les continents ces opérations que nous appelons de façon angélique « maintien de la paix » et qui sont pour la plupart de plus en plus des opérations de sécurisation de populations civiles confrontées à des guerres civiles terribles et aussi meurtrières que nos conflits mondiaux.

47

notre société, la grande majorité de la population s'est enfoncée dans un agnosticisme qu'elle associe volontiers et de façon confuse à un « laïcisme » souvent emprunt des mêmes dérives intégristes que certaines expressions communautaristes religieuses. Elle a restreint sa pensée à un consumérisme sans finalité qu'elle a réduit à un hédonisme de plus en plus égocentrique. Face à la moindre difficulté de la vie le réflexe premier de chacun est de se désolidariser du système, d'exiger en contrepartie le maximum pour soi avec en arrière-plan un refus de s'engager vis-à-vis de quoi que ce soit ou de qui que ce soit. Nous baignons dans le culte du « moi », de l'apparence, de l'immédiateté, et du fugace. Il n'y a plus de profondeur dans la réflexion et dans la pensée.

Tout le monde a « peur »

Tout devient consommation au fil de l'eau. Cela donne une société qui se nourrit uniquement de valeurs consommables et jetables, voire pour certaines recyclables afin de pouvoir recommencer à jouir de ce système sans finalité réelle. Il faut l'alimenter à la petite semaine avec des effets de manche de circonstance à grands renforts de publicité ou de messages virtuels[1]. Il suffit d'étudier les programmes télévisés pour avoir une bonne illustration de la situation. Un événement majeur dépasse rarement la semaine en terme d'audience ; il est remplacé au bout de 5 à 7 jours par une autre information de même nature afin de restimuler un cerveau dont l'encéphalogramme est désespérément plat. Le reste n'est qu'un subtil équilibre entre des productions populaires pour nourrir un besoin de voyeurisme populaire, des retransmissions de séries américaines ou de bandes dessinées japonaises pour nourrir un besoin récurrent de violence rentrée.

Tout est fait pour assouvir des pulsions élémentaires et souvent perverses de plaisir au détriment de la réflexion et de l'esprit critique.

---

1. Cf. *La Société de la peur*, Christophe Lambert, Plon, septembre 2005 ; *Ces peurs qui nous gouvernent*, Martin Hirsch, Albin Michel, mars 2002 ; et *Peur ?*, Philippe Vuitton, Éditions Ellébore et Gnos, avril 2006.

Le système est tiré globalement vers le bas et est plutôt en régression.

Ce constat est attristant. Néanmoins, si ces informations morbides et mortifères trouvent un écho, c'est parce que nos sociétés les recherchent et en ont besoin. L'explication de ce phénomène de fond est complexe et n'a rien à voir avec la teneur de l'actualité. Il ne faut pas sous-estimer ce cycle pervers qui contribue à mettre en boucle images et nouvelles sur les dysfonctionnements de notre monde. Il est en phase ascendante et va envahir de plus en plus notre quotidien et notre intimité. Aujourd'hui avec Internet il s'infiltre partout par de multiples canaux pour arriver jusque sur nos téléphones portables qui sont devenus de véritables terminaux multimédias. Le terrorisme, Bagdad, les crimes, les émeutes des banlieues françaises, les désastres naturels, la menace de grippe aviaire… contribuent ainsi et de façon imperceptible à exorciser notre hantise de la mort et notre refus de l'incertitude.

Ce cycle pervers fait ressortir plusieurs pathologies du comportement français que Christophe Lambert a très bien explicité dans son dernier livre pour expliquer pourquoi cette société est passée d'une culture de l'espoir à une culture de la peur. Le sociologue Gérard Mermet va même plus loin lorsqu'il écrit que nous sommes passés en fait « *d'une société de la consommation à une société de la consolation* »[1]. Nos sociétés cherchent en effet de plus en plus à se rassurer face aux aléas de la vie et à se protéger contre l'avenir. La peur est devenue plus forte que la raison. Ceci explique en partie cette exigence de « providence » auprès de l'État et ce refus d'ouverture à la mondialisation que nous connaissons par exemple dans notre pays.

Ces pathologies sont en amont de la crise actuelle. Elles ne peuvent pas se traiter avec quelques plâtres ou broches comme tentent de le faire régulièrement les chargés de communication des ministères ou les spécialistes des médias. La première est liée à la perte de réfé-

---

1. Cf. *La Société de la peur*, Christophe Lambert, Plon, 2005 et *Francoscopie 2005*, Gérard Mermet, Larousse, 2005.

rence et à l'absence de ligne d'horizon. Le Français en est conscient d'une certaine manière mais il ne veut pas l'admettre. Aussi, alors qu'il vit individuellement les contraintes de la mondialisation, qu'il est obligé au quotidien de se battre pour s'imposer face aux mutations du monde, il continue face aux autres à se raconter une autre histoire et à se représenter différemment. Le Français est devenu « schizophrène », il vit dans deux mondes parallèles totalement différents. Le seul problème est qu'il a de plus en plus tendance à refuser le monde réel et à se réfugier dans un monde autre qui n'existe plus[1]. On ne peut pas comprendre certaines postures, en particulier dans certains domaines sensibles comme ceux de la Défense et de la Diplomatie, sans passer par cette analyse.

À ce diagnostic il faut en ajouter un second qui est lié à cette perte de spiritualité globale, que beaucoup d'esprits malins associeront volontiers à une « évolution » de l'Occident et que je réduis volontairement à un état d'esprit spécifique et historique de la France. Certes les « prêches » hebdomadaires de nos petits technocrates et communicants autour de la « croissance économique » alimentent l'espoir d'une vie matérielle plus confortable. Ils ne répondent absolument pas aux grandes questions de l'existence. Je suis frappé à l'arrivée de chacun de mes voyages par l'expression des Français en comparaison des destinations plus ou moins lointaines que je peux fréquenter : ils sont tristes et ont l'air d'avoir toujours peur. Ils sont grincheux et mécontents alors qu'ils vivent dans l'abondance. En fait leurs regards portent de la désespérance alors que leurs aérogares sont rutilantes de luxe et débordantes de produits souvent superficiels. J'ai essayé de comprendre et d'analyser cette peur permanente de tout, qui se traduit aujourd'hui par une surenchère de législation de précaution dans tous les domaines. En fait les Français ont peur de mourir. Ils devraient méditer ce dicton des Balkans : « *Celui qui a peur de la mort perd la vie.* » Notre population est devenue tellement matérialiste qu'elle a peur de perdre son patrimoine, ses actifs et qu'elle confond ces dimensions temporelles

---

1. Cf. *Les Illusions gauloises*, Pierre Lellouche, Grasset, janvier 2006 et *Nouveau monde, vieille France*, Nicolas Baverez, Perrin, décembre 2005.

qui l'enchaînent au présent avec ces valeurs existentielles qui se transmettent dans le temps entre les générations et font la « force d'âme » d'une société si ce n'est d'une civilisation.

Une société en régression

Notre société est prête à n'importe quel compromis pour « sauver sa cassette » comme l'avare de Molière. Elle est loin de la recommandation de Montaigne lorsqu'il écrit : « *Ne faites donc pas comme l'avare, qui perd beaucoup pour ne vouloir rien perdre.* »[1] Elle n'est pas la seule à avoir cette pathologie me direz-vous... La réaction de la société espagnole au moment des attentats du 11 mars 2004 est un bon exemple du désenchantement de nos populations face à la violence du terrorisme. Elle révèle de façon flagrante cette phobie de la mort dans nos sociétés occidentales : « Ne nous faites pas de mal, laissez-nous continuer à vivre en paix et à profiter de notre prospérité. Dites-nous, où faut-il signer pour avoir la paix ? » Ce n'est pas le cas de tous nos voisins et la réaction britannique face aux attentats de Londres devrait particulièrement nous interpeller. Ils ne font pas dans les grands discours sur la « citoyenneté » mais sont sans ambiguïté face à l'adversité.

Cette attitude faustienne vis-à-vis de la vie est un point majeur dans l'attitude de la régression de la société française. Elle se traduit au quotidien par une culture apparente du plaisir, du « fun » et en arrière-plan par une surconsommation de neuroleptiques et d'anxiolytiques qui font de la France le chef de file des « drogués » du monde occidental, n'en déplaisent aux esprits chagrins qui ne veulent pas le reconnaître. C'est un fait et une réalité dont nous pourrions aisément nous passer. Pour ne prendre que l'exemple de la France la consommation de drogue a particulièrement progressé depuis dix ans. La consommation du cannabis est de très loin la première (+ de 80 % de l'ensemble des stupéfiants) avec 3,3 millions de consommateurs. Plus de la moitié d'entre eux font un usage épisodique mais environ un tiers ont une consommation

---

1. Cf. *Les Essais*, Montaigne.

problématique et 10 % se trouvent au stade de la dépendance. Elle touche essentiellement la jeunesse (30 % de consommateurs réguliers chez les jeunes adultes et plus particulièrement les garçons – environ 80 % –)[1].

Elle se traduit aussi par un refus permanent de prise de risque et par une régression collective chaque fois qu'il faut entamer une réforme de notre système de vie. L'aspect le plus grave de cette dérive est qu'il ne touche pas uniquement les tranches vieillissantes de la population, dont on comprendrait aisément l'appréhension de la mort. Il touche de plus en plus les jeunes générations qui incarnent cette phobie et cette peur de la vie de façon encore plus explicite que leurs parents. Cela se traduit chez ces jeunes générations par une surconsommation de narcotiques, par la recherche d'emplois protégés et par le refus de s'engager dans quelque chose de durable, n'ayant pas confiance dans les repères de notre société du jetable. Cela ne les empêche pas, comme les adultes, de se donner de temps à autre bonne conscience en faisant acte de générosité avec parfois un fort don de soi pour une œuvre caritative ou une cause humanitaire. Les deux n'étant pas antinomiques, pour le plus grand profit des ONG qui savent bien en user, même si cela peut sembler contradictoire sur le fond. En fait la jeunesse est le miroir de la génération qui dirige ce pays. Elle est l'expression de cette société de la peur et de cette administration de la précaution qui prévaut à tous les niveaux. Comme le dit le poète arabe : « *L'homme courageux n'abrège point sa vie en affrontant les dangers, le poltron ne la conserve point en multipliant les précautions.* »[2]

Nous sommes dans une société paradoxale qui n'a pas de répondant véritablement adulte au sens où une autorité de référence pourrait recadrer ces pulsions schizophréniques et ces phobies mor-

---

1. Pour ceux qui voudraient en savoir plus voir :
   http://www.interieur.gouv.fr/sections/a_votre_service/drogue/
   drogue-en-france/consommation-drogues-France
2. De Abü al-Alä Al-Ma'Arrï, poète arabe contemporain d'Avicenne (973-1057).

tifères[1]. La résultante est une régression permanente de l'état d'esprit collectif qui se referme et se replie sur un petit « pré carré » d'illusions et de privilèges sans qu'il n'y ait en amont de véritables créations de richesses et d'innovations comme ce fut le cas dans les siècles précédents. Actuellement nous vivons sur l'aire gaullienne et sur les impulsions industrielles données par Georges Pompidou dans les années 60-70. Depuis cette période toutes les équipes dirigeantes n'ont fait qu'optimiser les coups de génie des quelques visionnaires des « trente glorieuses ». Elles n'ont fait preuve d'aucune audace et d'aucune intuition. Elles nous ont plutôt engagés dans un processus que certains ont baptisé les « trente piteuses »[2]. Il est clair que beaucoup de Français vivent dès lors dans le passé et dans la nostalgie d'une France qu'ils n'ont même pas connue. Les succès cinématographiques de films comme *Amélie Poulain* ou *Les Choristes* en sont une bonne illustration. Mais ce n'est pas la véritable vie ! Ce ne sont que des fantasmes virtuels, et il serait plus que temps d'atterrir !

Des pathologies lourdes

Le problème est que le malade est atteint au plus haut niveau d'une maladie insondable. Il est devenu au fil du temps autiste. Il vit dans son monde et n'entend plus ce qu'on lui dit. Cela ne signifie pas qu'il ne perçoit pas ce qu'on cherche à lui dire, mais qu'il ne comprend plus les mots et les signes qu'on lui transmet. Un autiste peut être, et est souvent très intelligent, du fait de son déséquilibre mental. Certaines de ses facultés sont surdimensionnées et peuvent dès lors être redoutables pour celui qui tente de s'attaquer à la maladie. Quand cela se concentre au plus haut niveau de l'État, il est possible d'imaginer les effets sur le traitement d'un système de gouvernance. La plus belle illustration fut sans aucun doute cet exercice remarquable fait par un ministre en poste avec son livre

© Groupe Eyrolles

---

1. Cf. *La République compassionnelle*, Michel Richard, Grasset, mars 2006 et *La République brûle-t-elle ?*, sous la direction de Raphaël Draï et Jean-François Mattéi, Éditions Michalon, janvier 2006.
2. Cf. *Les Trente Piteuses*, Nicolas Baverez, Flammarion, 1999.

intitulé *Promis, j'arrête la langue de bois*[1], lors de son passage dans des émissions grand public. Sans s'en apercevoir, il a juste réussi à alimenter l'audience d'émissions populistes pour le plus grand plaisir des animateurs des plateaux télévisés qui ont joué de façon malsaine sur la contradiction entre le message et la réalité affichée par la personnalité politique.

Le lecteur va trouver que je pousse le diagnostic au-delà du solvable et de l'acceptable. Le Français : schizophrène, atteint de phobie mortifère et en plus autiste ? Il ne faut pas exagérer ! Le tableau était suffisamment noir précédemment avec l'endettement public, le train de vie dispendieux de l'État, notre perte de compétitivité… Pourquoi assombrir la crise de confiance actuelle, et vis-à-vis de laquelle il y a assentiment, en y ajoutant une couche de pathologie, voire de maladie hautement psychiatrique ? Je ne fais qu'aller dans le sens de multiples analyses approfondies que je recommande au lecteur qui souhaite aller plus loin[2].

Cette « dépression nerveuse nationale » est aggravée du fait de l'infantilisation de la société française. Là aussi il faut pour bien comprendre l'enjeu remonter aux fondements du fonctionnement de notre couple « État-nation ». Plusieurs spécialistes l'ont très bien analysé en comparant la France à son opposé qu'est le monde nord-américain[3]. Le Français fonctionne face à l'État comme un enfant face à une mère qui le materne en permanence. Cette relation de type latin est toujours implicite. Pascal Baudry le mentionne bien dans son étude comparative. Selon ses observations, la mère française va constamment dire à son enfant : « *Attention, ne fais pas cela,*

---

1. Cf. *Promis, j'arrête la langue de bois*, Jean-François Copé, Hachette Littérature, 2006.
2. Cf. en particulier : *Nos vaches sacrées*, Ghislaine Ottenheimer, Albin Michel, 2005 et *Requiem pour les années Chirac*, Hubert Coudurier, Jacob-Duvernet, mars 2006.
3. Cf. en particulier : *Français et Américains – L'autre rive*, Pascal Baudry, Village mondial-Pearsons, septembre 2004 (téléchargeable sur www.pascal-baudry.com) ; *Diplomatie à la française*, Charles Cogan, Jacob-Duvernet, 2005 (voir aussi www.charlescogan.net) ; et *Sacrés Français*, Ted Stanger, Éditions Folio, 2004.

tu vas te faire mal », l'enfermant ainsi dans un univers de rétention, de compassion et de limitation face à la difficulté et aux épreuves de la vie. La mère américaine, pour entraîner son enfant à la concurrence qui sera celle de l'univers anglo-saxon, n'écoutera pas ses plaintes et va exiger de lui qu'il se confronte à la réalité : *« Go, you have to do it ! »* *(Vas-y, tu dois le faire !)* Dans ce cas la relation à la vie est explicite et le réel s'impose comme base du contrat social.

Ce n'est pas le cas pour le Français : le réel n'a pas d'importance puisqu'il est assumé par cette fonction quasi matriarcale de l'État et de son administration, le citoyen n'étant là que pour jouir des effets induits (quitte à payer très cher cette subordination via une fiscalité qui serait impossible et insoutenable pour un Américain). Le contrat social n'existe pas réellement dans notre pays, cela explique pourquoi des forfaitures comme « l'égalité des chances » ou le « patriotisme économique » ont autant de succès, alors que ce sont étymologiquement des non-sens. Cela explique aussi pourquoi ce pays est dans l'incapacité de surmonter correctement ses conflits internes. Cela explique surtout pourquoi nous sommes aussi dépressifs et désespérés. Quand l'État est en crise, quand il n'y a plus de vision politique et qu'en plus la dimension spirituelle assurée pendant des siècles par l'Église catholique française s'est dissipée dans les affres du consumérisme, il est évident que la nation livrée à elle-même et à ses pulsions ne peut que sombrer inexorablement dans cette dépression profonde.

Chaque fois que la France a eu des politiques et un État visionnaires, les Français ont eu un regard rayonnant. Les deux grandes périodes les plus récentes qui pourraient illustrer cette affirmation furent le second Empire avec Napoléon III et ces grands entrepreneurs de l'époque que furent le baron Haussmann, Ferdinand de Lesseps, Gustave Eiffel... sans leur action la IIIᵉ République n'aurait pas été aussi éclatante. Il suffit de voir le rayonnement des grandes expositions universelles de l'époque pour se rendre compte de l'impact de ces impulsions audacieuses sur notre population. De même lors de la reconstruction de la France pendant les trente glorieuses la vision du Général de Gaulle et les initiatives de Georges Pompidou avec à leur côté de grands aménageurs visionnaires comme Paul Delouvrier, ou de grands industriels comme Guillaumat pour le nucléaire ont été à l'origine d'un renouveau exceptionnel du pays à l'échelle internationale. Nous oublions trop ces pages enthousiasmantes de notre histoire pour ne retenir que les déboires de la IVᵉ République ou les errements pathétiques de nos « trente piteuses ». Mais pour rendre réversibles les situations il faut souvent un événement majeur ou une crise sérieuse afin de mettre un terme aux non-sens en vigueur. Tel est le balancier de l'histoire et la nôtre est riche en succession de va-et-vient dans ce domaine. Ce processus dialectique est la résultante de cette incapacité chronique à gérer correctement nos conflits internes. Il faut passer régulièrement par des phénomènes de catharsis aberrants pour régler nos déséquilibres alors que nous pourrions réguler et mobiliser notre intelligence et notre énergie collective différemment. Les étrangers nous caricaturent volontiers dans ce domaine en fustigeant ce qu'ils appellent « nos gauloiseries »[1] et qui deviennent actuellement des pitreries inutiles et couteuses, si ce n'est désastreuses pour nos enfants.

Dans les aéroports, dans les rues je croise constamment des concitoyens bien portants, certes vieillissants, mais tristes et en effet sans rayonnement. Quelques-uns contrastent avec cette vision pessimiste. Ils sont les survivants d'une éducation marginale, d'événements marquants, de parcours singuliers ou d'un accompagnement spécifique et chanceux. Ceux-là se distinguent rapidement et fortement de la masse. Suffisent-ils pour aider le pays à se relever et à redresser la tête ? Peut-être ! Sûrement ! Pour ma part je n'en doute pas, l'histoire est pleine d'illustrations héroïques et individuelles avec des sans-noms qui ont su donner tort aux prévisions et aux trajectoires les plus sombres. Ces personnages de légende avaient quelque chose de plus que le simple « don de soi ». Ce qui a sauvé la Nouvelle-Orléans, c'est cette « force d'âme » dont j'ai déjà parlé. Elle a été le fait de quelques responsables ou individus qui ont su générer autour d'eux cette confiance et ce sens des valeurs qu'il faut distiller face à de telles épreuves, en plus de la force de caractère qui est de toute façon nécessaire. C'est autre chose que ce défoulement auquel nous avons assisté lors de la victoire des « bleus » en 1998 et

_____

1. *Sacrés Français ! Un Américain nous regarde*, de Ted Stanger, Éditions Michalon, 2003.

qui donne l'illusion d'une cohérence et cohésion collective, même si la victoire est belle ! Un peuple a toujours besoin de victoires, je préfère celles qui sont inscrites dans du marbre à celles qui sont le produit de ces « *panem et circenses* » lucratifs qui nous sont actuellement servis sur écrans plats.

Cette « étrange défaite »

Cette dépression est critique car elle affaiblit le corps social, elle sape surtout les fondements de la légitimité et de la crédibilité de ce couple État-nation qui est à la base du contrat collectif. Tout repose sur un triptyque qui a été subtilement travaillé au fil des siècles. Au sommet il y a l'État avec ses fonctions dites « régaliennes » qui n'ont guère évolué depuis le cardinal Richelieu si ce n'est pour affirmer génération après génération leurs vocations sécuritaires et spécifiques au profit du « pré carré ». À la base, il y a les corps constitués, chargés de relayer l'action de l'État sur le terrain et ce que Raffarin appelle la « France d'en bas » qui n'est autre que cette nation subordonnée qui assure la prospérité du pays et qui est mobilisable sans préavis quand c'est nécessaire pour en assurer sa survie. Le système fonctionne bien tant que le sommet remplit son rôle de père fondateur et que ses dimensions régaliennes quasiment sacrales remplissent leur rôle tant à l'extérieur (Défense, Diplomatie) qu'à l'intérieur (Police, Justice). Dans cette perspective, la collectivité s'appuie sur les référentiels distillés au fil du temps. Ils nous permettent de nous enorgueillir d'une certaine singularité et de cultiver une identité forte. Aujourd'hui nous vivons toujours sur les discours sur l'indépendance et la dissuasion chers au Général de Gaulle. Ils ont presque un demi-siècle d'existence à une époque où tout change en moins de dix ans. À moins que nous n'ayons un demi-siècle de retard…

Pour que ce système tienne, compte tenu de la force et de l'exigence des concepts, il faut une organisation très maillée pour soutenir les messages et en relayer l'action au plus bas niveau de la société. Comme tous ces concepts reposent sur une relation implicite avec la société, il faut en permanence les entretenir, les diffuser, les contrôler afin que l'effet de persuasion puisse jouer ses effets. C'est pour cette raison que les concepts français de dissuasion ont aussi bien fonctionné et joué leur rôle pendant la guerre froide ; au point de véritablement déstabiliser les stratégies des Soviétiques qui n'ont jamais pu savoir quel était notre niveau réel de cohésion nationale en ce domaine. C'est le rôle dévolu théoriquement à tous les corps constitués qui accompagnent le traitement de l'action étatique auprès de la nation qui ne peut pas naturellement et intuitivement assumer ce type de préoccupations. La France est riche dans ce domaine et s'apparente aux systèmes chinois ou russes par la densité de son appareillage administratif et par la centralisation de son animation, par la rigidité de son organisation et des prises de décision. Ce système a néanmoins parfaitement fonctionné et joué son rôle lors de la reconstruction de la France aux lendemains de la Seconde Guerre mondiale. Mais il a aussi parfaitement contribué à « l'étrange défaite » de 1939. Il recommence aujourd'hui à errer dans les mêmes syndromes et les mêmes déviances, ce qui est particulièrement inquiétant quand on en connaît les conséquences.

C'est la résultante d'un État faible et omniprésent où le politique a été remplacé depuis la mort de Georges Pompidou par des castes de petits technocrates sans envergure qui ont perdu le sens du « service public », ont confisqué le pouvoir à la nation et ont dénaturé la mission des corps constitués chargés d'accompagner, de faciliter et d'arbitrer les relations « État-nation ». De ce fait la nation, qui ne se sent plus ni aimée par son père, ni maternée par les structures intermédiaires, est littéralement perdue au sens où elle n'a plus ces mots qui font sens et scellent son destin dans le même marbre. Elle se considère dès lors orpheline, abandonnée. Elle n'a plus confiance, se désespère et sombre dans une dépression profonde. De temps à autre elle se défoule dans la rue autour d'une victoire éphémère de ses « bleus ». Cela permet de compenser cette quête désespérée de sens qui semble impossible à concrétiser. Nos politiques devraient pourtant se souvenir que : « *Les exigences d'un peuple sont à l'échelle de ses malheurs.* »[1] Nous pouvons

---

1. Cf. extrait de *Mémoires de guerre*, Général de Gaulle, Gallimard, Bibliothèque de la Pléiade, 2000.

tourner en dérision ces réactions collectives. Ce sont les symptômes classiques d'un adolescent qui n'a plus chez lui ni affection, ni autorité et qui sombre petit à petit dans une schizophrénie bien connue des pédiatres et des psychiatres.

Notre société refuse de devenir adulte parce que ceux qui devraient lui indiquer la voie et lui tenir la main, si l'on reste fidèle au modèle implicite de la société française, sont sur d'autres protocoles. J'estime aujourd'hui que ces derniers sont au mieux corporatistes (ce qui pourrait être le moindre mal) mais qu'ils sont trop souvent quasi maffieux, ce qui me semble être malheureusement la règle émergente[1]. Des hommes « sans foi ni loi », pour reprendre cet adage populaire qui veut bien dire ce qu'il veut dire, ont ramassé le pouvoir et confisqué le débat démocratique. Il est vrai que la « foi » ne s'exprime pas avec des pirouettes marketing et que la « loi » se contourne aisément lorsque les valeurs sont bafouées. Cela explique en grande partie pourquoi notre pays est dans l'incapacité de transformer la situation et pourquoi nous sommes autant en « auto-blocage ». Cela explique aussi pourquoi cette rupture de confiance est aussi grave et pourquoi certains analystes penchent aujourd'hui pour des issues quasiment dramatiques. Pour eux, l'hypothèse d'une guerre civile mélangeant de façon chaotique tous les ingrédients du paradoxe État-nation et les facteurs émergents de la radicalisation du communautarisme ambiant se confondraient dans un maelström digne de l'effondrement Yougoslave. Pour ma part je ne penche pas pour ce type de scénario, bien que de nombreux signaux montrent qu'il n'est pas forcément aberrant et qu'il ne faille pas le négliger. Je fréquente trop les rivages de « l'inconcevable » en matière de prévention des risques pour me permettre de sous-estimer ce diagnostic afin de faire plaisir à certains esprits chagrins. Il fait malheureusement partie des quelques scénarios qui m'empêchent de dormir.

---

1. Cf. *La Grande Nurserie*, Mathieu Laine, Lattès, février 2006.

L'implosion du système a déjà commencé

Je pense par contre à ce qui est arrivé en Argentine et je suis de plus en plus convaincu que la France n'a plus la force de se payer une nouvelle révolution. Même si elle en a apparemment les moyens, elle n'en a plus la force morale, comme beaucoup en rêveraient. Je pense que son risque majeur réside dans l'effondrement brutal et conjoint de ses institutions et de son opinion publique. La crise de confiance actuelle est pour moi plus grave et sérieuse que la crise sociale, économique ou financière dont les journaux télévisés nous abreuvent quotidiennement. Cette crise de confiance est existentielle et identitaire. Tout le monde sait qu'il est beaucoup plus difficile et plus long de guérir d'une dépression nerveuse que d'une simple fracture. Dans le premier cas cela nécessite souvent de savoir faire son deuil de faux-semblants, d'illusions, du passé et de reconstruire une nouvelle trajectoire qui soit authentique. Dans le second cas il suffit d'attendre la recalcification et de bénéficier d'une bonne rééducation, même si elle s'avère douloureuse. Sortir d'une dépression suppose un travail sur soi, voire avec les autres, qui peut être très dur tant la souffrance est intense à surmonter et à dépasser. Les Français sont-ils prêts à faire cette démarche ? En sont-ils capables ?

Traiter une fracture suppose de laisser faire la nature et sa propre constitution. Est-ce véritablement le problème actuel ? Il est clair que la situation nécessite aujourd'hui une mobilisation de tout le corps social et ne se réglera pas en étant attentistes. Ce ne sont pas les institutions de la Ve République qui pourront solutionner implicitement et naturellement la crise actuelle. Bien au contraire la Ve République n'existe plus, elle a été dévoyée de ses fondements et n'a plus cette capacité originelle et originale qui lui avait été donnée par le Général de Gaulle. Quelle que soit l'opinion que l'on peut avoir de son passage au pouvoir, il a permis au pays traumatisé par la débâcle de 1939[1] de recalcifier ses fractures internes issues de la

---

1. Cf. *La Fête des fous*, Marie-France Garaud, Plon, mai 2006.

guerre. Aujourd'hui la France est dans une autre configuration : elle est au bord de l'implosion. La crise majeure n'est pas en bas, elle est au plus haut niveau de l'État et dans ses structures de médiations au contact de la nation. Celle-ci n'a plus confiance. Et tous les économistes et historiens savent combien la confiance est un ingrédient fragile mais néanmoins crucial pour la survivance d'un peuple. À ce propos, De Gaulle avait écrit : « *Le caractère, vertu des temps difficiles.* »[1] Qu'écrirait-il aujourd'hui[2] ? Pour ma part je pense qu'il nous faut plus que de la force de caractère, il nous faut de la « force d'âme » !

1. Cf. *Le Fil de l'épée et autres écrits*, Charles de Gaulle, Plon, 1999.
2. Cf. *De Gaulle face aux crises*, Jean-Pierre Guichard, Le Cherche Midi, 2000.

Chapitre 3

Oui, tous les signaux sont *a priori* au rouge

« Le vaisseau peut périr pour avoir trop de pilotes. »
Proverbe grec antique

Il n'y a plus personne à la passerelle, le bateau est comme un fantôme qui erre dans les couloirs de l'histoire. Lorsque l'on appelle le poste de pilotage, on a toujours le même message qui revient en boucle comme sur un disque rayé : « Tout se passe comme prévu, tout est conforme au plan, ne vous inquiétez pas, tout est sous contrôle ! » De qui se moque-t-on ? Pour beaucoup il n'y a plus personne aux commandes, cela ne fait plus de doute. Le navire semble errer depuis quelque temps sous pilote automatique là où il faudrait plus que jamais une équipe soudée et solide à la barre ainsi qu'à la table à carte pour redéfinir le cap et reprendre en main cette navigation hasardeuse que tout le monde subit actuellement.

Y a-t-il quelque part un responsable ?

Les signaux forts ne cessent de s'accumuler depuis 2001. Il y eut avril 2003 pendant l'affaire irakienne, les élections régionales, la canicule et ses 13 000 morts (dont une grande partie devaient de

toute façon mourir selon les experts…), puis l'échec du référendum sur le traité constitutionnel, le déchaînement de violences
dans les banlieues, la crise du CPE…

Le baromètre de la confiance ne cesse de chuter sur le front intérieur alors que la mer devient de plus en plus forte à menaçante sur
le plan international avec la montée irréversible du prix du baril et
ces tensions géopolitiques qui deviennent de plus en plus incontournables pour la sécurité de notre pays. C'est à ce moment crucial
pour l'avenir de la France que nous constatons qu'à la passerelle il
n'y a plus personne. Certains m'objecteront qu'il y a du monde,
qu'il n'y en a jamais eu autant (vu les effectifs de l'Administration
en poste à tous les niveaux) et que l'État veille. Certes j'entends bien
qu'il y a de la présence, mais cela ne signifie pas pour autant qu'il y
a la vigilance requise, l'esprit critique souhaité, et encore moins la
capacité de décision nécessaire. Il y a longtemps que j'ai appris que
quantité ne signifie pas forcément qualité, et que la présence ne
produit pas nécessairement de la compétence.

L'expérience malheureuse de la canicule a bien démontré que le
problème n'est pas dans l'alignement de moyens techniques et
encore moins dans l'inflation de structures administratives, mais
bien dans l'état d'esprit et dans la capacité de pilotage de l'ensemble. Aujourd'hui, ne nous y trompons pas, le problème majeur du
pays n'est pas d'ordre technique, je ne cesserai de le répéter, même
s'il y a des voies d'eau partout dans la coque (généralement faites
par l'équipage). Les problèmes techniques se surmontent toujours
et ce quelles que soient leurs difficultés. Nous avons, contrairement
à d'autres pays moins favorisés, et les moyens et les compétences
pour régler nos nombreux dysfonctionnements. Le problème
majeur est psychique et décisionnel. Nous n'avons ni la volonté, ni
l'intelligence pour mettre en œuvre des décisions élémentaires qui
certes exigent avant tout pragmatisme et courage. La véritable
question qui se pose aujourd'hui est vraiment celle du pilotage.
Tous les experts en gestion de crises le savent bien, sans pilote il
n'y a pas de cheminement possible, pas de rétablissement de la
confiance, pas de dynamique collective. Par expérience je ne crois
pas à la génération spontanée dans ce domaine. Certes il peut toujours y avoir des actes héroïques, des hommes de la situation.

Généralement leurs bravoures n'excèdent pas quelques jours, quelques mois selon la brutalité des contextes. Faut-il attendre un nouveau « 1918 » avec, rappelons-le, ses cortèges de désastres humains liés aux offensives tragiques de Nivelle (plus de 350 000 morts pour l'ensemble des troupes alliées lors de la bataille du chemin des dames en avril 1917), les mutineries dans les tranchées pour voir enfin arriver un nouveau Clemenceau ? En d'autres temps, sa détermination à toute épreuve lui aurait valu la mise au ban du monde politique français. En la circonstance, il sort de l'épreuve nanti d'une grande popularité, tant chez les civils que parmi les poilus. Sur tous les fronts il a rétabli la confiance avec une proximité étonnante vis-à-vis des populations et des soldats. Surtout il a su clarifier les questions de pilotage là où il n'y avait que de la confusion en soutenant le général Foch dans les heures critiques du printemps 1918 par la création d'un commandement unique. De temps à autre je me surprends à rêver d'un nouveau « Tigre » pour sortir notre pays de l'ornière. Aujourd'hui beaucoup s'attribuent de façon prématurée le titre de « père de la victoire » sans avoir livré la moindre bataille. Pour surmonter la crise actuelle je le répète il faut autre chose que des effets de manche médiatiques et de la forfanterie, il faut une « force d'âme » collective d'une autre trempe. Et cela ne s'improvise pas !

Nous sommes en panne de méthode de gouvernance car nous sommes confrontés à des ruptures sans précédent qui sont des défis déroutants pour nos élites. Elles ne sont à ce jour aucunement préparées à affronter l'irrégularité, le désordre[1]. De plus en plus refermés sur des méthodes « positivistes », où l'appréhension du risque est sans cesse mathématisée, nos dirigeants ne s'intéressent qu'aux scénarios parfaits sans aspérités et irrégularités. Il leur faut des pentes bien lissées et des équations maîtrisables. Comme l'écrit fort justement Alvin Weinberg : « *La science s'intéresse aux régularités, la singularité relève de l'art.* »[2] Cela va jusqu'à irriguer notre pensée

© Groupe Eyrolles

---

1. Voir article de Xavier Guilhou et Patrick Lagadec dans *Le Figaro*, 4 juin 2005 : « Voyage au cœur d'une implosion » – www.xavierguilhou.com
2. Cf. article de Xavier Guilhou et Patrick Lagadec dans *Les Échos*, 4 janvier 2006 : « Grippe aviaire : une crise de pilotage » – www.xavierguilhou.com

géopolitique lorsque face au déchaînement de violence au Moyen-Orient, qui est bien un contexte difficilement mathématisable, nous ne parlons que de rétablir la stabilité, là où il faudrait imposer une force de stabilisation. Ce qui n'est pas la même chose et suppose d'autres règles d'engagement. Comme l'écrit Étienne de Durand, il n'y a « *rien de plus dangereux que de prétendre maintenir la paix quand il s'agit en réalité de l'imposer… L'enfer stratégique est lui aussi pavé de bonnes intentions* »[1]. Tout est de cet ordre. Nos cultures décisionnelles préparent à tout en termes de comptabilité, de gestion, d'administration dans un contexte maîtrisé avec des taux de croissance constants. Elles ne préparent pas à exercer un pilotage en univers instable et illisible. Elles sont focalisées sur des séries de réponses validées, enfermées dans des plans certifiés, quand l'essentiel est désormais de discerner quelles questions il convient de se poser, pour agir avec qui, sur la base de quelle posture.

Le système d'alerte est débranché

Lorsque je fais l'audit d'une crise, le premier point que j'analyse est la capacité de traitement du signal du système de décision. Pour reprendre un vieux dicton chinois : « Comme le poisson pourrit toujours par la tête, rien ne sert de s'agiter sur l'état des nageoires… » « Traitement de signal » est sûrement une terminologie barbare pour celui qui n'est pas un habitué des systèmes d'information. En fait j'évalue la finesse du réglage du radar de bord et l'aptitude de l'équipage à prendre en compte les signaux conventionnels et surtout à discerner au milieu des bruits ambiants les signaux aberrants qui peuvent modifier totalement la marche du bateau, pour rester fidèle aux métaphores maritimes dont j'use.

Dans le cas de l'exemple de la Nouvelle-Orléans, il est clair que les décideurs n'ont pas complètement pris en compte l'ampleur du désastre qui a frappé les côtes du golfe du Mexique. Pourtant les moyens de détection, de transmission et d'analyse étaient là ! Ils

---

1. Responsable du département des études de sécurité à l'Institut français des relations internationales (IFRI). In *Le Figaro*, 14 août 2006 : « Les Pièges d'une interposition au Liban. »

ont fait leur travail et rien ne peut leur être opposé. J'irais même plus loin car l'université avait, ainsi que plusieurs laboratoires spécialisés, procédé en amont à un travail de prévision et de simulation. Là aussi le script était quasiment écrit, malheureusement la réalité a dépassé les scénarios qui avaient été imaginés. De même quand je suis les travaux des Japonais depuis le grand séisme de Kobe de 1995, je note que les systèmes de détection et de prévention des risques majeurs sont non seulement bien dimensionnés mais en permanence actifs et opérationnels. Ils n'ont pas empêché les mêmes errements de comportements lors du tremblement de terre qui a tué près de 6 500 personnes et fait 43 000 blessés.

Dans ces deux exemples, nous ne sommes pas comme dans le cas du tsunami en Asie du sud sur des continents démunis de systèmes d'alerte et de capacités d'interventions. Nous sommes au contraire dans deux pays parmi les plus puissants et sophistiqués au monde. Malgré cela les systèmes de décision ont été paralysés, neutralisés, déstabilisés pendant plusieurs jours. Néanmoins ils ont su se ressaisir et reprendre assez rapidement le pilotage de ces crises « hors normes ». En France le diagnostic que je peux faire aujourd'hui est différent. Là où la plupart des pays occidentaux sont entre deux à cinq jours de capacités de réactions face à une situation majeure, notre pays oscille entre 14 et 17 jours[1].

L'analyse des dernières grandes crises montre que le temps de compréhension-réaction des Britanniques est de quelques heures à une journée (cf. les attentats de Londres) ; les Américains se situent

---

1. Cette analyse doit être nuancée car sur le plan de la lutte antiterroriste les dispositifs en place en France sont parmi les plus performants au monde du fait des attaques que notre pays a connues dans les années 1980 et de la permanence de cette menace sur notre territoire. Il est dommage que les méthodes développées dans ces univers très spécifiques n'aient pas été élargies et dupliquées dans les domaines civils. Elles sont extrêmement performantes en particulier sur le traitement en amont de l'information en termes de renseignement et de capacités de prises de décision surtout en situation déstabilisée. Mais là il faut briser les « murs de Berlin » qui règnent entre dispositifs publics et privés et les cloisonnements improductifs que l'on connaît trop bien entre les domaines régaliens…

entre un à trois jours (cf. le 11 septembre, Katrina) ; les Espagnols entre deux à quatre jours (cf. le 11 mars). Ceux qui sont les plus réactifs sont les Israéliens avec des délais qui sont inférieurs à l'heure. Mais beaucoup objecteront que leurs méthodes ne peuvent être assimilées à nos pays étant donné qu'ils sont en état de guerre permanent. La question que l'on pourrait se poser et que ne se posent plus les Américains, comme les Anglais qui souhaitent réduire ce temps de latence, est de savoir si nous ne sommes pas nous aussi confrontés aux mêmes contraintes et exigences à cause du terrorisme. Si les spécialistes de la lutte antiterroriste et de la défense française en sont convaincus, il n'est pas sûr que les autres structures administratives et encore moins la population en soient vraiment conscientes.

Cela donne les dérapages que nous avons connus lors de la canicule en août 2004 ou lors des événements des banlieues en novembre 2005. Cette situation n'est pas liée à l'absence de moyens de détection. Ils existent et ont fait la plupart du temps leur travail (cf. les agences de surveillance sanitaire, les services météorologiques, les SAMU, les services de police…). Les moyens d'alerte existent et ils ont fait eux aussi leur travail. Le problème essentiel réside dans l'incapacité des circuits de décision à prendre en compte les messages d'alerte. Il réside la plupart du temps dans l'inaptitude, pour ne pas dire l'incompétence, des circuits de transmission qui ont eu la charge d'analyser et de relayer l'information[1]. La responsabilité des cabinets ministériels, pour ne prendre que ces deux crises, est forte pour ne pas dire essentielle.

Cette situation est normale. Les personnes qui assument ce traitement hiérarchique et administratif du signal sont trop souvent éloignées et ignorantes des réalités du terrain. Elles ne connaissent pas et n'ont pour la plupart jamais connu les contextes qu'elles traitent. Beaucoup sont arrivées à ces postes sans faire l'expérience minimale et préalable des métiers et des environnements qu'elles auront par la suite à évaluer. Elles ont été recrutées sur leur capacité à éluder

---

1. Voir le rapport d'enquête parlementaire du 29 septembre 2004 sur la canicule.

les problèmes de dossiers qu'elles ne connaissaient pas à Science-po ou à l'ENA. Dans ce type de situation c'est justement l'inverse qu'on escompte d'elles. On s'attend à ce qu'elles sachent poser les bonnes questions et qu'elles ne fassent pas dans l'évitement face aux problèmes à résoudre. La réputation qu'elles se sont faites au fil des décennies ne va pas dans ce sens. Il en résulte des décalages d'interprétations et surtout de sensations, l'intuition étant leur pire ennemi, alors qu'elle est souvent décisive dans les situations de crise majeure.

C'est ainsi qu'en août 2004 les circuits concernés au sein du ministère de la Santé n'ont pas compris que la France traversait une crise de mortalité sans précédent pour une alerte météo qui reste *a posteriori* relativement conventionnelle au regard d'autres situations plus excentriques au niveau mondial (cf. les périodes cycloniques sous les Tropiques, l'arrivée de la mousson en Asie, les vagues de grand froid en Amérique du Nord ou en Russie...). Sur l'affaire des banlieues les circuits de décision ont mis une bonne semaine pour comprendre ce que tout le monde avait déjà largement compris sur le terrain. Dans les cabinets, beaucoup avaient diagnostiqué une réplique de 1968, ce qu'ils souhaitaient dans leur for intérieur (car ils croyaient en connaître les mécanismes « révolutionnaires ») alors que le pouvoir était confronté à autre chose. Le problème majeur est qu'ils ne pouvaient pas comprendre ce qui arrivait car ils n'avaient pas intégré ce type de questions dans leur cartographie des risques à traiter. Ils ne pouvaient pas non plus saisir la grammaire des émeutiers car ils n'avaient jamais été au contact de ces réalités. C'est une chose de fréquenter les couloirs des ministères pour gérer sa carrière, c'en est une autre de survivre dans les corridors des immeubles des banlieues sinistrées.

Inaptitude des élites face aux signaux forts

La conjonction de ces deux inaptitudes provoque un décalage qui amène parfois les intéressés à des évaluations stupéfiantes pour celui qui est en première ligne. Là où il aurait fallu mettre dans la chaîne de traitement de l'information des hommes habitués aux terrains complexes et aux scénarios inconcevables, le pouvoir politique ne s'était entouré que de « bons fonctionnaires » habitués à gommer les irrégularités pour ne pas effrayer leurs patrons et de « mauvais courtisans » habitués à amplifier ce que le dirigeant veut entendre. Le résultat est à chaque fois simple et éloquent : c'est en moyenne deux semaines de perdues avec à l'arrivée des franchissements de seuils et une mortalité bien au-delà de l'entendement. Même si pour le rapport d'expertise « *la plupart devaient mourir quelques mois plus tard* », cette crise en tant que telle est inadmissible dans une démocratie qui se respecte. Les commentaires des dirigeants sur cette sortie de crise ont été affligeants : entre ceux qui pensaient que cette crise n'en était pas une finalement, et ceux qui s'excitaient sur le nombre de climatiseurs à installer dans les maisons de retraite, il y avait de quoi se révolter face à la bêtise ambiante. Quel cynisme et quelle outrecuidance pour les familles concernées par cette défaillance collective…

Au-delà de l'incapacité et de l'incompétence notoire qui peuvent régner dans les chaînes de traitement stratégique ou sensible de l'information, surtout en matière de défense civile, il faut évaluer aussi cette aptitude que les Américains qualifient « d'empowerment » de la population. Cette capacité d'association des populations aux enjeux des crises est devenue de plus en plus déterminante et la plupart des retours d'expérience le démontrent. Nos élites ont-elles cette capacité de mobiliser ou non les populations autour d'initiatives audacieuses qui permettraient de compenser les errements ou erreurs initiales ? Les enseignements du cyclone Katrina, comme du tremblement de terre de Kobe, sont éloquents dans ce domaine : « *Pour renaître de ses cendres, la ville a dû miser sur ses propres forces. La nécessité était déjà clairement apparue dès les premières heures de la catastrophe. Les Japonais croyaient leur archipel préparé aux désastres : la confiance de la population envers les autorités volait en éclats. Totalement dépassé par la situation, très critiqué, le gouvernement avait été lent à réagir et à organiser les secours. En revanche la population s'est mobilisée en masse. On estime que près de 10 % des habitants de Kobe ont directement participé aux secours d'urgence. Quelque 1,3 million de bénévoles ont prêté main forte à la remise sur pied de Kobe.* »[1]

---

1. Reportage d'Alain Barluet, envoyé spécial du *Figaro* à Kobe, « Kobe s'est reconstruite sans oublier le séisme » in *Le Figaro*, 11 août 2006.

Dans ce domaine j'ai ma conviction : la population n'est pas en mesure actuellement de faire face à autre chose que des petits accidents type « plan Orsec » des années 60. La société civile n'est pas et ne peut pas être au centre des préoccupations et des dispositifs de crise. Depuis le traumatisme de la canicule, les choses semblent s'améliorer. Mais nous n'avons jamais été mis à l'épreuve comme le sont actuellement d'autres démocraties, soit par le terrorisme soit par de grands désastres. Je n'ose penser à un choc plus grave, équivalent à ce que les Américains ont vécu avec Katrina puis Rita, par exemple sur la région PACA[1], ou à un chaos plus sérieux avec la grippe aviaire. C'est à l'aune de ces franchissements de seuils que l'on mesure réellement l'efficacité et la réactivité d'un système de gouvernance. Faut-il s'y être préparé correctement et s'entraîner en permanence pour maintenir le niveau « d'empowerment » nécessaire.

Pour le moment les pouvoirs publics sont confrontés à des « CPE » qu'ils gèrent en dépit du bon sens, allant jusqu'à susciter des alliances ubuesques pour essayer de se dépêtrer d'un imbroglio juridico-médiatique inutile et au demeurant coûteux. Ils lancent idées sur idées croyant réformer ainsi l'État et la société sans prendre le soin sur la forme de dialoguer avec les véritables parties prenantes (employeurs, salariés, financiers, jeunes…) et sans remettre en cause sur le fond ces accords pervers qui datent de 1946 (accords signés par les corps politiques avec Maurice Thorez et le Parti communiste – premier parti de France à l'époque avec 28,6 % aux élections législatives…) et qui piègent la transformation de notre pays. N'oublions pas que les blocages de notre fonction publique et la structuration de notre représentation syndicale datent de cette période et qu'elles n'ont jamais fait l'objet d'une réactualisation alors que tous les fondamentaux du service public ont changé et que lesdits syndicats ne représentent plus que 9 % des salariés.

© Groupe Eyrolles

---

1. La région Provence-Alpes-Côte d'Azur présente des risques majeurs connus notamment sur le plan sismique et pourrait dans l'hypothèse d'un désastre du type tremblement de terre suivi d'un tsunami connaître les mêmes types de problématique que ceux du delta du Mississipi et de la côte de la Louisiane.

Depuis trente ans nous assistons à un effondrement de la représentation syndicale qui a vu ses effectifs chuter de plus de 50 % et personne n'ose aborder cette question de crainte d'être excommunié par les radicaux de ce trotskisme à la française qui sévit dans l'ombre. Or, que font les pouvoirs publics face aux échecs successifs des réformes qu'ils initient ? ils se précipitent chez ceux-là mêmes qui sont les gestionnaires des accords de 1946 pour essayer de voir avec eux comment contenir le mécontentement de la rue et essayer de réguler la colère croissante de la société civile. À chaque fois les intéressés sortent des tours de table avec une prise de gage supplémentaire sur les finances publiques. Ils n'ont même plus besoin de demander quoi que ce soit, d'autant qu'ils n'en n'ont plus la légitimité vu leur piètre représentativité, ce sont les cabinets ministériels qui vont les chercher dorénavant pour leur servir de bouclier politique et leur demander de porter les quelques idées « mortes-nées » sur le pouvoir d'achat, l'emploi des jeunes, celui des seniors, la préservation des outils de production… là où tout se joue loin d'eux.

Même les syndicats eux-mêmes ne s'attendaient plus à de telles opportunités en termes d'audience et de « légitimité ». Tous ces exemples révèlent un problème de fond : l'inaptitude des responsables à la passerelle pour comprendre ce qui se passe autour d'eux. Pourquoi ? Non seulement ils ne sont pas formés à cette rigueur et exigence du traitement de signal, mais en plus ils sont confus dans leur tête. Ils n'ont pas la grammaire et encore moins le vocabulaire des réalités que nous côtoyons. Ils vivent dans un monde parallèle où les mots ont une traduction systématiquement technocratique et ésotérique pour le « commun des mortels ». Beaucoup plus grave, ils n'ont même plus l'intelligence et le courage de remettre en cause ce qui n'a plus de sens en termes de contrat social pour une société comme la nôtre[1]. Mais en ont-ils vraiment envie ?

---

1. Cf. *La Crise de l'intelligence – essai sur l'impuissance des élites à se réformer*, Michel Crozier, Interéditions, 1995.

Le règne de la complexité
des raisonnements

Lorsqu'un peuple ne sait plus très bien ce qu'il est et où il va, il a une fâcheuse tendance à devenir inintelligible[1]. Les « lettrés » se plaisent alors à jouer avec les mots et les choses simples de la vie deviennent la plupart du temps incompréhensibles. En langage ordinaire on appelle cela « se faire des nœuds au cerveau ». Les linguistes connaissent bien ce « pathos » qui consiste, quand on a peur de l'avenir, à faire du déni de réalité en jouant sur des mots qui se contredisent. Le résultat donne une rhétorique rassurante qui confine alors les sociétés dans une forme d'indolence pathétique qui s'avère toujours suicidaire à terme. Pourtant George Sand nous avait prévenus lorsqu'elle écrivait « *qu'en France… les mots ont plus d'empire que les idées* ».

Un jour mon éditeur m'a illustré cette forme de schizophrénie ambiante en me proposant un titre que je trouvais totalement aberrant sur le fond *La Fin du risque zéro*[2]. Je lui ai immédiatement rétorqué qu'une telle formulation était impossible, qu'il n'y avait pas de « risque zéro » et que donc il ne pouvait pas y avoir ni début, ni fin à cette imposture sémantique. Il m'a répondu avec son sourire malicieux cette phrase magnifique : « *Certes vous avez totalement raison, mais « l'oxymore » est à la mode et il a toutes les vertus marketing dans une société qui cultive l'aversion aux risques et qui veut du « zéro mort » !* » Le bougre avait raison ! « L'oxymore » règne en maître et je ne cesse de voir sa perfidie imprégner la moindre pensée, inhiber la moindre réflexion, paralyser la moindre initiative.

Qu'est-ce que « l'oxymore » ? Une figure que les littéraires connaissent bien et qui consiste à associer deux termes contradictoires. C'est la tirade sur « *l'obscure clarté* » déclamée par le Cid de Corneille ou ce « *silence assourdissant* » de Baudelaire. Cette figure de rhétorique est souvent utilisée par les poètes pour révéler le para-

---

1. Cf. « Pourquoi entre deux mots faut-il choisir le pire ? », article de Xavier Guilhou pour la revue des *Conseillers du Commerce extérieur*, n° 528, octobre 2006.
2. Cf. *La Fin du risque zéro*, Xavier Guilhou et Patrick Lagadec, Eyrolles/Les Échos, février 2002.

doxe d'une situation. Mais aujourd'hui ce sont nos technocrates qui semblent en user et en abuser. Cette inflation d'aphorismes devrait nous inciter à nous interroger sur le sens de certaines formules *a priori* très emblématiques, que personne n'est vraiment en mesure de définir et qui laissent souvent perplexe sur leur véritable finalité. Je me limiterai au domaine de la compétition économique que je connais bien depuis trente ans et que les économistes appellent communément « compétitivité ». Autour de cette simple terminologie, nous assistons depuis quelques années à une inflation de noms composés dans toutes les directions.

Actuellement tout le monde parle ainsi de *« patriotisme économique »*. Ce terme est en soi une aberration. L'économie n'a pas pour fonction première d'être « patriotique ». Encore moins quand elle est mondialisée et globalisée comme c'est le cas aujourd'hui ! Et peut-on limiter le patriotisme aux simples échanges marchands et financiers surtout quand ils prennent la forme d'opérations dématérialisées qui s'affranchissent de la notion de territoire ? Cela n'a rien à voir avec la défense de la patrie (du « pays du père » au sens latin) et des valeurs collectives qui sont bien circonscrites dans l'espace et dans le temps. Dans le même ordre d'idée, *« l'intelligence économique »* fait partie de ces mots composés à la mode. Elle a même généré des déclinaisons subtiles avec *« intelligence stratégique »*, *« intelligence territoriale »*, *« intelligence compétitive »*… comme si le Renseignement, qui est la traduction littérale du terme anglo-saxon *« Intelligence »*, avait un territoire ou un usage spécifique alors qu'il s'agit d'une méthode qui s'affranchit justement des catégories. Il y a là une supercherie sémantique qui permet de nouveau à quelques experts de complexifier et de rendre *a priori* inaccessible ce qui est en fait très simple, vieux comme le monde et qui devrait être de l'ordre de l'éducation permanente de chacun. L'offensive réussie de Mittal sur Arcelor est une bonne illustration des limites opérationnelles de ces nouvelles « appellations contrôlées ». Rien ne sert de se complaire dans des incantations hermétiques quand il s'agit de traiter au quotidien des rapports de force élémentaires.

La dérive la plus sublime a sûrement été atteinte avec le *« développement durable »* qui est devenu le nouveau titre de noblesse du moment pour être bien vu dans tous les salons respectables. Or, tous ceux qui font du développement savent que celui-ci ne peut pas être durable. C'est à nouveau un non-sens. Un développement suit une courbe de vie qui n'est pas continue mais exubérante par essence. Il est le fruit d'une naissance, d'une émergence, d'une reconnaissance et connaît en final une phase inexorable de mortalité. C'est un processus quasiment biologique qui ne peut pas s'éterniser. L'inverse supposerait que nous soyons en mesure d'arrêter le cours du temps en enfermant la vie dans un schéma linéaire qui serait totalement maîtrisé ! Mais il se peut que cette expression révèle tout simplement les travers de notre croyance et prétention prométhéenne à installer l'humanité dans un progrès permanent, une modernité parfaite et une « *immortalité terrestre* »[1]. Je pourrais ainsi multiplier les exemples de mots composés qui devraient nous interpeller sur le fond, tels « *libre-échange* », « *commerce équitable* », etc. Le plus excentrique et le dernier à la mode me semble être celui « *d'égalité des chances* ». Comme je ne cesserai de le dire, si la chance avait des vertus égalitaires, cela se saurait depuis longtemps ! Nous sommes à nouveau très loin de cette analyse de Pasteur pour qui « *la chance : c'est 95 % de travail et seulement 5 % de hasard* ». L'inversion du postulat justifie au moins la création d'un ministère… à défaut de véritable vision face aux grandes mutations du monde. Cette dérive se traduit de plus en plus par l'indignation de grandes signatures mondiales qui nous reprochent d'être devenus incompréhensibles. C'est ainsi que Ana Palacio écrivait récemment : « *La France a toujours été un modèle de liberté, d'innovation, de clarté rationnelle. Les idées issues de France ont exercé une force d'attraction irrésistible dans le monde entier de par sa clarté rayonnante. Nous sommes nombreux à espérer que les politiques français recommencent à parler avec clarté pour transmettre des idées suggestives. L'Europe a besoin que la France redevienne une référence pour l'avenir.* »[2] Le regard des autres est toujours impitoyable…

---

1. Cf. *Globalia*, Jean-Christophe Ruffin, Gallimard, 2004.
2. Ana Palacio est vice-présidente et conseillère juridique de la Banque mondiale, présidente de la Commission des Affaires européennes du Parlement espagnol, ancien ministre espagnol des Affaires étrangères. Cf. article dans *Le Figaro*, débats opinions, 18 juillet 2006 : « L'Europe a grand besoin d'une France au discours clair. »

De la nécessité de clarifier notre pensée

Fort de ce constat, je me suis amusé à confronter mon analyse à celle d'une voisine chinoise. Dans un premier temps je lui ai demandé si elle pouvait me traduire ces expressions. Impossible ! Aucun idéogramme ou figures de style ne permettent de rendre compte de notre vision complexe des choses de la vie. Ce qui est peu dire quand on connaît la subtilité et les possibilités de la langue chinoise. Je lui ai demandé par la suite de me préciser si elle comprenait ces terminologies. Non seulement elle ne comprend pas ce que nous cherchons à dire, mais elle n'en voit surtout pas l'intérêt ! Pour elle le patriotisme se suffit à lui-même. Il n'a pas besoin de suffixe économique, social, fiscal… pour exister. Il représente la valeur intrinsèque et la capacité de survivance d'un peuple, d'une nation. Le transformer en « oxymore », cela signifie pour elle que nous n'avons plus de valeurs à défendre mais seulement des logiques catégorielles ou corporatistes à préserver.

De même, « *Intelligence* » se traduit par « *Renseignement* » et ce mot suffit à lui-même. Pourquoi en limiter ou en détourner le sens ? Pourquoi avoir peur de dénommer ce qui fait la clé de toute stratégie depuis des millénaires ? Elle m'a renvoyé à Sun Tsu et à Confucius qui ont écrit de très belles pages sur ce sujet. Elle a poursuivi ainsi sa démonstration autour des mots « *développement* », « *commerce* » pour finir sur celui de « *liberté* ». C'est à ce moment que j'ai compris que nos sociétés, qui prétendent tant défendre des valeurs universelles, étaient paradoxalement devenues victimes d'une nouvelle forme de totalitarisme sémantique et bureaucratique avec ces mots vidés de leur sens originel et de leur contenu qui prennent en otage nos cerveaux. Sa conclusion fut cinglante : «*Vous autres, Occidentaux, avez les moyens de compliquer les choses et vous aimez cela… Nous, nous n'avons pas le temps, ni les moyens, alors nous appelons les choses comme elles le sont ou doivent l'être, car il nous faut aller vite désormais… Pour y arriver : nous n'invoquons pas la chance, nous travaillons ! Nous faisons tout simplement du commerce, et pour cela nous faisons du renseignement ! Et comme nous voulons vous rattraper, nous sommes patriotes… !* » Fermez le ban ! Face à cette épreuve de vérité, je pense alors à ce mot sublime de l'humoriste Raymond Devos : « *J'économise ma salive, je ne dis plus qu'un mot sur deux.* »

Pendant ce temps nous passons de colloques en symposiums où des armées d'experts essayent d'expliquer à des états-majors publics et privés qui s'ennuient comment s'occuper avec de nouveaux jeux de mots, alors que de « nouveaux entrants » sont en train d'inventer partout dans le monde de nouvelles règles d'affrontements, avec de nouvelles méthodes de conquête en utilisant des mots simples.

Seuls les peuples en survivance ou en conquête savent utiliser des mots simples compris et partagés par tous. Sénèque avait très bien illustré le propos lorsqu'il disait que le Sénat face aux Barbares « *passait son temps à se réunir pour discourir mais ne décidait plus* ». Finalement nous sommes quasiment dans la même situation. Notre agitation médiatique ne peut pas faire longtemps illusion, elle ne fait que masquer notre défaut d'ambition et notre autisme pathétique. Ionesco l'avait pressenti lorsqu'il écrivait que dorénavant « *le mot ne montre plus, le mot bavarde, le mot est littéraire, le mot est une fuite, le mot empêche le silence de parler, le mot assourdit... ».* Peut-être devrions-nous faire comme Valéry lorsqu'il suggère qu'« *entre deux mots il faut choisir le moindre* ». Alors autant choisir celui qui a le plus de sens, d'espérance et d'avenir.

Mais au-delà des mots qui révèlent la confusion de l'esprit, il y a surtout un esprit de renoncement, de lâcheté et de couardise qui devient de plus en plus insupportable pour le citoyen de base[1]. Lorsque Georgina Dufoix a déclaré, face à l'affaire du sang contaminé, qu'elle se sentait « responsable mais pas coupable », nous sommes entrés dans une dérive progressive de la morale politique. Nous pouvons évaluer le niveau de contamination de ce « déni de responsabilité » à tous les échelons. Il suffit de suivre les scandales qui alimentent quotidiennement les pages de notre vie politique, financière et économique pour se rendre compte que nos dirigeants ne fonctionnent plus depuis quelques décennies avec le

© Groupe Eyrolles

---

1. Cf. « Arrêtons de tricher avec la réalité ! », article de Xavier Guilhou dans *Les Échos*, 21 août 2006.

souci du respect de principes universels. Ils donnent l'apparence d'une « bonne conscience » et abusent de l'artifice juridique des « circonstances atténuantes ». Nous sommes très loin de la vraie responsabilité, celle qui se mesure non pas au regard de nos droits mais en fonction de notre effort permanent pour assumer nos devoirs. Lorsque Zinédine Zidane précise, face à l'affaire du Mondial, qu'il « s'excuse mais ne regrette rien », nous entrons dans une nouvelle dérive qui pose la conscience personnelle au-dessus des valeurs collectives. Cela signifie que désormais chacun peut s'autoriser des actes plus ou moins légitimes en partant du principe que seul son inconscient peut guider ses pulsions. Nous sommes très loin des règles de courtoisie du sport et le « coup de boule » pourrait dès lors devenir une règle d'arbitrage qui dépasserait l'arène des stades pour devenir une règle de fonctionnement dans la rue.

De la nécessité de clarifier nos actes

La frontière entre la responsabilité et la conscience est toujours fragile. Dans le cas Dufoix, nous l'avons dénaturée en érigeant le principe de « précaution » comme clé de voûte de l'irresponsabilité en matière politique. Dans le cas Zidane, nous risquons, si nous n'y prenons garde, de poser le principe de « légitime défense » comme clé de voûte de notre coexistence. Dans les deux cas nous glissons inexorablement dans un mode de fonctionnement où le déni de réalité servira de prétexte pour esquiver les prises de responsabilité et où l'extravagance des pulsions servira de référence de vie. Les médias, compte tenu de leurs modes de fonctionnement, ne peuvent qu'être immanquablement les relais de cette nouvelle alchimie qui tire notre société un peu plus vers le bas au lieu de l'aider à retrouver des repères solides dans un monde qui se transforme à très grande vitesse. Cette citation de Gottfried Benne ne peut que nous interpeller par son actualité et sa lucidité teintée d'humour : « *On sait bien que les hommes n'ont pas d'âme, si seulement ils avaient un peu de tenue.* » Face à ce contexte inacceptable, pourquoi ne pas opposer une autre façon de penser et de vivre cette question épineuse de la responsabilité ? Elle pose en premier lieu la question des valeurs qui font sens pour notre société. Ces valeurs sont liées à nos actes qui nous engagent et engagent les autres. Certes nous sommes très loin du conseil de Marc Aurèle qui écrivait à ce propos : « *Fais de chacun de tes actes comme si c'était le dernier de ta vie.* » Il faut bien l'admettre, nous sommes dans une société qui se réfugie de plus en plus dans la virtualité numérique et ne voit le monde que derrière des écrans plats. Elle ne connaît plus à un certain niveau les vertus de l'action et n'a plus une idée précise de ce qu'est l'exercice de la liberté. Pourtant, être humain c'est être responsable ! Cela signifie que l'homme, compte tenu du pouvoir considérable qu'il s'est arrogé dans tous les domaines, ne peut ériger l'inconscience comme mode de fonctionnement collectif. Encore faudrait-il sortir une fois pour toutes de ces pièges sémantiques qui nous empêchent de redresser la tête. Nous avons semble-t-il oublié ces vers de Boileau :

> « *Ce qui se conçoit bien, s'énonce clairement*
> *Et les mots pour le dire arrivent aisément.* »[1]

Aujourd'hui nos élites ne parlent que « d'exemplarité ». Mais la plupart de ceux qui incarnent médiatiquement ce mot clé, terminent assez rapidement devant une juridiction pour malversation ou pour escroquerie. Nous le voyons sans cesse, dès qu'il y a une crise ou une véritable adversité ces héros du petit écran sont pulvérisés par la moindre turbulence. À ce terme qui a perdu toute légitimité il serait préférable d'opposer celui « d'authenticité ». Il est moins flamboyant mais plus exigeant. Il suppose que chacun aille au plus profond de lui-même et travaille cette « force d'âme » que Jean-François Deniau identifie comme la véritable clé de survivance pour l'avenir de notre société.

De nombreux exemples pourraient alimenter le débat, en particulier autour des affaires de stock-options et de gouvernance de nos entreprises où de grands patrons, quelle que soit la valeur de leurs parcours professionnels, ont chuté sur des dimensions plus contestables de leurs personnalités. Et que dire de nos hauts fonctionnaires qui peuvent se mettre en disponibilité de leurs corps

---

1. *L'Art poétique*, Boileau, Chant I.

pour aller s'enrichir dans le privé, puis le réintégrer s'ils ont mal géré leurs dossiers sans qu'il y ait de véritables sanctions. Les salariés du privé, les chefs d'entreprises de tous niveaux ne peuvent pas entrer dans l'Administration s'ils le souhaitent. Dans ce domaine il n'y a ni égalité des chances, ni réciprocité.

De même tout le monde ne cesse de parler de « solidarité » avec tout son cortège de noms composés qui permettent de mieux diluer la responsabilité, de mieux paralyser l'action, d'entretenir l'ensemble de la société dans une certaine confusion des esprits et dans des croyances coûteuses. Plutôt que de faire dans « l'égalité des chances », nos élites feraient mieux de s'attacher à la véritable question du moment qui est celle de la « confiance ». Parler de solidarité dans une société qui vit dans la défiance et qui est en rupture avec ses dirigeants est une imposture politique majeure. Là aussi, sans remettre en question les aventures exceptionnelles de certains grands capitaines d'industrie, il faut remettre les choses à leur place. Il n'y a pas eu égalité des chances sur le plan financier quand on analyse les dernières grandes OPA, la France n'a pas eu droit à un traitement de faveur parce que le reste du monde doit être solidaire avec notre vision du monde et reconnaître les vertus de notre soi-disant patriotisme économique ! Je partage sur ce point l'analyse de Orit Gadiesh : « *Les OPA lancées par les entreprises des pays émergents sont ressenties comme une menace, bien plus que lorsqu'elles émanent de pays développés* » pourtant et paradoxalement « *peu d'entreprises chinoises se sont intéressées à une société française alors que la Chine investit partout...* »[1] Nous méritons ce que nous sommes, et si nous n'avons pas plus confiance en nous, nous n'aboutirons qu'à des défaites collectives. Rétablir la confiance est la véritable urgence sur tous les fronts.

---

1. Cf. interview de Orit Gadiesh, présidente de Bain and Cie « Face aux prédateurs de l'Orient » dans *Enjeux Les Échos* de décembre 2006, hors série « La France dans le monde demain ».

De la nécessité de rétablir le principe de responsabilité

Enfin il est devenu fondamental de retrouver le sens du risque. Notre pays est rendu trop précautionneux et trop frileux. Nous cultivons la peur pour un rien[1]. Cette dérive est pathétique et dangereuse à terme. Pour nous protéger des extravagances de la vie et des effets de la concurrence nous multiplions les commissions d'enquête, les contentieux réglementaires. Nous invoquons en permanence cette « transparence » qui sert en fait à masquer la réalité. Nous multiplions de pseudos recherches de responsabilité pour exorciser, souvent de façon indécente, le quotidien, alors que nous devrions renouer avec plus de « sincérité » dans l'exercice du management. Mais cela exige beaucoup d'humilité et de lucidité. Là est le vrai courage, n'est-ce pas ?

Il nous faut une fois pour toutes arrêter de tricher avec les éléments et avec l'existence. Arrêtons de diaboliser notre destin, cessons d'être en permanence des victimes, relevons la tête et face aux épreuves collectives sachons être droits et grands. La France mérite mieux que des excuses et des défaites répétées ! Elle a besoin de victoires ! La première ne peut qu'être celle que nous gagnerons sur nous-mêmes en étant plus authentiques, confiants et sincères face à des événements et des interlocuteurs qui ne sont pas là pour nous faire plaisir. Ce qui vaut sur le plan interne vaut aussi sur le front international. À ce propos le drame libanais devrait nous inciter à substituer aux discours généreux et vertueux, de véritables postures courageuses et audacieuses. Pour y arriver il faut plus que jamais remettre le principe de responsabilité à l'honneur et cesser de le dénaturer avec des principes hybrides et libertaires. Après tout comme le dit Bernard Shaw : « *Liberté implique responsabilité. C'est là pourquoi la plupart des hommes la redoutent.* » Raisons de plus pour se battre dans ce sens.

© Groupe Eyrolles

---

1. « Tout serait sous contrôle ? », analyse sur les peurs de Xavier Guilhou dans la revue des *Conseillers du Commerce extérieur*, n° 524, février 2006.

81

La singularité de la crise dans laquelle nous rentrons tient au fait qu'il n'y a pas de logique simple et univoque. Tout est entremêlé, confus, contradictoire au niveau des perceptions et des modes d'expression. Ce qui est normal et en même temps difficile à faire comprendre, compte tenu du niveau de prospérité et de sécurité qui est celui de nos populations. Nous sommes dans la pire des situations : celle d'une cancérisation indétectable dans un corps apparemment en bonne santé. Pour l'heure il y a l'opposition entre deux pôles. Pour les uns, c'est le rejet : le spectre des délocalisations massives, la perte d'un type de service public, le non-emploi, la privatisation de la solidarité nationale, exigent le recentrage radical vers un « *État providence renforcé sinon rien* »[1]. Pour les autres, c'est la fascination du marché et le sauvetage du « *business as usual* » garantissant au moins un peu de providence. Mais chacun, en réalité, perçoit que ces lignes de lecture sont plus des lignes de combat que des lignes de résolution « durable ». Tout ceci est pathétique et la dynamique d'implosion dans laquelle nous sommes rentrés conduit naturellement, non à susciter de fortes créativités, mais à rigidifier les blocages.

Aujourd'hui le risque majeur est le retour de l'archaïque, le déni de réalité, le mépris des opinions, la fixation du système sur des ancrages du passé. Tous ces refus et ces évitements constituent nos principaux pièges de fonctionnement collectif. Ils favorisent l'inflation de précaution dans tous les domaines et nous enferment dans une société de la peur qui porte en elle les racines de toutes les déviances politiques possibles. Cet aveuglement est lui-même masqué sous une « communication » qui tourne de plus en plus à vide mais qui donne l'illusion de contenu du fait de la mise en boucle médiatique habituelle. Pour certains la tentation d'un scénario insurrectionnel permettrait d'échapper aux difficiles chantiers à engager. Il n'en n'est rien. Il ne ferait qu'aggraver la situation, comme chaque fois dans l'histoire, et reculer la fatale échéance.

C'était déjà notre diagnostic avec Patrick Lagadec aux lendemains de l'échec du référendum, et à la veille de l'embrasement des ban-

---

1. Cf. *Plus encore !*, François de Closets, Fayard/Plon, avril 2006.

lieues. Notre conclusion est toujours d'actualité : « *Le temps n'est plus à la surdité ni à la crispation, mais bien à la survivance. La France a besoin de retrouver de nouvelles lignes d'horizon pour refonder les raisons et les moyens du vivre-ensemble. Il nous reste à inventer un scénario innovant qui surprenne le reste du monde. Avec cette exigence de dignité qui, bien plus encore que les réalités, est au cœur du tsunami actuel.* »[1] Je suis intimement convaincu que la société civile pressent intuitivement l'imminence de cette implosion et l'urgence de ce redressement vital. Une grande partie de la société en parle, surtout en province. Elle est en attente forte. Pour autant les courtisans qui usent et abusent des privilèges de la République dans les cabinets parisiens sont incapables de la comprendre. Je ne suis même pas sûr qu'ils aient véritablement envie de faire l'effort d'aller dans ce sens, tant le mépris vis-à-vis de la société civile est prononcé. Quant aux politiques, je crains qu'ils ne veuillent plus l'entendre tant leurs intérêts personnels sont aux antipodes de ceux du pays aujourd'hui. Jamais nous n'avons connu une situation aussi cloisonnée avec un système de castes au pouvoir qui a confisqué tout débat démocratique et toute perspective d'avenir. Là est la clé de voûte de la crise que nous traversons actuellement. Là est l'explication de l'arrogance et de la suffisance du commandant à la passerelle pour lequel le bateau est insubmersible face aux icebergs qui arrivent sur son flanc.

---

1. Cf. « Voyage au cœur d'une implosion », in *Le Figaro*, 4 juin 2005.

Récapitulons...

La France va mal et la souffrance des Français s'exprime régulièrement. Elle est de plus en plus pesante et malsaine. Les déchirements sont désormais explicites, même s'ils sont souvent confus et paradoxaux. La société civile est déboussolée et manifeste sa perte de confiance globale envers le système de gouvernance au travers des quelques opportunités de consultations qui lui sont offertes. Même, et surtout, alors que les débats sont confisqués par la caste politico-médiatique au pouvoir.

Le pays est entré en implosion depuis quelques années, mais aujourd'hui le temps s'accélère avec à l'horizon de nombreux signaux précurseurs à l'international qui devraient mobiliser toute notre vigilance. Nous sommes un peu comme au moment de la création du cyclone Katrina au large de la mer des Bermudes. À l'époque, le temps cyclonique se traduisait par de grosses chaleurs, comme d'habitude à cette période de l'année. Rien ne présageait la catastrophe à venir et rien n'exigeait une mobilisation générale. S'il devait y avoir un sinistre ce devait être pour les autres, là aussi comme d'habitude ! Ce devait être pour le Mexicain, le Jamaïcain, l'Haïtien et encore mieux pour l'adversaire du moment : le Cubain... mais pas pour les Américains. Tout a basculé en 72 heures et la première puissance mondiale a été mise à genoux par la furie des éléments ; le cinquième port mondial s'est arrêté de fonctionner et l'ensemble du pays s'est retrouvé face à ce qui est devenu le plus gros désastre de nos temps modernes (4 fois le 11 septembre pour les assureurs, soit plus de 200 milliards de dollars). Nous connaissons la suite du script ; il faudra aux habitants entre 10 et 15 ans pour se relever de ce chaos et reconstruire ce littoral.

La formation des prochains cyclones pour notre pays est du côté des marchés de l'énergie, du Proche et Moyen-Orient et de la mer de Chine. Ils pourraient s'avérer particulièrement destructeurs. C'est ennuyeux pour nos petits courtisans qui ont resserré la veille de nos intérêts vitaux comme en 1936-37 sur le front de la compassion nationale et de la redistribution sociale, négligeant de fait l'alerte de la remilitarisation de la Rhénanie...

L'expérience en matière de crise majeure est sans ambiguïté. « *Quand il y a rupture il faut le signifier clairement. Tout ne sera que dérapage sans fin, perte d'efficacité, de confiance et même de dignité si l'on choisit l'esquive. L'évitement collectif rend la sortie de crise impossible.*

Pour la France, tout particulièrement, le défi est là ! Si la situation économique est sur la voie de la faillite, si les institutions sont ébranlées, si la confiance de la société civile envers les dirigeants est détruite, inutile de finasser, d'engager de nouveaux audits pour gagner du temps, ou de mettre en place quelques numéros verts pour « rassurer »... Entre le rapport Camdessus, les résultats économiques (dette, déficit public, déficit de la balance commerciale, chômage) et le suivi de l'opinion, nous n'avons plus besoin d'autres signaux, d'autres preuves ou d'autres chiffres. Seule une annonce officielle, explicite et solennelle du sinistre pourrait donner l'ancrage indispensable à des initiatives audacieuses. Elle devrait poser les enjeux et mettre clairement en perspective les actions à engager. En l'espèce pour la France et ses maladies, pour l'Europe et ses projets en miettes, pour le monde et ses séismes globalisés, il ne s'agit pas de turbulences passagères. Des personnes, des équipes, des réseaux d'acteurs doivent s'impliquer fortement pour aider à porter ces questions et les deuils à traverser, lourdes et déchirantes épreuves qui exigent des initiatives déterminées en termes d'écoute, d'appui, de partage de responsabilité. Et cela aussi bien au plan local comme à l'international. »[1]

Le terme de faillite est évidemment lourd de sous-entendus et difficile à accepter surtout pour un peuple qui baigne apparemment dans l'opulence. Pourtant il faudra bien se résigner un jour ou l'autre à l'admettre. Il est essentiellement utilisé en langage commun pour désigner une procédure collective de redressement judiciaire ou de liquidation. En langage juridique français, la faillite peut être aussi personnelle. Elle désigne alors une sanction prononcée par le tribunal de commerce contre un dirigeant d'entreprise coupable de certains faits et qui peut aussi se traduire par une interdiction de gérer. Pour la France nous sommes confrontés aux deux cas de figure : les institutions internationales pourraient engager une procédure collective vis-à-vis de notre gestion et notre population pourrait engager une procédure individuelle vis-à-vis de nos dirigeants. Pour le moment ce n'est pas encore le cas pour de multiples raisons.

Néanmoins la faillite est là et elle est décisionnelle. Elle est portée par une génération libertaire qui ne connaît pas le prix réel de la liberté. Il n'y a plus de capacité de pilotage au sommet du pays. L'esprit de la

---

1. Cf. « Rendre la confiance, sortir des crises », article de Xavier Guilhou et Patrick Lagadec, *Le Figaro*, 2 août 2005.

Ve République n'est plus là, il a laissé la place à quelques quarterons d'énarques vieillissants, sans vision, sans imagination, tristes, au verbiage désuet et décalé. Leurs regards sont sans rayonnement. Il est urgent désormais de mettre l'ensemble du pays en posture de redressement accéléré, tant de notre économie que de notre état d'esprit. Les pièges sont nombreux et beaucoup pourraient apporter les arguments et les dissertations que nous connaissons trop pour nous empêcher d'avancer. « *Certes il faut se préparer à bien des difficultés, des erreurs et même des impasses. Certes il y aura du pilotage à vue car, en ce type de contexte, nul n'a jamais le script à suivre. La question n'est pas de s'agiter autour de petits jeux tactiques, mais bien de redonner du souffle, du sens, de la perspective à des peuples qui peuvent se murer dans des logiques de décrochage. Le plus important et le plus décisif est d'arriver à mobiliser toutes les énergies créatrices et de réussir à engager des initiatives audacieuses sur des fronts concrets. Cela suppose de sortir des « caisses à outils » habituelles et des discours rituels. Cela appelle à ouvrir en grand bien des perspectives.* »[1] Savoir faire notre deuil d'un passé révolu et décider de faire preuve de créativité sont les deux décisions qu'il nous faut désormais prendre à tous les niveaux pour ne plus subir et régresser comme c'est le cas actuellement.

---

1. Cf. *Ibid.*

Partie 2

Il est encore temps de relever la tête

L'auteur propose ici des voies de sorties de crise pour montrer à ses concitoyens qu'il est encore possible de rendre réversible ce qui ne saurait être pour lui une fatalité.

« Une sortie, c'est une entrée que l'on prend dans l'autre sens ! »
Boris Vian

Chapitre 4

Stoppons l'hémorragie

« De nos jours on survit à tout sauf à la mort. »
Oscar Wilde

Aujourd'hui beaucoup me disent : *« C'est foutu, il n'y a plus qu'à attendre que tout s'effondre… »*, *« Tout est bloqué, il n'y a pas d'issues, il n'y plus aucun espoir… »*. Les échanges de vue sur le contexte français donnent l'impression que le pays est frappé d'une sorte de malédiction. Un esprit défaitiste s'impose partout comme s'il y avait une fatalité de l'échec et comme si la crise semblait irréversible. On a l'impression d'être dans une situation d'impasse totale avec aucune alternative à l'horizon. Comme je l'ai déjà mentionné, je crois beaucoup plus aux effets destructeurs de la bêtise humaine qu'au déterminisme historique qui prévaut actuellement dans la plupart des thèses déclinistes. Ces dernières sont souvent très marquées par une pensée sous-jacente marxiste ou hégélienne. La plupart de ces thèses ont évacué l'homme des analyses au profit d'une vision trop catégorielle, économiste et positiviste de la société, tout en faisant croire à l'émergence d'un nouvel humanisme. Je connais trop les conséquences monstrueuses de cette déviance de la pensée avec la prolifération de ces totalitarismes collectivistes qui ont endeuillé la fin du XXe siècle. Et ne leur accorde pas le moindre crédit…

Ne pas confondre urgence et priorités

Pour Julien Green : « *La sortie de secours est à l'intérieur de nous-mêmes.* » Alors que nous avons les moyens et l'intelligence pour résoudre nos propres problèmes, nous faisons radicalement l'inverse. Nous dilapidons nos ressources et engendrons de la complexité inutile là où les prises de décision devraient être simplifiées. Ce processus n'est pas que l'affaire de quelques experts confus, il est devenu collectif. Il y a dans ce domaine un effet « moutonnier » qui est absurde, stupéfiant et particulièrement préoccupant. Beaucoup se sont interrogés dans ce sens et ont essayé de répondre à cette question : « *Pourquoi certaines sociétés prennent-elles des décisions catastrophiques ?* »[1] Un grand hebdomadaire américain avait titré l'un de ses numéros de façon encore plus percutante en posant la question suivante à propos de la France : « *Pourquoi des gens aussi intelligents prennent-ils des décisions aussi stupides ?* »[2] Quand je croise les enseignements de mon expérience sur le terrain et les récentes analyses de Jared Diamond nous arrivons aux mêmes constats : « *La question renvoie à un phénomène déconcertant : le problème est lié assurément à celui des échecs intervenant dans la prise de décision individuelle, mais ne s'y résume pas. Des facteurs supplémentaires entrent en ligne de compte dans les échecs de la prise de décision en groupe – tels les conflits d'intérêts entre membres du groupe ou la dynamique de groupe, par exemple. Sujet complexe pour lequel il n'existe pas une seule et unique réponse adaptée à toutes les situations… En premier, un groupe peut échouer à anticiper un problème avant qu'il ne survienne vraiment. Deuxièmement, lorsque le problème arrive, le groupe peut échouer à le percevoir. Ensuite, une fois qu'il l'a perçu, il peut échouer dans sa tentative pour le résoudre. Enfin il peut essayer de le résoudre, mais échouer. Les analyses des raisons expliquant les échecs*

---

1. Cf. *The Collapse of Complex Societies*, de l'archéologue Joseph Tainter, Cambridge University Press, 1988 ; *The Collapse of Ancient States and Civilisations*, Norman Yoffee et George Cowgill, University of Arizona Press, 1988 ; et *Grammaire des civilisations*, Fernand Braudel, Champs Flammarion, 1963.
2. Couverture d'un numéro de *Newsweek*.

et les effondrements ne sont pas seulement déprimantes, elles ont aussi un revers : les décisions qui réussissent. »[1]

A priori nous ne sommes pas totalement stupides et nous ne pouvons pas dire que nous sommes pris au dépourvu. Comme je l'ai déjà écrit, l'audit de la situation a été largement fait tant par des institutions crédibles (Cour des Comptes, OCDE, FMI…), que par des personnalités compétentes (Camdessus, Pébereau, Arthuis…) et désormais par de nombreux économistes, sociologues, politologues avertis. Là aussi nous ne manquons pas d'évaluations et de diagnostics. Il nous reste désormais à imaginer une stratégie de redressement et des voies de sorties de crise.

Avant d'engager toute réflexion et initiative dans ce sens, il faut se garder de certains pièges inhérents aux situations de crise. Le premier est celui de la culture « urgentiste » dans laquelle nos sociétés urbaines et industrielles baignent. Au moindre événement, incident, accident, le réflexe immédiat est d'engager des moyens d'intervention pour « sauver des vies ». Il est aussi d'en rendre compte avec cette fébrilité médiatique qui s'avère de plus en plus stressante et anesthésiante pour l'esprit[2]. C'est la culture bien connue et néanmoins efficace des pompiers, des SAMU et de tous sauveteurs formés dans ce sens. C'est aussi la culture des politiques qui y puisent, avec leurs conseillers, tous les prétextes pour occuper le champ de la communication afin de s'assurer une audience et une publicité permanentes. Qu'importe de sauver réellement le pays quand le principal est d'occuper le temps d'antenne et d'alimenter une image de soi-même. Est-ce suffisant et nécessaire face à la complexité et à la singularité de la crise que nous traversons ?

Au risque de surprendre le lecteur je dirais que cette culture ne peut que nous conduire à l'échec. Face à des situations « hors cadres » il est indispensable de savoir se centrer beaucoup plus sur

---

1. Cf. *Effondrement : Comment les sociétés décident de leur disparition ou de leur survie*, Jared Diamond, Gallimard, juin 2006.
2. Cf. *Overdose d'info – guérir des névroses médiatiques*, Professeur Michel Lejoyeux, Seuil, janvier 2006.

les priorités que sur les urgences. Le préfet Christian Blanc, qui a été confronté à quelques crises hors cadres, illustre très bien le propos lorsqu'il dit : « *La vie m'a appris une chose : quand il y a urgence il faut parfois savoir ne pas se presser.* »[1] Cela peut sembler paradoxal pour une société qui vit à la vitesse d'Internet et des nouveaux protocoles d'information qui saturent nos logiques de communication. Tout est accessible partout dans le monde et tout doit être « mis en ligne ». Tout doit être par ailleurs traité dans l'instantané sans la moindre prise de recul, temps de réflexion et esprit critique. Une crise ne peut pas excéder 45 minutes, le temps d'un bon film ou d'une bonne série hollywoodienne. La réalité sur le terrain est différente : la crise libanaise dure depuis trente ans, celle de l'ex-Yougoslavie depuis quinze ans, la crise française est pour sa part devenue explicite depuis les élections d'avril 2002 et n'est pas sur le point de se terminer sur un claquement de doigts. Cette prise en compte du temps et cette maîtrise de la vitesse des opérations sont des points clés pour aborder et réussir une sortie de crise.

Les arbitrages et la prise de décision doivent s'inscrire dans cette prise de conscience que la crise est un temps particulier, un temps où tout peut s'accélérer, s'emballer ou s'arrêter, se bloquer sans aucune rationalité. Mais comme le fait remarquer fort justement le philosophe Alain Etchegoyen : « *Décision et crise ne renvoient pas à la même temporalité. La décision relève de l'instant. La crise dure. Rétrospectivement, la crise et la décision semblent relever d'un temps homogène. À distance, le décalage des temps et la différence des rythmes s'estompent, en "même temps". Dans l'expérience que nous vivons aujourd'hui, nous opposons bien l'instant de la décision et la crise qui n'en finit pas. La décision est soumise au paradoxe du temps : instantanée, elle peut soit s'intégrer dans le temps du politique, soit s'en abstraire.* »[2] Tout le problème de la France est contenu dans ces quelques mots.

---

1. Interview du 5 juin 1992. À l'époque il était président de la RATP, il deviendra président d'Air France en 1993 et appliquera cette analyse aux deux crises sociales qu'il eut à assumer à la tête de ces deux entreprises nationales.
2. Cf. *Votre devoir est de vous taire*, Alain Etchegoyen, L'Archipel, juin 2006.

Ne pas se tromper dans les enjeux

La première des choses est de savoir répondre à la vieille expression : *« De quoi s'agit-il ? »*[1] Question simple dans son énoncé mais toujours exigeante dans sa réponse. Cela aurait peut-être évité lors de l'attaque des « Twins », le 11 septembre 2001 à Manhattan, de perdre en moins d'une heure l'élite des corps d'urgence de la ville de New York qui se sont trouvés piégés dans les tours jumelles avec des consignes contradictoires[2]. Les rapports sur les attentats comme sur le cyclone Katrina aux USA font ressortir de façon éloquente ces défaillances dans la conduite des opérations[3]. Les conclusions de ces rapports sont impitoyables. Ils mettent en cause, non pas les classiques « boîtes à outils » de gestion des crises, mais cette incapacité des responsables et des organisations à prendre en compte les ruptures de paradigme en cours et à comprendre ce qui se passe réellement. Je suis toujours frappé par cette impossibilité qu'ont des systèmes de décision élaborés de répondre en fait à cette question au demeurant simple : « De quoi s'agit-il ? » C'est exactement ce qui a été diagnostiqué d'une autre façon sur l'implosion argentine[4], mais aussi actuellement en France. Ce fut très explicite lors de la crise des banlieues puis du CPE…

Dans le cas new-yorkais, l'urgence était de faire monter en effet les services d'interventions dans les tours et de demander aux gens

---

1. Cette formule est attribuée au maréchal Foch qui demandait pendant la Première Guerre mondiale à ses officiers d'état-major de s'astreindre à répondre à cette question avant d'envisager quoi que ce soit comme options tactiques. Cette méthode est toujours enseignée dans les écoles de guerre, l'objectif étant de ne pas se tromper dans l'évaluation initiale de la situation et de partir sur des impressions plus ou moins vérifiées ou sur des impulsions subjectives.
2. Cf. le rapport d'enquête sur la gestion des opérations et sur les communications entre services de sécurité à l'intérieur des tours.
3. Voir les différents rapports sur Internet : 9 novembre 2001, « Commission Report – A Failure of Imagination » ; septembre 2005 : « Katrina Report – A Failure of Initiative » ; et mai 2006 : « Senate report – Hurricane Katrina : A nation still unprepared ».
4. Cf. *Voyage au cœur d'une implosion, ce que l'Argentine nous apprend*, Patrick Lagadec et Laura Bertone avec Xavier Guilhou, Eyrolles, 2004.

d'appliquer les consignes comme dans le cas d'un incendie classique (à savoir ne pas descendre et rester sur place pour attendre les secours). Le problème est qu'il ne s'agissait pas d'un sinistre conventionnel... Les services d'urgence étaient confrontés à « autre chose ». La priorité aurait dû être d'interdire aux pompiers et sauveteurs de monter et de faire descendre par tous les moyens le plus rapidement possible les résidents des tours. C'est facile à dire après, plus difficile à penser et à décider quand on est au pied des tours et en état de choc[1].

Pourtant c'est ce que nous devrions faire d'ores et déjà. L'urgence impose à nos politiques et décideurs d'inventer un « plan social » toutes les semaines pour lutter contre le fléau du chômage, la fatalité des délocalisations, la précarité... En fait ils créent plus de surcoût pour la machine économique et fabriquent plus de non-emplois pour la population tout en croyant (parfois sincèrement) faire l'inverse. Ils sont comme ces pompiers new-yorkais qui en croyant bien faire ont dirigé malgré eux ceux qu'ils devaient sauver vers la mort. La priorité nécessiterait dès à présent d'arrêter ces plans sociaux et de libérer le marché de ses entraves réglementaires et étreintes syndicales mortelles qui l'empêchent de respirer.

Cela semble simple et plein de bon sens pour ceux qui sont habitués aux réalités du terrain. Pour autant, je suis conscient que cette posture est sûrement la plus délicate et la plus difficile à prendre à un niveau politique. Mais comme le dit Churchill : « *Il ne sert à rien de dire « nous avons fait de notre mieux » ; il faut réussir à faire ce qui est nécessaire !* » Cela suppose de la lucidité et surtout une détermination à toute épreuve. L'objectif n'est pas de faire plaisir à des clientèles dispersées et contradictoires en termes d'intérêts. Il est de

---

1. Cf. les deux documentaires inédits réalisés par Richard Dale pour la BBC et retransmis pour la première fois sur France 2 le 4 septembre 2006 : « *11 septembre dans les tours jumelles* » et « *11 septembre : pouvait-on l'éviter ?* ». Cette reconstitution minutieuse est commentée par l'ancien maire de New York, Rudolph Giulani, des policiers, des pompiers, des survivants, des parents de victimes et des responsables des administrations américaines concernées par les événements.

redresser la situation sans états d'âme. En fait si l'urgence consiste aujourd'hui à alimenter la pompe à subventions, la priorité est de fermer ces robinets budgétaires. Plus que jamais il est devenu vital de tout mettre en œuvre pour stopper les hémorragies qui sont en train de tuer notre système de vie. Elles dénaturent la prospérité du pays et neutralisent nos véritables systèmes de protection qui ne sont pas uniquement sociaux comme le font croire certains politiciens, mais aussi sécuritaires (défense, police, justice).

Réflexes de survie

Les médecins connaissent bien ce moment crucial lorsqu'ils sont confrontés à une intervention décisive sur un patient. La situation « idéale » est celle d'une hémorragie externe. La vue du sang et de la plaie incite à la réaction. La peur de la mort qui devient dès lors explicite impose le point de compression et les actes de survivance qui vont avec. Sans ces réflexes prioritaires il n'y a pas d'issues et les meilleurs urgentistes ne pourront rien faire pour sauver le patient. La situation la plus perverse et dangereuse est celle de l'hémorragie interne. Les enjeux sont les mêmes, mais le diagnostic est plus dur à faire car il n'y a rien de visible et d'apparent. Dans ce cas, les réflexes ne sont pas innés et la question de la maîtrise du temps et de la vitesse devient particulièrement sensible pour la survie du patient.

Le diagnostic que l'on peut faire de la situation française est similaire à une hémorragie interne. La difficulté de l'exercice réside dans l'évaluation du stade à traiter. Il est à craindre que nous ayons d'ores et déjà dépassé le seuil minimal au-delà duquel l'organisme n'a plus d'autodéfense pour résister. Celui-ci commence en effet à s'affaiblir physiquement et mentalement comme quelqu'un qui a perdu déjà beaucoup de sang. Certes il émet des signaux d'alerte. Cela est perceptible avec ces phénomènes de réaction comme lorsqu'un organisme commence à rejeter des caillots de sang (départ des capitaux, actifs qui sont délocalisés, jeunes talents qui fuient…). Dans cette situation, à condition d'avoir bien fait le diagnostic et de ne s'être pas trompé dans le « de quoi s'agit-il ? », la priorité est de stopper sans préavis l'hémorragie. Il semblerait que nos énarques au pouvoir n'aient toujours pas compris et que pour eux l'urgence de la crise actuelle ne nécessite que de mettre sous perfusion le patient affaibli.

Si la métaphore médicale s'applique malheureusement bien au contexte français, les processus de décision sont loin d'être à la hauteur des enjeux. Cela commence par la situation des finances publiques qui est aujourd'hui des plus préoccupantes, pour ne pas dire catastrophique. La cavalcade des décisions sociales et clientélistes que nous connaissons depuis vingt ans, conjuguée à une longue période de déflation économique en Europe, a créé toutes les conditions requises pour générer l'appauvrissement de notre système de vie. Sur ce point les arguments vont bon train pour relativiser la situation. Après tout la France s'est globalement enrichie depuis trente ans. Elle suit la progression de la moyenne basse de la croissance mondiale et les Français en profitent globalement par une augmentation marginale de leurs revenus et de leur patrimoine. Cet argument n'est pas totalement faux et il est vrai que les Français ne sont pas à plaindre, surtout quand on les compare aux autres pays dans le monde. Ils sont plutôt considérés par les étrangers comme appartenant à la catégorie des « nantis » de la planète tant en termes de prospérité que de sécurité. Ce qui dénature l'équilibre parfait de cette analyse est la croissance des déficits publics depuis trente ans. Tout le monde sait que le train de vie de l'État a crû plus vite et plus fortement que la croissance globale de notre économie. Et là-dessus il y a unanimité des dirigeants pour ne pas aborder sérieusement la question. Quel que soit le bord politique, personne ne remet en cause le fait que « l'État n'a pas les moyens de sa politique ». Le Français « peut et doit encore contribuer à un meilleur fonctionnement en lui donnant encore et encore plus de ressources puisque l'État est le seul à pouvoir solutionner l'absence de croissance et la perte de richesse ». Généralement ces ressources complémentaires ne peuvent qu'alimenter une augmentation du nombre des fonctionnaires… Personne ne se préoccupe de la mission à satisfaire, tout le monde ne parle que d'effectifs. C'est de nouveau mettre « la charrue devant les bœufs » pour reprendre un vieil adage populaire. Selon l'idéologie dominante, chacun y va de la nécessité impérieuse de réalimenter la pompe afin de redistribuer cette manne providentielle qui permet de garantir la « paix sociale » et la « coexistence civile ». La menace sous-jacente d'une révolution ou d'une guerre civile, soigneusement véhiculée par une partie de l'intelligentsia politico-médiatique perverse mais astucieuse sur le plan communication, permet d'entretenir la nécessité de nouvelles contributions pour sauver cette « solidarité nationale » sans laquelle, à les entendre, la France n'existerait plus. Mais comme les problèmes de trésorerie de l'État sont devenus considérables, il n'y a plus d'échappatoire. Et ce ne seront pas les appels de fonds anticipés sur l'impôt sur les bénéfices des grandes entreprises, tels qu'ils sont pratiqués depuis deux ans, ou les projets de prélèvements à la source pour l'impôt sur le revenu, tels qu'ils sont imaginés par Bercy, qui règleront sur le fond l'effondrement de nos finances publiques. Tous ces pis-aller ne font que retarder l'échéance. Certes ils permettent aux politiques de gagner quelques semaines de répit…

Nous devrions plutôt parler de cette « hémorragie nationale » qui est en train de tuer la France. Les prélèvements obligatoires ont largement dépassé le stade minimal de régénérescence. Nous sommes loin du seuil fatal des 50 % de prélèvements au-delà duquel une économie entre en régression et une société amorce son déclin social et politique, ne pouvant plus investir dans son futur. Nous ne sommes pas non plus dans les 44 % officiels[1]. Nous sommes aujourd'hui bien au-delà quand on additionne les prélèvements directs, indirects, la CSG, la TVA… Les professionnels du monde privé savent bien que sur une base 100 de création pure de richesse, le solde réel

---

1. Les derniers chiffres officiels de 2006 confirment que les prélèvements obligatoires acquittés par les ménages et les entreprises seront de l'ordre de 44 % du PIB (hors fiscalités locales et autres taxes indirectes). À eux seuls les prélèvements à destination des administrations de sécurité sociale représenteront 22,2 % du PIB contre 16,2 % en 2005, soit un tiers de plus. Depuis 1986 les prélèvements obligatoires de la Sécurité sociale sont supérieurs à ceux de l'État et ce phénomène va en s'aggravant. Cette année sur 785 milliards de recettes fiscales, 395 se dirigeront vers les caisses de Sécurité sociale contre 267 à l'État.

en termes de richesse nette, après les prélèvements de tous ordres (fiscaux, parafiscaux, sociaux…), n'est que de 20 à 30 % selon les catégories sociales.

Mais cet exercice n'est jamais fait par nos élites qui restent dans une culture budgétaire où l'on ne remet jamais en cause l'usage de la dépense (chaque année, et ceci est vérifiable depuis un quart de siècle, les dépenses de l'État sont, en moyenne, supérieures de 16 % à ses ressources…). Cette accélération est le fait des cohabitations stupides des années 80-90 qui ont enfermé la gouvernance du pays dans de la non-décision permanente. À ce niveau de prélèvements le Français ne peut plus s'enrichir, il perd tendanciellement du pouvoir d'achat, « pompe » sur ses revenus et son capital, n'investit plus sur son avenir et surtout sur celui de ses enfants. Il commence à entrer en crise d'asphyxie récurrente avec des crises de plus en plus violentes et rapprochées. Par instinct il essaye de se préserver un matelas de protection et la progression du taux d'épargne (ce traditionnel « bas de laine » qui a toujours été fort en France) n'est pas un indicateur de dynamisme et de confiance. La France est marquée par un *« excès d'épargne et une grève de l'investissement »*, pour reprendre le titre journalistique de l'étude de Laure Frey et Gilles Moêc[1]. Nous sommes dans une situation similaire à un patient qui commence à ressentir qu'il manque d'oxygène, qui sent bien que son organisme s'est épuisé et qui cherche à économiser la moindre réserve vitale face à des échéances qu'il pressent comme brutales et fatales. Pour les Argentins la question a été réglée en quelques jours et le résultat de ce type d'acrobaties s'est traduit par une spoliation pure et simple des petits épargnants et des classes moyennes qui ont perdu tout du jour au lendemain, sans comprendre vraiment ce qu'il leur arrivait. Nous sommes désormais dans le même schéma !

---

1. Cf. Étude de Laure Frey et Gilles Moêc, direction des analyses macroéco-nomiques de la Banque de France, « vers une intensification des tendances inflationnistes globales », août 2006, repris dans un article du *Figaro*, 11 septembre 2006 : « Des entreprises riches et des ménages pauvres. »

Arrêter le « racket budgétaire »

C'est ce seuil où l'hémorragie commence à devenir quasi fatale qu'il faut absolument éviter. Au-delà, la situation bascule et beaucoup de choses deviennent irréversibles car l'organisme n'a plus la capacité de réagir. C'est à ce moment-là que des décisions s'imposent. La priorité des priorités désormais est de stopper cette hémorragie budgétaire de l'État et ce niveau de prélèvement fiscal et parafiscal qui est en train de tuer inexorablement le pays. Il faut le faire avant que les prix des matières premières ne s'envolent à des niveaux qui sont aujourd'hui encore inconcevables pour le grand public mais pas impensables pour les experts au fait de ces questions. Il faut le faire avant que les taux des banques centrales ne remontent pour enrayer cette inflation qui ne demande qu'à repartir pour stimuler une croissance qui est en panne sur notre vieux continent et qu'il faut entretenir Outre-Atlantique pour ne pas mettre les économies occidentales en péril. Il faut le faire avant que la situation géopolitique ne se radicalise en particulier au Proche-Orient mais aussi en Asie avec toutes les conséquences sur l'économie mondiale. Dans ce domaine les analyses des chroniqueurs de la Bourse sont des plus éloquentes, nous pourrions les résumer ainsi : « Tout va pour le mieux, les indices continuent à monter mais tout est suspendu au contexte géostratégique qui est actuellement imprévisible… » Autant dire que les spéculations financières actuelles ne tiennent sur rien face à la surenchère iranienne, à la fragilité du Pakistan, au réarmement japonais… ce qui est particulièrement intéressant quand tout le monde sait que nous sommes depuis 2001 entrés dans une « économie de guerre » qui ne veut pas dire son mot mais qui ne demande qu'à aller à l'étape suivante quel que soit l'avis des français... C'est pour toutes ces raisons qu'il est plus que nécessaire d'assainir la situation interne, et sans attendre que l'environnement international ne nous contraigne à des mesures drastiques et impitoyables.

Quand je préconise un arrêt brutal, je ne parle ni de démanteler l'État, ni de supprimer les impôts. J'ai trop connu de situations chaotiques dans le monde pour savoir qu'il faut avoir un minimum d'encadrement étatique, avec une administration suffisante et compétente financée par un impôt juste et accepté. Je parle d'arrêter immédiatement le « racket budgétaire » alimenté par des jeux de prébendes fiscales non justifiées. Cela signifie qu'il faut recentrer l'État sur ses prérogatives de base afin qu'il puisse réaffirmer une réelle « *autoritas* ». Aujourd'hui cette autorité est diluée au travers de myriades d'agences, de comités interministériels, de commissions, de groupes de réflexions… qui sont autant de « *canada dry* » administratifs et politiques, coûteux et inefficaces pour la collectivité. La dérive de la vie politique depuis trente ans a abouti à la cacophonie budgétaire et administrative actuelle. C'est ainsi que des fonctions essentielles pour la survie de notre pays n'ont plus les moyens suffisants pour assumer leurs missions de base. Je pense à la défense (qui est notre assurance-vie), à la sécurité publique (qui est notre responsabilité civile), à la recherche (qui est notre portefeuille de placement long terme), à la diplomatie (qui est notre carte de visite à l'international).

Sur toutes ces fonctions dites « régaliennes » nous avons subi soit des prélèvements pour nourrir le champ social (défense, police) soit des dérivations au profit de champs culturels, idéologiques, libertaires, la plupart du temps particulièrement fumeux et consternants en termes de résultats (Éducation nationale, politique de la ville, diplomatie…). Je ne parle pas des absences d'arbitrage sur des choix industriels (comme pour nos armées) afin de satisfaire des lobbies tant d'affaires que syndicaux au détriment des véritables questions opérationnelles et stratégiques.

Le résultat est bien connu des responsables des administrations concernées. Non seulement nous avons pris du retard sur des transformations radicales de l'environnement, mais dans beaucoup de domaines nous sommes désormais disqualifiés. C'est le cas dans les deux domaines stratégiques que constituent les nouvelles technologies de l'information et de la communication et la révolution dans les affaires militaires.

Les grandes ruptures de paradigmes en termes de sécurité intérieure et internationale, et l'arrivée de nouveaux modes pédagogiques et de formation n'ont pas été prises en compte à temps. Nous avons entre dix et quinze ans de retard sur ce que je côtoie et vois à l'étranger (et plus seulement aux États-Unis qui ont toujours été la référence de la modernité au cours du dernier demi-siècle…).

Chaque fois, que s'est-il passé ? Au lieu de décider et d'arbitrer sur le champ des priorités stratégiques, le microcosme politique a géré l'urgence du blocage de la réforme pour satisfaire ses propres réseaux d'influence et l'humeur volatile de l'opinion publique. Pour avoir participé à plusieurs travaux parlementaires au profit du Premier ministre[1], j'ai pu disséquer de l'intérieur le mécanisme de création de ces poches hémorragiques sur le plan budgétaire. Le jeu est simple mais extrêmement pervers sur le long terme.

Comme tout le monde le sait, nous sommes, du fait de notre constitution, dans un mode de fonctionnement autocratique qui peut virer au despotisme du fait du régime présidentiel de la Ve. Le système s'appuie sur une administration du pays qui est de moins en moins démocratique (au sens où la société civile devrait être au centre des préoccupations politiques) mais oligarchique (au sens où le système fonctionne par et pour lui-même). Ce double mécanisme autocratique-oligarchique, que certains qualifient de monarchie républicaine, fonctionne avec une consanguinité qui n'a rien d'aristocratique, mais qui est plutôt le résultat d'un mélange des genres permanent entre la vie publique et celle des médias. Cette consanguinité assez malsaine est de plus en plus visible au niveau politique. L'étroitesse du milieu du pouvoir et des rapports de force entre clans, partis, personnes est telle actuellement que l'objectif prioritaire du champ politique est de se protéger par tous les moyens. Cela rappelle de tristes pages de l'histoire de France[2] où l'essentiel de l'activité politique consiste à isoler et à marginaliser toutes les réflexions et initiatives qui peuvent émerger, notamment de la société civile. On ne sait jamais, si le peuple devenait « intelligent » et remettait en cause « l'ordre établi »...

---

1. En 2003 et 2004, j'ai participé à plusieurs travaux pour le gouvernement notamment auprès de plusieurs parlementaires en mission auprès du Premier ministre sur la compétitivité des PME-PMI, le développement de l'économie numérique, l'intelligence économique, les partenariats ONG-entreprises-collectivités territoriales, la sécurité publique et l'attractivité du territoire.
2. Cf. *Du bon usage de la guerre civile en France*, Jacques Marseille, Perrin, mars 2006.

101

Éradiquer le « cholestérol bureaucratique »

L'objectif premier est de neutraliser toutes les « bonnes idées » émises par les parlementaires qui sont au contact permanent des électeurs. Dès que l'un d'entre eux émet dans l'hémicycle une remarque ou une proposition de fond qui peut engager une réforme du système, il est immédiatement environné par les hommes de cabinet, flatté par les hommes de pouvoir et ceinturé par le politique qui lui confie une mission « ad hoc ». Évidemment, cette mission (surtout si elle émane du plus haut niveau) peut déboucher sur un poste de « ministrable ». C'est du moins ce que l'on fait entendre au parlementaire qui vit dans l'espoir d'une reconnaissance gouvernementale. La messe est dès lors dite. Tout le monde sait que l'on garde le pouvoir avec des promesses que l'on ne tiendra jamais et comme l'écrit La Rochefoucauld : *« La flatterie est une fausse monnaie qui n'a de cours que par notre vanité. »*

Pour ne conserver que cet exemple, la suite est simple. Pour mettre en œuvre la mission, l'intéressé est entouré de conseillers et d'experts validés par les cabinets (quand ils ne viennent pas directement des cabinets…). Pour la légitimer, il a la possibilité pendant plusieurs mois d'écouter et d'auditionner toutes les personnalités compétentes et praticiens reconnus de la place. Cela permet de donner au rapport un vernis et une crédibilité certains. Les personnes auditionnées servent en fait d'alibi. Beaucoup le savent et connaissent l'issue réelle de ce type d'exercice. Personne ne se fait d'illusion, mais tel est le jeu du pouvoir en place. À l'époque des rois il en était de même et la cour de Versailles excellait dans ces exercices de style. À l'arrivée cela donne un rapport souvent pré-écrit par les conseillers, et vite classé dans une armoire. Les recommandations de la société civile ne sont pas prises en compte, ce qui n'a jamais été l'objectif, même si elles figurent bien en annexe ou sur des sites Internet dédiés. Par contre les conclusions émettent toujours la nécessité de constituer une « agence nationale » pour traiter la question à l'ordre du jour. Cette agence sera bien entendu armée par les conseillers concernés (car eux seuls ont les réponses aux questions posées…). À la rigueur on en donnera la présidence au parlementaire qui sera flatté, voire rémunéré, et la direction générale reviendra à un haut fonctionnaire qui verrouillera par la suite la neutralisation des « bonnes idées » ; il s'assurera surtout de l'obtention et de la reconduction d'un budget qui ne s'avérera jamais être avec le temps en baisse…

Tout le monde le sait, le fonctionnement de telles agences nécessite des moyens financiers qui selon la notoriété des personnalités pressenties peut aller de quelques millions d'euros symboliques à des dizaines de millions. Ce qui est plus fréquemment la norme, au détriment du contribuable qui n'est évidemment ni associé, ni consulté dans ce domaine. Pour démonter ces agences, il faut avec les inerties administratives plusieurs années. Le calcul est simple à faire : entre le nombre d'agences créées par an et la reconduction des budgets depuis trente ans, ce sont des milliards d'euros qui sont engloutis dans des causes inutiles et des œuvres non charitables, sauf pour les nantis qui en vivent… Ces dérives alimentent une sorte de « cholestérol bureaucratique » qui progressivement asphyxie la bonne circulation budgétaire de l'État. Celui-ci est obligé de dépouiller ses cœurs de métier pour alimenter ces technostructures dites « de mission » qui s'agglutinent tels des prédateurs sur un corps sain. Il en ressort un contexte financier des plus absurdes où nos fonctions régaliennes n'ont plus en effet les moyens de leurs missions fondamentales et où des organismes « para-étatiques » fonctionnent en électrons libres avec une opulence la plupart du temps scandaleuse. C'est (du moins) ce que ressentent le citoyen et le contribuable qui financent tout ceci… finalement avec leurs impôts.

La multiplication de ces agences, comités, pôles… constitue une véritable hémorragie dans le budget de l'État. Certains diront que le coût est marginal et que c'est bien entendu absolument nécessaire pour assurer le fonctionnement de la « concertation » civique et démocratique du pays. C'est totalement inexact et de nombreux « faux débats », comme le CPE, ont montré que le champ de la concertation ne fonctionne pas et que ce n'est pas en multipliant des « comités Théodule » que nous y arriverons. Du reste, ce champ de la concertation ne fonctionne plus depuis bien longtemps et il suffit d'observer l'état de délabrement de la politique contractuelle entre les partenaires sociaux, ainsi que le niveau de disqualification des syndicats au sein du monde du travail, pour se rendre compte de la supercherie de ce concept à la mode qu'est « l'égalité des chances ». Plus on en parle, moins il y en a ! Alors, où passe l'argent ? Dans de multiples appendices qui vident l'État de sa substance originale, l'appauvrissent et en dénaturent de fait les missions fondamentales.

Éliminer les « privilèges »

J'ai de très nombreux exemples qui à eux seuls pourraient faire l'objet d'un ouvrage. Beaucoup ont été déjà recensés par la Cour des Comptes ou par des observateurs avertis de la vie française[1]. Malgré les avertissements et les recommandations des experts, « l'establishment » bloque toute possibilité de remise en cause de ces pratiques et verrouille parfaitement cette captation de moyens collectifs pour la jouissance de quelques-uns. Cette situation est devenue insoutenable à un moment où la fiscalité française suffit à peine pour financer le train de vie de l'État. Il faut savoir que l'intégralité du produit de l'impôt sur le revenu des Français, soit environ 50 milliards d'euros, est consacrée désormais au seul paiement des intérêts de la dette, alors que les taux d'intérêt sont bas. Cela signifie que lorsque les Français payent leurs impôts, ils ne font que payer les intérêts de la dette ; ils ignorent qu'il leur reste à payer encore le capital[2].

Il n'y a plus besoin d'aller dans le détail des tableaux de chiffres pour se rendre compte que nous avons un vrai problème de survivance sur le fond et que ce dossier est désormais prioritaire. Sur ce

---

1. Voir en particulier les deux ouvrages de François de Closets, *Toujours plus !*, Grasset, 1982 et *Encore plus !*, Fayard/Plon, 2006.
2. Selon les sources gouvernementales la charge de la dette de l'État représente l'équivalent des budgets cumulés de l'agriculture, des affaires étrangères, de l'audiovisuel, de la culture et de la communication, de l'intérieur, de la justice et de l'enseignement supérieur. Elle se situe entre le budget de l'Éducation nationale (premier budget de la nation avec 56 milliards d'euros) et celui de la défense (36 milliards d'euros). Voir à ce sujet l'excellent rapport de Michel Pébereau sur www.minefi.gouv.fr.

point il faudrait engager une véritable rupture pour ne pas avoir à en subir une de la part des institutions internationales qui nous ont largement avertis et nous attendent au coin du bois, comme ce fut le cas pour l'Argentine et sans préavis en décembre 2001.

La priorité actuelle est d'arrêter cette dérive, de stopper toutes ces sources d'hémorragies budgétaires et de resserrer l'attribution des moyens financiers sur les fonctions vitales de l'État. *A priori* la nouvelle Lolf[1] devrait jouer ce rôle de recadrage en ramenant les dépenses de l'État sur des logiques de projet. C'est sans compter avec l'inertie budgétaire et les guerres picrocholines de couloir que courtisans, haut fonctionnaires, conseillers entretiennent pour préserver leurs « prés carrés » et « privilèges administratifs ». Il est plus que temps de mettre un terme à cette gabegie et de recentrer l'action de l'État sur les besoins vitaux du pays. Notre défense a plus que besoin de redimensionner ses outils et ses postures face à une « realpolitik » mondiale et à une menace terroriste qui ne cessent de se préciser. Notre diplomatie a plus que besoin de réaffirmer sa présence et sa crédibilité face aux nouveaux centres de pouvoir qui émergent. Notre préfectorale a plus que besoin de redéployer ses moyens sécuritaires pour faire face aux 200 zones de non-droit qui remettent en cause régulièrement l'ordre public. Notre Éducation nationale a pour sa part plus que besoin de se recentrer sur l'avenir de nos enfants plutôt que d'entretenir la nostalgie d'un siècle aux idéologies collectivistes révolues et au demeurant particulièrement mortifères[2].

---

1. LOLF : loi organique relative aux lois de finance.
2. N'oublions pas que les idéologies qui sont trop souvent mises en exergue auprès des élèves par beaucoup de professeurs marxistes ont généré de nombreux génocides et que l'on accorde à ces idées généreuses, en particulier aux seules idées communistes, quelque 85 millions de morts sur la seconde moitié du XXe siècle. N'oublions pas non plus que nous n'avons jamais eu le courage d'entamer un véritable procès de toutes ces dérives totalitaristes. À ma connaissance, le seul procès entamé par la Communauté internationale est actuellement celui des Khmers rouges. Et il intervient une fois que les principaux dirigeants sont décédés... Cf. l'ouvrage très bien renseigné de Stéphane Courtois, *Le Livre noir du communisme*, Robert Laffont, 1998.

Certes chacun de ces domaines régaliens a beaucoup de moyens mais ils ne sont pas utilisés là où il le faudrait. Il faut stopper cette déperdition d'énergie collective tout en arrivant à une économie globale des dépenses de l'État d'au moins 20 %. Les seuils théoriques fixés par Maastricht, en particulier celui des 3 % de déficit public et des 60 % d'endettement public, ne sont pas suffisants pour remettre la France à flot. Il faut aller bien au-delà. À tous les niveaux, les budgets baignent dans les paradoxes évoqués précédemment. Beaucoup, non informés, pensent encore qu'ils servent au bien commun alors qu'ils sont trop souvent utilisés pour des fins électoralistes. L'exemple le plus flagrant est sans aucun doute celui du budget de l'Éducation nationale qui n'a jamais eu autant de moyens pour des résultats qui laissent perplexes. Là aussi nous pourrions multiplier les comparaisons. Parmi les plus actuelles, je retiendrai volontiers la dernière initiative sur le plan économique en juillet 2005 avec l'annonce de la création des pôles de compétitivité, soutenue avec un budget de 1,5 milliard d'euros sur 3 ans... Malgré le côté évidemment vertueux de cette décision (que personne ne peut contester sur le fond) la méthode mise en œuvre me laisse particulièrement songeur. Cela ressemble plus à une nouvelle source d'hémorragie en vue de préparer les prochaines élections qu'à une véritable initiative stratégique capable de rivaliser avec les nouveaux centres de décision et les véritables pôles de compétitivité mondiaux[1]. L'idée semble généreuse mais l'instrumentalisation qui en résulte risque d'en faire une fois de plus une « fausse bonne idée », chiffrée comme d'habitude à plusieurs milliards... Il suffit d'écouter localement les chefs d'entreprises partout en France pour s'apercevoir que nous sommes vraisemblablement face à une nouvelle supercherie qui nourrit en priorité des clans locaux, de petites maffias administratives, des réseaux plus ou moins occultes. Le tout au frais du contribuable.

---

1. Cf. rapport sur « La Localisation des nouveaux centres de décision » par Xavier Guilhou, 2005 – www.xavierguilhou.com rubrique : rapports.

Assainir les structures intermédiaires et les médiateurs

Dans le monde des entreprises, nous avons déjà connu cela avec d'autres dossiers comme ceux de l'innovation, de la qualité, puis de « l'intelligence économique » et maintenant avec « le développement durable ». Il faut en moyenne dix ans pour réguler ces entremises de l'État sur de vrais sujets qui sont chaque fois abordés avec de fausses méthodes pour finalement nourrir des circuits imposés qui n'apportent aucune valeur ajoutée à la collectivité. En parallèle qu'avons-nous comme résultat sur ces questions : le départ de nos chercheurs, une perte régulière de compétitivité depuis dix ans et des pertes de contrôle de plus en plus stratégique de nos actifs (cf. les cartes à puce avec le rachat de Gemplus par le fond de pension américain Texas Pacific Group en 2000, d'Arcelor par Mittal en 2006, autre société européenne, et non pas indienne puisque son siège est localisé à Rotterdam...)[1].

Plus l'État monte de commissions, comités ou initiatives vertueuses mais néanmoins coûteuses avec des noms composés incompréhensibles pour le commun des mortels, et plus la société française régresse. Nous perdons des parts de marché, de la richesse, du rayonnement... Plus l'État met de moyens sur ces initiatives, plus on est disqualifiés sur le plan économique et international. L'examen des résultats devrait nous interpeller sérieusement et nous ramener à plus d'humilité. Au lieu de cela, nous nous refermons encore plus sur nous-mêmes, nous cultivons encore plus l'invective (cf. les discours enflammés autour du « patriotisme économique »)

---

1. Le palmarès réalisé par l'*Institut for Management Development* (IMD) de Lausanne compare le niveau de compétitivité de 60 pays et régions clés dans le monde, en analysant pas moins de 323 critères différents (productivité, infrastructure, main-d'œuvre, innovation...). En 2005 encore, les États-Unis conservent la plus haute marche de ce classement et bénéficient ainsi de la note étalon maximale de 100 points. La France recule, elle, de sept places pour terminer en 30e position avec une note de 67,673 points. Même tendance pour la région Île-de-France, qui perd huit places avec une note de 64,646.

et sombrons encore plus dans les pathologies évoquées précédemment (schizophrénie, autisme).

Première priorité : remettre l'État à sa place avec les moyens et le pilotage qui conviennent

Dans ce domaine, des voies de sortie de crise existent. La démarche la plus intéressante pour nous est sans aucun doute celle qui a été prise par le Canada il y a une dizaine d'années[1]. Certes les Canadiens ont pris des décisions brutales à l'époque, elles se sont avérées salutaires. Aujourd'hui l'État a retrouvé son autorité, sa place, son rôle avec une réduction d'environ 20 % de son périmètre budgétaire. Il est devenu plus léger (au sens de l'organisation), alerte (au sens de la vigilance) et réactif (au sens des prestations). Il est surtout au service de la société civile qui l'évalue, l'oriente et l'apprécie. Les Canadiens ont réussi en moins d'une décennie à

---

1. « *En 1993, les déficits publics atteignaient 8,7 % du PIB, dont 6 % pour le gouvernement fédéral, et la dette du seul gouvernement fédéral était de 66 % du PIB. Le service de ces emprunts représentait 37 % des recettes fiscales ! Cette constatation avait convaincu les Canadiens que la réduction des déficits était une nécessité pour faire baisser le chômage. D'ailleurs deux provinces (Alberta et Nouveau-Brunswick) avaient commencé à réduire leur déficit. Avec son ministre des Finances Paul Martin, lui aussi élu Québécois, Jean Chrétien lança immédiatement un programme de réduction des dépenses : le nombre de ministères passa de 32 à 23, les salaires des fonctionnaires furent gelés (ils le resteront pendant plus de trois ans, jusqu'en février 1997), et un réexamen complet de toutes les dépenses publiques fut entrepris. Baptisé "examen des programmes", il fut réalisé en six mois. Un objectif principal fut fixé : ramener en deux ans le déficit fédéral de 6 % à 3 % du PIB. Et pour cela, baisser en moyenne de 20 % les dépenses, sans augmenter les impôts sur les particuliers, et en augmentant très peu les impôts sur les entreprises. L'"examen des programmes" évitait d'imposer des réductions uniformes à tous les ministères, et permettait de fixer des priorités : les subventions aux entreprises furent diminuées de 60 %, les budgets des ministères de l'Industrie et des Transports baissèrent de 50 % ; ceux des ministères de l'Environnement, de la Culture, de l'Aide internationale et de la Pêche furent réduits entre 50 et 20 %. Tous les autres budgets, à une seule exception près, furent diminués. Des administrations furent supprimées, d'autres regroupées… Les résultats de cette politique ont été spectaculaires : dès l'exercice 1996-1997, l'objectif de déficit était atteint, et même dépassé : 1 % au lieu de 3 %.*

inverser le rapport État-nation sans en dénaturer les vertus. Ils ont inventé un véritable partenariat pour sortir de la situation exsangue qu'ils ont connue dans les années 90. Parmi les motivations qui ont prévalu il y en a une qui est souvent méconnue des Européens mais qui a été déterminante : la fierté nationale. Cela n'a rien à voir avec les déficits publics et autre dérives connues, mais cela faisait partie du contexte négatif dans lequel les Canadiens se complaisaient. Il faut se rappeler qu'à l'époque ils étaient considérés comme « les nouveaux Mexicains des Américains ». Ils ont décidé, non seulement d'arrêter de façon stupéfiante l'hémorragie de leurs finances publiques mais aussi de redresser la tête. Nous devrions aujourd'hui prendre la même décision et refuser de nous complaire dans cette image de « nouveaux pauvres de l'Europe » avec nos politiques libertaires et laxistes tant sur le plan budgétaire que sécuritaire.

Seconde priorité : arrêter l'hémorragie de talents et de capitaux

L'appauvrissement de la France n'est pas limité hélas à la seule perte du pouvoir d'achat des ménages[1]. Le plus important est comme toujours ce qui ne se voit pas. Le départ de nos cerveaux depuis vingt ans, de nos jeunes élites depuis dix ans et le flux de migration constant de capitaux vers des niches fiscales plus clémentes pour les entrepreneurs sont des plus préoccupants. Nous perdons trop de « globules rouges » et le déséquilibre sanguin qui en découle devient catastrophique. On ne reconstruit pas un pays

---

1. Les politiques établissent des similitudes entre leurs prévisions de taux de croissance autour de 2 à 2,5 % par an et la progression du pouvoir d'achat des Français. En fait, selon les calculs de l'Institut national de la Consommation, ce pouvoir d'achat n'a progressé réellement que de 0,9 % entre juin 2005 et juin 2006 (1,8 pour l'Insee) sous la pression marginale de « dépenses contraintes » liées à des engagements contractuels et sociétaires de plus en plus inflationnistes pour les Français (services financiers, assurances…). Même si apparemment le pouvoir d'achat augmente en valeur absolue, la perception que les Français ont de leur marge de manœuvre est de plus en plus négative. Comme le dit le philosophe anglo-saxon du XVIIIᵉ siècle George Berkeley : *« Seul existe ce qui est perçu. »*

avec une organisation qui devient quasiment « leucémique ». Il faut réinjecter des globules rouges. Ce n'est pas en mettant sous perfusion notre économie et nos actifs au travers des IDE[1] ou de mesures incitatives pour sélectionner des étudiants étrangers qui viennent essentiellement du continent africain (quand les meilleurs de nos étudiants partent aux USA ou en Angleterre…) que nous allons remédier à l'aplasie actuelle[2]. La priorité aujourd'hui est de conserver les entrepreneurs, les chercheurs, et de reconstituer de façon énergique une véritable élite pour redresser le pays. C'est notre colonne vertébrale, celle qui fabrique cette moelle osseuse sans laquelle l'organisme n'a aucune chance de survie. Sans cette énergie vitale nous ne serons que les meilleurs des plus mauvais du continent euro-arabo-africain. Cela peut être ressenti comme un lot de consolation. Ne nous leurrons pas sur l'issue de cette hémorragie de talents, elle ne sera que miséreuse et médiocre… n'en déplaise aux tenants d'une hausse de l'ISF et aux nostalgiques des idéologies égalitaristes du XIXe siècle.

Troisième priorité : notre situation « nationale »…

Notre pays connaît une transition démographique sans précédent avec un vieillissement de la population[3], un tassement de la population active[4] et un appel à l'immigration pour compenser le déficit

---

1. IDE : Investissements directs étrangers en France.
2. L'aplasie est un terme médical qui est employé quand un patient n'arrive plus à produire d'autodéfense et se trouve sans défenses immunitaires.
3. Avec les progrès de la médecine, on estime que tous les quatre ans la population gagne environ un an de vie. Dans notre pays l'espérance de vie pour un homme est passée de 66 ans en 1994 à 74 ans.
4. D'après les études de l'Insee, la population active devrait se mettre à diminuer dès la période 2006-2008, date à laquelle elle aurait atteint son plafond, à environ 27 millions de personnes. Le rythme de la baisse serait d'abord modéré, puis pourrait atteindre 80 000 actifs par an dans la décennie 2020. Et à l'horizon 2050, la population active pourrait avoir fondu de 2,6 millions de personnes au total. Ce qui lui ferait retrouver son niveau de 1980. Plusieurs incertitudes, liées notamment à la fécondité, à l'immigration ou à la remontée de l'âge effectif de la retraite, peuvent toutefois remettre en cause ce scénario.

de naissance enregistré au cours des dernières décennies, et ce malgré la croissance de la population française. Selon les derniers chiffres de l'Insee le nombre d'immigrés en provenance d'Afrique subsaharienne a augmenté de 45 % entre 1999 et 2005, sept sur dix viennent des anciennes colonies françaises. Cette progression porte ainsi le nombre d'immigrés à 4,9 millions de personnes, soit 8,1 % de la population. Leur nombre total a augmenté considérablement au cours de ces dernières années, ils sont 760 000 de plus qu'en 1990. Pour reprendre l'analyse du sociologue Paul Yonnet : « *Certains populationnistes, rares, prétendent qu'il nous faut très vite 100 millions d'habitants, et donc laisser entrer 40 millions d'immigrés. On sent bien que c'est absurde, et qu'il n'y aurait plus de France mais le chaos. La limite naturelle est bien sur la capacité de chaque pays à assimiler ces populations extérieures.* »[1]

Cette hémorragie, non pas uniquement de talents mais de ressources, est liée à de multiples facteurs de fond que nous ne pouvons plus occulter. Dans le diagnostic initial, j'en ai évoqué quelques-uns, en particulier cette « peur de la mort » avec son corollaire « hédoniste » lié à une société qui a perdu petit à petit ses repères et ses références...

Parmi les premiers principes de précaution qui ont été développés par notre société libertaire, il y a, ne l'oublions pas, celui de la régulation des naissances. Moins on a d'enfants, moins on a de problèmes, plus on peut jouir du présent, avoir des loisirs et éviter les contraintes liées au coût que représentent en effet l'éducation et la formation d'un enfant. C'est la culture de 1968, des 35 heures, du « club Med » très bien représentée par la fameuse génération « bobos » qui contrôle actuellement notre vie politique. Cette culture dite de la libération des pulsions, du plaisir, de la consommation est en fait une culture de fuite en avant quasi suicidaire reposant sur beaucoup de cynisme et un fond de nihilisme vis-à-vis des choses de la vie : sans s'en rendre compte, cette culture est basée finale-

---

1. Cf. Interview du sociologue Paul Yonnet (proche du philosophe Marcel Gauchet), « Nos bébés font le poids », *Enjeux les Échos*, décembre 2006, hors série « La France dans le monde demain ».

ment sur un instinct de mort profond. « Je prends, je consomme, et après moi on verra bien. » « Je » et « moi » sont au centre de tous les raisonnements et comportements. Il suffit de voir dans quel état est une partie de notre jeunesse pour mesurer les dégâts faits déjà au niveau familial par l'égoïsme d'une génération qui n'a connu finalement que la prospérité et la sécurité. En l'espace de deux décennies, la contrepartie de cette pseudo-libéralisation de notre société est une raréfaction de la ressource vitale. Nous commençons à nous en rendre compte avec l'émergence du « papy-boom », le problème du financement des retraites et désormais la nécessité de rallonger la durée du travail pour assumer les déficits sociaux abyssaux en cours. Ne parlons pas de ceux qui sont à venir et vis-à-vis desquels nous avançons à l'aveuglette. Cela se traduit aussi – et personne ne veut en parler – par la nécessité de faire appel à une immigration massive pour assurer des tâches basiques que les Français ne savent plus ou ne veulent plus assumer depuis longtemps. Sur les vingt prochaines années les pays européens compte tenu du vieillissement de leurs populations vont avoir besoin, selon les prévisions de la Commission européenne, de faire appel à environ 20 millions d'immigrés (hypothèse basse). Quid des politiques d'intégration de ces populations avec en face un chômage qui est de l'ordre de 60 millions en Europe dont plus de 25 % pour les moins de 25 ans dans certains pays ?

Remettre des repères

La difficulté de l'exercice dans ce domaine est celle de l'arbitrage. L'urgence est de trouver des bras et des ressources, la priorité est de choisir les compétences et les communautés sur lesquelles nous allons nous appuyer durablement, ce problème n'étant pas une question de quelques années, mais bien de plusieurs décennies. L'urgence est désormais de satisfaire les besoins de l'électorat du quatrième âge et les exigences de « toujours plus » des nouveaux retraités du troisième âge. Ces deux générations – celle des « trente glorieuses » avec son droit de tirage pour un juste retour sur les investissements des années 70, et celle des « trente piteuses » qui considère que le système lui doit « toujours plus » – sont aujourd'hui quantitativement déterminantes pour les élections. La priorité serait de briser cet égoïsme ambiant des « papys qui font de la résistance » et de rediriger toute l'énergie du pays sur sa jeunesse. L'urgence est actuellement de subventionner la perte de productivité de cette gérontocratie dominante avec des cortèges de mesures sur le non-emploi des seniors. La priorité serait de libérer sans attendre le carcan juridique et fiscal qui bride l'employabilité des jeunes. La rendre plus compétitive, entreprenante et créatrice de richesse, règlerait dans la foulée le problème du redimensionnement de la productivité des seniors. Mais pourquoi faire simple quand on a appris dans les grandes écoles à faire compliqué ! Tout est à l'envers. Le résultat donne une société vieillissante, timorée, et une jeunesse apeurée, paralysée qui porte par mimétisme les craintes des adultes. Elle doit par ailleurs faire face à des vagues d'immigrants dont beaucoup trop hélas s'installent en captant moult subventions émises par le système, qui contournent les lois de la République et méprisent les principes de coexistence de la nation française. Notre jeunesse s'en est particulièrement rendu compte à ses dépens lors des manifestations du CPE. Cette dérive se fait contre eux avec le support d'associations dont les contours idéologiques sont affligeants soit de naïveté et de confusion mentale, soit parfois de perversité, ce qui est plus grave compte tenu des enjeux pour la société française. Cette situation dont personne n'ose parler au niveau de la gestion des ressources de notre société donne l'impression d'une contamination de l'ensemble du système par dénaturation des équilibres démographiques et de fait des référentiels identitaires. Ce constat est grave, j'en mesure la portée et surtout les conséquences concrètes pour nos enfants.

Beaucoup aujourd'hui, face à ces mutations extrêmement rapides et désormais visibles partout, avouent qu'ils ne savent plus très bien s'ils sont encore Français face au multiculturalisme émergeant et aux discours confus de nos politiques sur le principe de nationalité. Ils s'affirment encore « de France » sur le plan de la territorialité mais ont de plus en plus de mal à se reconnaître dans cette nation française en pleine recomposition. Cette perte de référentiel fait partie de cette hémorragie identitaire qu'il convient là aussi d'arrêter au plus vite. On ne se situe pas uniquement par rapport à une localisation géographique et il est indispensable de remettre des repères historiques, éthiques, moraux. Le problème, c'est que ceux qui devraient incarner ces valeurs les ont dénaturées dans tous les domaines et ne croient plus en rien. Leur nihilisme et leur cynisme contribuent à la désespérance actuelle d'une frange de la jeunesse. Je parle de celle des « rêves parties » et surtout de celle que l'on a vue dans les rues des banlieues brûlant les voitures de leurs parents en novembre 2005 comme de celle qui rejetait le CPE sans trop savoir pourquoi au printemps 2006. En fait les jeunes agissent vis-à-vis de notre société comme un miroir qui renvoie aux adultes une image non pas déformée mais redoutable de leur lâcheté et de leur démission en termes éducatifs. Tous les jeunes ne sont pas véritablement en cause sur le fond. Dans les faits, ce sont certains parents qu'il faudrait d'abord traduire devant la justice pour les méfaits engendrés. Pour autant ces mêmes jeunes doivent savoir ce qu'est le principe de responsabilité dans une société et la difficulté actuelle de l'exercice consiste à recadrer les adultes et simultanément à rééduquer les enfants, le tout dans un environnement de plus en plus chaotique et violent.

Il est vital d'arrêter ces hémorragies qui vident notre pays de sa substance, affaiblissent son autorité, et neutralisent ses compétences. C'est la priorité absolue, elle est immédiate. Il faut s'atteler à ce chantier sans attendre et le mener contre vents et marées sous peine de ne pouvoir passer à la vitesse supérieure. On ne fait pas recourir, surtout à la vitesse de la compétition actuelle, un organisme qui a été vidé de toute son énergie vitale. Dans ce domaine la question du temps et la maîtrise de la vitesse sont fondamentales. Attendre les prochaines échéances électorales, comme si le temps s'était arrêté pour nous sur le plan international, est un non-sens. La priorité est bien de stopper sans attendre l'hémorragie budgétaire et de ne pas croire aux seules vertus de la Lolf. L'une des premières mesures serait, comme les Canadiens, d'arrêter du jour au lendemain le financement de toutes ces agences et dérivations inutiles, de ces couches de subventions pseudo sociales qui font vivre une myriade d'associations et de médiateurs dont l'efficacité est contestable. Il faut redonner à la société civile de la marge de manœuvre et de la capacité de médiation privative. Je sais que je touche un point sensible et que mon propos pourrait être jugé comme un quasi-crime de « lèse-majesté » puisque l'ensemble de la hiérarchie politique, à commencer par le plus haut niveau de l'État, justifie en permanence la mise sous perfusion de ces organisations. Cela s'entend puisqu'elles assurent en contrepartie la réélection du système. Il faut sortir de ce régime de clientélisme absurde et malsain qui pratique le détournement des fonds publics et le dévoiement de service public.

Pour ma part je suis pour le rétablissement au plus vite de la légitimité et de la crédibilité de l'État. Cela suppose de procéder dans un premier temps à une clarification de ces prélèvements obligatoires de la manne collective et de privatiser dans les meilleurs délais ce qui doit l'être en termes d'intermédiation entre l'État et la société civile. La seconde priorité est bien de stopper l'hémorragie de nos véritables élites et de tout mettre en œuvre pour qu'elles puissent rejouer leur rôle à tous les niveaux, tant politique, économique que scientifique et culturel. Et la troisième est celle de notre sécurité nationale. Il faut arrêter cette perte identitaire qui nous entraîne dans une logique de suicide collectif. La France mérite mieux que la gabegie actuelle et ce barbarisme émergeant entre des « vieux » qui ont peur et des immigrants dont la jeunesse encapuchonnée s'amuse à terroriser un État affaibli pour affirmer une identité confuse, violente et créée par des maffias sans scrupules.

Je suis désolé mais l'histoire de la France et les Français ne ressemblent pas à cette « pagaille sociétale ». Quoiqu'on dise dans certains cénacles défaitistes, le Français a du génie, du courage, une singularité, une authenticité qui sont appréciés par les élites du monde entier. Il suffit de voyager et d'aller au contact de situations exigeantes pour mesurer la force et la pertinence des talents que notre pays compte. Ces qualités doivent retrouver leurs lettres de noblesse et leur rayonnement. Être Français, cela doit de nouveau signifier quelque chose. Il ne peut pas y avoir de redressement du pays, si nous sommes incapables de redresser d'abord la tête. Notre pays connaît une hémorragie de sens, de valeurs, de référentiels, d'identité, d'honneur et le mal actuel prend ses racines dans ce laxisme ambiant. Plus que jamais il faut remettre de l'autorité,

115

de la crédibilité et de la légitimité dans notre coexistence. Ce n'est pas une affaire de morale, c'est désormais une affaire de temps ! Dans ce domaine, il ne faut pas se tromper dans la méthode, l'urgence est un faux-ami, la priorité est la seule exigence que nous devons privilégier en termes de méthode pour assurer la survivance du système.

Chapitre 5

Réinjectons du sens

« L'esprit discerne et choisit
mais c'est l'âme qui insuffle. »
Vauvenargues

Au-delà de l'absence de pilotage que j'ai déjà mentionnée, nous sommes confrontés depuis quelque temps à une perte significative de cap. Nous ne savons plus où nous sommes et nous ne savons plus où nous allons. La tentation de repli sur nous est forte et renforce l'autisme qui frappe l'ensemble de notre société. Un patient qui a perdu tous ses repères est plus difficile à traiter que celui qui a « toute sa tête ». Tout le monde sait combien la dimension psychologique est cruciale dans une phase post-traumatique. À nouveau mon expérience des crises, et surtout des sorties de crise, m'a montré combien cette quête du sens est fondamentale quand une population voit tout s'écrouler autour d'elle. Ce fut le cas après Katrina en Louisiane, mais aussi à Beyrouth, en Pologne... Chaque fois le réflexe premier est de se dire *« Je suis là, je m'en suis sorti »* et d'embrasser le sol que l'on a sous les pieds. Ce réflexe grégaire de survie qui semble puéril pour les esprits compliqués que nous sommes devenus est à la base de la reconstruction de ceux qui ont tout perdu. Dans ce type de situation il faut bien commencer par s'accrocher à quelque chose de tangible pour se situer et réapprendre à vivre. Tous ceux qui ont connu de grands désastres naturels, des guerres ou problèmes vitaux (maladie, destruction de patrimoine…) savent ce que je veux dire. Je comprends que les autres ne puissent l'entendre et que ce soit ou trop simpliste ou trop théorique pour eux. Il est vrai que seuls ceux qui l'ont vécu dans leur chair ou leur être peuvent ressentir l'intensité de ce message. Toutefois, il faut savoir qu'il n'y a pas de reconstruction personnelle et collective sans un recentrage profond autour de valeurs et de référentiels qui font sens.

Savoir faire son deuil d'un passé révolu

Pour une société qui vit une implosion aussi complexe et globale que la France, cette reconstruction exige un travail de deuil important vis-à-vis de certaines illusions soigneusement entretenues par les politiques et encore plus vis-à-vis de certains ancrages idéologiques qui nous empêchent de voir le monde et les réalités tels qu'ils sont. Cela ne peut que nous obliger à faire un énorme travail de recentrage sur nos racines historiques et culturelles, mais aussi de clarification sur notre relation avec le réel. Le problème fondamental de la France aujourd'hui est qu'elle est beaucoup plus dans la fascination de « l'avoir » que dans l'éthique de « l'être », les paillettes du « faire-savoir » que dans l'éducation du « savoir-être ». Si tel n'était pas le cas nous n'aurions pas connu l'aberration des 13 000 morts de la canicule… C'est facile à expliciter, à démontrer. C'est plus difficile à traiter. Pourtant la demande de sens est aujourd'hui considérable. Elle est sous-jacente derrière chaque consultation politique et dans chacun des soubresauts de notre société. Les comportements de défiance de la population révèlent chaque fois un peu plus ce besoin d'élan vital. C'est le meilleur baromètre qui soit pour évaluer le bonheur ou le mal-être d'un peuple.

Aujourd'hui la « *Res-Publica* », dans son sens originel la « chose publique », ne veut plus rien dire. Certes elle parle aux milieux avertis et autorisés à en débattre devant des cénacles étroits au sein de « clubs parisiens », ou devant des publics acquis à la « Mutualité ».

118

Mais elle a perdu de sa consistance pour la population. Pourtant « la République », les « valeurs républicaines » sont sur toutes les lèvres de nos élites qui s'en gargarisent et s'en attribuent les attributs à défaut d'en assumer les vertus. Cette dérive est grave car elle se traduit par un fort repli identitaire. La population se sent bien chez elle, à la rigueur dans son quartier, parfois dans sa ville. Cela peut aller jusqu'à la région sur le plan culturel, mais elle prend ses distances vis-à-vis du pays et encore plus vis-à-vis de la transnationalité européenne alors que celle-ci est présentée par nos élites comme le seul horizon possible de modernité et d'avenir pour la France. Là aussi il faut s'en tenir aux faits : l'Europe est beaucoup plus vécue comme un rêve lointain que comme une véritable réalité pour la population malgré un passeport et une monnaie communs. Cela peut sembler curieux lorsque l'on connaît le poids du droit communautaire dans nos décisions quotidiennes…

La « France » ne fait plus sens

Pour autant la France ne fait plus vibrer. Même si certains parlent avec respect et avec une certaine nostalgie de ce qu'elle a représenté, beaucoup avouent en aparté qu'ils n'ont plus envie de se battre pour une cause nationale. Sur ce point nous devrions faire preuve de beaucoup plus d'honnêteté intellectuelle, même si nos institutions ne peuvent décemment l'admettre. Elles ne sont pas là en effet pour pratiquer l'auto-dénigrement mais bien pour sublimer leur mission au travers de « caisses de résonances »[1] bien labellisées qui assurent ainsi leur pérennité et légitimité. Mais à l'heure de la mondialisation, l'autorité du pays s'est diluée dans des discours tellement globaux et généraux que la singularité et l'authenticité du pays n'apparaissent plus pertinentes. Hier elles se définissaient par rapport à un territoire avec une défense des frontières, à une langue avec l'affirmation d'un esprit, à un mode de gouvernance héritier de

---

1. Chaque ministère a son institut national qui sert, au-delà des fonctions de formation nécessaires aux structures étatiques, de relais d'opinion auprès des médias et de la société civile. Ainsi le ministère de l'Intérieur a l'INHES, la Défense a l'IHEDN, la santé a l'INSERM…

mille ans de culture judéo-chrétienne et gréco-latine. Aujourd'hui, la « chose commune » est devenue « chose globale ». Le Français doit se redéfinir par rapport à des messages mondiaux et à la tyrannie des marques internationales qui occupent désormais tous les espaces marchands de ses villes. Le langage est devenu hybride avec un mélange d'anglicisme et de barbarismes technologiques et tribaux dignes d'un film de science-fiction signé Spielberg. Quant au rapport avec le politique, il ne fonctionne plus avec la proximité d'hier, mais par le filtre impersonnel de l'écran plat et de cette « mal-info »[1] qui sature nos journaux télévisés.

Chez les jeunes générations ce sentiment d'appartenance à une communauté nationale est encore plus faible. Une enquête remarquable a été menée sur le terrain par les auditeurs de l'IHEDN en 2005[2]. Elle fait apparaître des ruptures de comportement et d'adhésion que nous ne pouvons pas prendre à la légère tant elles sont lourdes de conséquences. À la question *« qu'est-ce qui fait sens pour vous en termes de vie, d'engagement personnel ou collectif ? »* le résultat est éloquent : *« La majorité d'entre eux répond qu'ils vivent prioritairement pour eux, en second pour leur famille et les copains, puis pour les loisirs dont le jeu y compris violent. Certains disent leur sensibilité aux exemples fournis par la TV et les films. Est omniprésent l'argent ou plutôt le "fric", lié pour beaucoup à l'espoir d'un emploi stable. Ils souhaitent vivre libres et sans contrainte ; rêvent de belles voitures et de vie*

---

1. Cf. *La Révolte du pronét@riat : des mass media aux médias des masses*, Joël de Rosnay, transversales Fayard, janvier 2006.
2. Cette enquête a été menée auprès de mille personnes sur le terrain (jeunes, éducateurs, chefs d'entreprise, représentants de la société civile…) afin de préparer les secondes « Rencontres des auditeurs de l'IHEDN » qui étaient consacrées à la jeunesse et à la notion d'engagement. Cette enquête passionnante s'est appuyée sur un questionnaire très ouvert et dense sur les notions de patriotisme, d'esprit de défense, de devoir de mémoire, d'engagement mais aussi sur les valeurs, sur le sens des liens armées-nation, sur l'efficacité du système éducatif… pour aboutir à de nombreuses propositions et suggestions concrètes. Les résultats, qui n'ont rien à voir avec les sondages officiels de nos institutions, ont été présentés lors des Rencontres en octobre 2006 par Françoise Lépine, Vice-présidente de l'AAIHEDN. Voir les actes du colloque publiés par l'UAIHEDN.

*facile et d'avoir le meilleur niveau de vie possible. Bref, rien de bien ori-
ginal. En réalité, ils craignent l'avenir et le répètent en revenant toujours
à l'argent qu'ils aimeraient bien obtenir de préférence sans trop travailler.
Quelques-uns souhaitent réussir leur vie en fondant une famille, mais
dans l'ensemble leur vrai souci est l'insertion dans la vie professionnelle.
Alors les préoccupations de la défense et de la politique ne leur paraissent
pas immédiatement utiles. Ils songent plus à leurs droits qu'à leurs
devoirs. Mais ils ont quelques objectifs généraux : l'humanité, la prise en
charge des plus faibles et des plus pauvres… et l'honneur reste une notion
positive. Un certain nombre de jeunes en panne d'idéal se convertissent à
l'islam. C'est parmi eux que l'on trouve un original qui vit pour la
liberté et la démocratie, et un autre pour la Sécurité nationale et intérieure. Mais ce sont des exceptions… »*

Cette assimilation à la France s'est davantage affaiblie avec la fin
du service militaire obligatoire. Quels que soient les points de vue
sur la question, beaucoup reconnaissent aujourd'hui qu'il consti-
tuait un creuset indéniable, même s'il n'était pas forcément équitable sur la fin. Il avait au moins le mérite d'éduquer les jeunes
générations à un certain sens du devoir ce qui permettait de rééquilibrer ce sens des droits acquis qui prévaut désormais. Là aussi
quoiqu'on en dise, son abandon a marqué sans aucun doute une
rupture profonde entre la nation et nos institutions au travers de la
dilution de ce lien quasi sacral qui existait entre les armées et la
population. Cette décision électoraliste a généré quelques économies (fin à la conscription) et quelques gains immobiliers (vente
des casernes à des promoteurs immobiliers). Je ne suis pas sûr que
dix ans après la décision du président de la République[1], la balance
crédit/débit s'équilibre dans le bon sens au regard des coûts expo-
nentiels liés aux incivilités et aux violences urbaines que nous
vivons. Je ne parle pas de la montée de l'analphabétisme et du
développement de certaines maladies que nous connaissons au
sein des populations en particulier des banlieues difficiles et qui

---

1. Le service militaire a été mis en place le 5 septembre 1798 ; Jacques Chirac
   a décidé de le suspendre le 28 mai 1996. Il peut être rétabli à tout moment
   dans le cadre de la loi sur le service national, alors que les Français ont
   compris du message du chef de l'État qu'il était définitivement supprimé.

121

étaient pris en compte auparavant par le service national en termes de dépistage et d'éducation.

Dorénavant les jeunes générations fonctionnent en logique tribale avec des codages de plus en plus éloignés des valeurs républicaines[1]. Compte tenu des mutations en cours dans la texture des familles (divorces, familles recomposées, chômage…) la plupart des jeunes se sont inventés des modes de survivance spécifiques que les parents ne connaissent pas ou ne comprennent pas. Ils se replient sur des « micro-territoires » et espaces de vie, n'ayant plus confiance en l'espace commun. Dès lors, un jeune peut appartenir à plusieurs tribus différentes, voire même contradictoires. De cette hétérogénéité il tire plusieurs référentiels plus ou moins éphémères qui alimentent une identité de circonstance en fonction du quartier, du moment, des besoins… Il pourra parler plusieurs langages qui vont des dialectes pour survivre dans les transports en commun dans les banlieues, à celui des SMS, différent de celui des blogs, et faire illusion devant un patron quand il cherchera un travail alors que sa véritable personnalité et ses référentiels seront ailleurs[2]. En moins de dix ans nous avons perdu ce lien minimal et fondamental qu'était la pratique du français pour basculer dans une sorte de fausse tour de Babel de micro-langages confus, déstructurés et régressifs. En perdant cette capacité de compréhension et de dialogue commun nous avons perdu progressivement et sans nous en rendre compte le socle de nos valeurs partagées. Lors de l'enquête menée par les auditeurs de l'IHEDN sur le terrain[3], vis-à-vis des questions *« que représentent pour vous le patriotisme, l'esprit de défense, le devoir de mémoire… ? »*, la réponse des jeunes et les suggestions notamment du corps éducatif sont saisissantes : *« De nombreux jeunes gens avouent ne pas savoir ce que veulent dire ces*

---

1. Voir à ce propos les écrits de Michel Maffesoli : *Éloges des tribus*, coll. Table ronde, octobre 2000 et *La Part du diable*, Flammarion, mars 2004 ; et *La Mal-info – enquête sur des consommateurs de médias*, Denis Muzet, coll. L'Aube essai, 2006.
2. Cf. *Vive les 11-25 ans*, Joël-Yves le Bigot, Catherine Lott-Vernet et Isabelle Porton-Deterne, Eyrolles, mars 2004.
3. Cf. *Ibid.*

mots ! Pour eux, la valeur d'exemple du concept de « patriotisme » est représentée par les États-Unis, bien qu'ils souhaitent clairement développer un patriotisme européen… Quelqu'un suggère de remplacer du reste ce mot par "communauté de valeurs", ce qui permettrait d'associer des Français d'origines très différentes. Par ailleurs, sans tomber dans un nationalisme exagéré, beaucoup d'enseignants précisent qu'il serait bon de rappeler aux jeunes générations ce que signifie le mot France et, à travers elle, son histoire, ses origines, son peuple, ses valeurs, ses forces et ses faiblesses. Ne pas hésiter à mettre en valeur le drapeau, le fait d'être français, et ce sans avoir honte de notre histoire. Ils proposent même des actions pour mettre en valeur de jeunes Français qui accomplissent des actes de patriotisme, et de mieux faire connaître les actions internationales valorisantes de la France. »

Repli identitaire, tribus, culte du « moi »

Ce repli identitaire se traduit par une perte du sens patriotique. Le « *Pater* » *(Père)* n'existant plus au sens noble, la « *Patria* » *(Patrie)* n'étant plus à défendre au sens fondamental, le « *Démos* » *(Peuple)* se referme alors sur ce qui fait sens pour lui, à savoir son emploi, sa famille recomposée (pour plus de la moitié de la population), son patrimoine menacé par une fiscalité aberrante et redondante. Quant à la *«Vox Populi »* *(opinion publique)*, elle répond aux messages consensuels des élites par de l'indifférence. Elle se contente d'applaudir aux côtés récréatifs du « *panem et circenses* » *(Du pain et des jeux)* de la vie politique et se concentre essentiellement sur ses préoccupations quotidiennes. Nos dirigeants croient ainsi que leurs messages sont acceptés alors qu'il n'y a que du mépris pour leur incompréhension de la situation et un rejet de plus en plus radical de leur vision de la société.

Je suis frappé par ce paradoxe sur les affaires, entre autres, de défense et de diplomatie. Nos dirigeants sont persuadés qu'il y a consensus sur ces questions et qu'il n'y a pas de remise en cause des fondements des postures gaulliennes des années 60. C'est absolument faux ! Certes, les Français aiment leur armée. Tous les 14 juillet, ils l'affirment dans les sondages publiés par la direction de la communication de la défense (DICOD). De là à accepter d'aller se battre massivement pour le pays, c'est une autre affaire. Nous sommes très loin de l'état d'esprit des Israéliens lors des événements de l'été 2006 et ce quelle que soit l'opinion que nous pouvons avoir du traitement de la crise. Les Français considèrent en privé que la guerre, la sécurité du pays sont désormais le problème exclusif de professionnels qu'ils veulent bien rémunérer au travers de l'impôt. Certes, ils sont fiers du travail de leur armée, mais il suffit de pousser le dialogue pour se rendre compte très vite qu'ils méconnaissent dans la grande majorité la nature des missions au quotidien de nos outils de défense. Cela est devenu une affaire d'experts. Pour autant quand plus rien ne va, la population continue à ressortir ses vieux clichés : il faut alors que ses militaires remplacent les boueux en grève ou gèrent la sécurité des banlieues en feux ! Les Français peuvent toujours crier « allez chercher l'armée ! », ils n'auront qu'un grand silence de l'institution. Cela ne pourra qu'affirmer encore plus son image de « grande muette ».

Il faut être clair sur ce sujet comme sur bien d'autres, nos armées sont désormais mobilisées sur d'autres préoccupations qui sont de plus en plus éloignées de celles des Français, sous le prétexte que la sécurité de nos intérêts se gère maintenant très loin, ce qui n'est pas totalement faux. Mais comment expliquer cette rupture à une population qui demande à être maternée et qui exige de la proximité ? De ce fait l'armée se coupe progressivement de la nation, sert de plus en plus un dessein politique, se replie sur ses technologies, ses processus, ses rituels et ne constitue plus forcément le relais d'une sécurité nationale dont les enjeux sont partagés avec la population. Comme il n'y a plus de menace majeure les Français considèrent que ce n'est plus à eux de payer le prix du sang[1]. La mémoire du sacrifice des anciens dans les guerres fratricides européennes, puis dans les guerres de décolonisation a généré chez certains un fond de pacifisme qui s'est renforcé lors des événements de 1968 (guerre du Viêtnam), voire consolidé avec les jeunes géné-

---

1. Cf. *Pour qui meurt-on ?*, Colonel De Richoufftz, Éditions l'œil de F.x. De Guibert, 2000.

rations qui n'ont de la conflictualité qu'une vision abstraite et lointaine. À la rigueur, le Français veut bien donner un peu de lui-même via une action humanitaire ou caritative, mais pas par la voie des armes. Il est vrai qu'aujourd'hui le Français a plus de risque de mourir d'une overdose de « malbouffe » ou de « stress », voire d'un accident de la route (qui tue l'équivalent d'une division d'infanterie tous les ans…) que de la guerre. Alors il délègue aux professionnels cette noble mission. Que pèsent les dizaines de soldats français morts et blessés en ex-Yougoslavie ou aujourd'hui en Afghanistan face aux victimes de nos dysfonctionnements domestiques ?

Les politiques l'ont bien compris en s'agitant autour du principe de précaution. Une grande partie de la population estime, pour le moment, que ce n'est plus à elle d'assurer la défense du pays et que par rapport à ces préoccupations hautement stratégiques, il est plus important de lui garantir un emploi et de la croissance sur le plan économique. Ce constat que je fais un peu partout est particulièrement préoccupant à un moment où les menaces changent de nature et où l'adhésion de la société civile aux questions de sécurité s'avère plus que jamais indispensable pour un pays. Les terroristes s'attaquent aujourd'hui à nos réseaux vitaux et au cœur de nos centres de décision : ils ne s'attaquent pas à des armées, et la priorité des cibles est bel et bien la déstabilisation de nos opinions publiques. Or c'est à ce moment crucial pour la survie de nos sociétés que nous avons ces comportements pour le moins paradoxaux sur le plan sécuritaire. Il faut dans ce domaine être beaucoup plus explicite vis-à-vis des populations et ne pas se tromper de bataille. À ce propos, nous devrions méditer un peu plus cette réponse de Churchill à Chamberlain aux lendemains des accords de Munich : *« Vous aviez à choisir entre la guerre et le déshonneur, vous avez choisi le déshonneur et vous aurez la guerre ! »* De temps à autre j'ai le sentiment que nous sommes dans les mêmes postures, je devrais dire impostures, au regard de l'Histoire.

Il en est de même sur le plan du rayonnement de la France. Les diplomates sont déclassés dans les appréciations de la population. Pour beaucoup, ils ne servent plus à rien face à la complexité des affaires et à la vitesse des transactions. Très nombreux sont les responsables d'entreprises qui ne passent plus par les chancelleries, sinon pour régler des questions élémentaires de visas. « *Que les diplomates se consacrent à la rigueur aux questions de culture et aux relations publiques des politiques, mais qu'ils ne viennent pas interférer dans la vie économique et dans les échanges courants pour lesquels ils sont incompétents* », voilà le type de remarques que j'entends partout sur le terrain international. En fait ceux qui incarnent la « chose commune » dans sa « chair », ce qui est le cas de l'armée face à la question de la guerre, et dans son « esprit », ce qui est le cas des diplomates face au problème de la paix, sont devenus, sans qu'ils s'en soient rendu vraiment compte, pour les uns des mercenaires et pour les autres des marginaux. Les affaires sont de plus en plus réglées par les cabinets ministériels avec des centralisations qui deviennent parfois insupportables (tant au sein des administrations concernées que pour la société civile). Les responsables opérationnels de ces ministères s'en plaignent sans cesse. Il leur est répondu que c'est la faute à l'interministériel là où il manque tout simplement de la clarté et du sens dans l'expression des missions. Il est vrai que nous ne sommes plus à l'époque de « Fort Sagane » où les messages mettaient des semaines pour rejoindre un champ de bataille. Aujourd'hui avec les outils de communication, n'importe quel conseiller de cabinet peut interpeller (avec son téléphone portable, sans connaître la situation) un colonel et ses hommes sous le feu ou un ambassadeur et son équipe en pleine négociation.

Sortir de l'angélisme et de l'infantilisme

Ce type de management traduit en fait une absence de véritable pilotage à un certain niveau. Elle ne se produit pas quand il y a un grand patron aux commandes : j'ai pu en faire le constat tant dans le domaine public que privé. Pour le Français, la « chose commune » est de moins en moins commune pour toutes ces raisons. Il ne voit plus pourquoi il se battrait pour elle, n'en déplaise aux instituts de sondage commandités pour faire dire aux chiffres l'inverse. Il est convaincu que son avenir et sa survie passent par d'autres circuits de décision et d'influence, et que les questions de défense et de diplomatie sont désormais des affaires d'experts.

Pour lui, la « chose commune » ne se décline plus au singulier, elle est devenue hétérogène et fractionnée en autant d'intérêts qu'il peut y avoir de communautés, de référentiels marketing, d'idéologies. Dans ce maelström le citoyen fait son marché et agrège ce qui est bon pour lui.

Je ne parle pas du champ économique qui échappe totalement au politique. Cela fait longtemps que le Français a compris que l'État, dont tout le monde attend l'assistance et espère la providence, n'a plus aucun pouvoir face aux mouvements de capitaux et aux mutations des marchés mondiaux. À la rigueur, l'État peut interpeller temporairement, un jeu d'acteurs. Généralement cela n'excède pas 72 heures, car il n'a plus ni l'autorité morale, ni la capacité financière pour s'interférer et s'imposer comme arbitre. Tout le monde le sait intimement, même si trop souvent nous nous permettons des jeux de scènes où médias, politiques, syndicats et quelques figurants associatifs « bien pensants » s'amusent dans la rue à invectiver le sort réservé à la France par la mondialisation. Ces morceaux de « *comedia del arte* » de plus en plus grotesques et indécents donnent de nous une image de marque déplorable au niveau international. Beaucoup d'étrangers nous considèrent aujourd'hui – avec notre cortège de grèves sans finalités – comme de « *sales enfants gâtés* » à qui il manque de temps à autre de « *bonnes corrections* »…

Cette incapacité à gérer le conflit dont j'ai déjà parlé devient un refuge au repli identitaire, un prétexte permanent pour ne pas traiter sur le fond toutes les ruptures de paradigme que nous avons à assumer. Désormais il est impératif d'aborder honnêtement ces questions d'identité. Je suis conscient que le refus est fort et que nous sommes en permanence confrontés à des comportements déviants et à des logiques d'évitement. Beaucoup n'ont pas intérêt à ce que les choses bougent. Je l'ai entendu à maintes reprises : « *Pourquoi voulez-vous que cela change, ce n'est pas si mal comme cela. On sait toujours ce que l'on perd, on ne sait jamais ce que l'on gagne dans ce type d'opération hasardeuse… !* » Beaucoup ont aussi très peur du changement. Celui-ci est porteur d'incertitudes, de mouvements (donc de rapports de force), de décisions à prendre, voire de ruptures avec l'ordre établi. Ce mot de rupture génère des

127

angoisses très fortes chez le Français actuellement, et ce malgré ses pulsions « révolutionnaires ». Ce mot est en contradiction avec cette recherche de réconfort, de sécurité, d'encadrement quasiment maternel que la population manifeste vis-à-vis de l'État. Tout en reconnaissant implicitement que celui-là ne pourra guère aller au-delà, le Français a besoin d'être rassuré en permanence. Les politiques l'ont particulièrement bien compris et il n'y a pas une semaine sans son cortège de promesses que personne ne peut tenir mais qui sont indispensables pour alimenter ce côté infantile du fonctionnement de notre société[1]. Nous sommes ainsi sous dépendance comme des drogués. Nos amphétamines sont la providence et la précaution.

Face aux mutations en cours, il faut sortir de ces caprices d'adolescents éternels et gagner en maturité. Les Français ont besoin de « grandir ». Le Général de Gaulle dans les années 60 l'avait bien compris et le référendum de 1969 lui en a apporté malheureusement la confirmation. Mais la prospérité engendrée par les trente glorieuses a été largement récupérée par les publicitaires et leurs acolytes du monde politique pour flatter cette « France tranquille » de la génération Mitterrand. Elle n'a pas contribué à faire une « France victorieuse », comme ce fut le cas pour l'Angleterre de Margaret Thatcher, mais bien au contraire cette « France plaintive et triste » que nous connaissons actuellement.

Pourtant nous avons avec la Grande-Bretagne un exemple flagrant à nos portes. Dans les années 70 le pays était considéré comme le « grand malade de l'Europe » avec des taux de croissance inférieurs à 1,5 % voire négatifs, une inflation qui est montée jusqu'à 25 % en 1975, un chômage de masse et des grèves gigantesques qui paralysaient la vie économique (jusqu'à 30 millions de journées de travail perdues en 1979…). Un journaliste influent, Peter Jay, avait forgé le néologisme d'Englanditis (« mal anglais ») et certains économistes se demandaient si on n'assistait pas à un phénomène de « retrovelopment » (« développement inversé »), par lequel l'ancien « atelier du monde » serait en train de prendre la voie du sous-déve-

---

1. Cf. *La Grande Nurserie*, Mathieu Laine, Lattès, 2006.

loppement. Les analyses de l'époque correspondent à celles de nos chroniqueurs aujourd'hui sur la France. Pourtant le pire n'a pas eu lieu et tout a été transformé en une décennie grâce à cette « Dame de Fer », qui hérita ce surnom en janvier 1976 du journal soviétique *L'Étoile rouge*, dans le but de stigmatiser son anticommunisme inébranlable. Philippe Chassaigne, qui connaît bien l'épopée thatchérienne, dresse le bilan suivant de l'action de celle qui fut la première femme à diriger le gouvernement d'un pays occidental : « *La principale intéressée disait proposer, non « une doctrine, mais un mode de vie », qui devait beaucoup au simple bon sens et aux valeurs de son milieu d'origine : appartenant aux classes moyennes – son père était, c'est bien connu, un « épicier » et un élu local –, Margaret Thatcher avait été élevée dans les valeurs « victoriennes », magnifiant le travail, l'esprit d'initiative, la famille et la nation elle y voyait la clef de la réussite britannique au XIXe siècle et, dans leur oubli, la cause première des maux que son pays traversait. Ces valeurs différaient assurément de ce que l'on a pris coutume d'appeler le « consensus d'après-guerre », qui avait prévalu de 1945 au milieu des années 70 : consensus avec les syndicats, consensus sur le maintien des prérogatives de l'État dans l'économie, consensus, enfin, autour de la protection sociale, par le biais de l'État providence, mis en place par les travaillistes en 1946.* »[1] Nous avons aujourd'hui les mêmes travers avec les même types de consensus autour des mêmes accords de 1946…

« *Les vues de Margaret Thatcher étaient radicalement opposées : elle prônait le libre jeu du marché et, à la différence des keynésiens, voulait mener la lutte contre l'inflation avant celle contre le chômage. L'idée d'une fiscalité redistributrice lui paraissait un non sens, des taux d'imposition élevés ayant pour effet principal de décourager l'initiative et de brider la croissance. En outre, elle considérait l'existence même des inégalités sociales comme stimulant la mobilité sociale. Quant aux syn-*

---

1. Philippe Chassaigne est agrégé d'histoire et docteur de l'université de Paris-Sorbonne Paris IV. Spécialiste de l'histoire de la Grande-Bretagne aux XIXe et XXe siècles, il est professeur d'histoire contemporaine à l'université François-Rabelais de Tours. Voir sa remarquable communication présentée en séance publique devant l'Académie des sciences morales et politiques le 5 mai 2003. http://www.canalacademie.com/article532.html

dicats, elle trouvait leurs pouvoirs excessifs et contraires à la démocratie. Influencée par les idées des économistes néo-libéraux, tels Friedrich von Hayek et Milton Friedman, elle voulait « refouler les frontières de l'État » et le recentrer sur ses fonctions naturelles : garantie de la monnaie, maintien de l'ordre public et défense nationale. Ces principes furent rapidement mis en application. « Déréglementation » et « État minimal » devinrent les maîtres-mots de la politique conservatrice. Le contrôle des changes fut aboli, comme celui des prix et des salaires. Le taux maximal d'imposition passa de 83 % à 40 %, et le taux de base de 33 % à 20 %. Surtout, le gouvernement engagea une vaste politique de privatisations, portant sur une cinquantaine d'entreprises, qui ramena la part du secteur public dans le PIB de 12 % à 3 %. Elle devait diminuer les dépenses de l'État et lui apporter des recettes nouvelles sans avoir à augmenter les impôts (de fait, le produit des privatisations s'éleva à plus de 28 milliards de livres entre 1979 et 1990), démontrer par l'exemple les qualités du secteur privé, réduire l'emprise des syndicats, très puissants dans le secteur public, multiplier l'actionnariat populaire et constituer une « démocratie de propriétaires » acquise aux conservateurs (en 1990, le nombre des actionnaires s'élevait à 9 millions). Dans la même optique, les deux tiers du parc de logements sociaux furent vendus à leurs locataires, à des prix sensiblement inférieurs à ceux du marché. » Bien entendu, ces dispositions ne sont pas applicables en France. Je connais trop ce type de raisonnement qui justifie l'immobilisme et les blocages que nous connaissons. Pourtant les résultats sont là : *« Au-delà des aléas conjoncturels, les réformes structurelles réalisées entre 1979 et 1990 ont permis au pays de connaître, à partir de 1993-1994, une croissance qui ne s'est pas démentie jusqu'à aujourd'hui. Si le parti conservateur a perdu les élections de mai 1997, le gouvernement travailliste de Tony Blair a poursuivi la même politique économique (ce que reconnaissait sans détour Peter Mandelson). On a beaucoup glosé lorsque, en 1987, l'Italie dépassa la Grande-Bretagne en termes de PNB par habitant, on a nettement moins réagi lorsque celle-ci rattrapa son retard (en 2001 : 26 300 $/habitant) et, dans la foulée, dépassa la France (26 200 $/habitant). La Grande-Bretagne se situe de nouveau au 15ᵉ rang des pays de l'OCDE. On rappellera les taux de chômage des deux pays respectifs : 9,1 % pour la France, 3,1 % pour la Grande-Bretagne. Les*

130

Français, du moins certains, se consolent en jugeant que les Britanniques n'ont pas de « vrais emplois ». Toujours épris d'authenticité, nous avons, nous, de « vrais chômeurs ».

Aujourd'hui, la Grande-Bretagne n'a donc plus rien à voir avec ce pays à la remorque financière du FMI qu'elle était il y a 25 ans (et que nous risquons de devenir si nous poursuivons sur les pentes actuelles). Des chefs d'entreprises français s'y installent, au point de devenir la première destination de tous nos talents entrepreneuriaux (on estime la présence française à 200 000 personnes actuellement). La City, dynamisée par la déréglementation du début des années 80, est l'un des poumons du capitalisme mondial : en 1990, la Bourse de Londres était la 3e au monde, après Wall Street et Tokyo. Actuellement elle fait l'objet d'une OPA du Nasdaq (qui détient déjà 25 % des valeurs) ce qui en ferait l'une des premières plates-formes mondiales de transaction en matière d'acquisitions et fusions et de valeurs technologiques. On ne saurait toutefois nier que ce redressement du pays a eu un coût social réel, ce qui est le grand argument de tous nos sociaux-démocrates français, qu'ils soient de gauche ou de droite, pour ne rien faire… Margaret Thatcher n'a jamais caché sa préférence pour ce type de société, plus ouverte, mais aussi plus inégalitaire, ce qui dénote un courage politique assez peu répandu. L'obsession de la « Dame de Fer » était de sortir la Grande-Bretagne de la misère et de lui redonner du leadership. Vingt ans après le pari est réussi et le pays est incontournable dans de nombreux domaines qui dépassent la simple vie économique. Il suffit de suivre les initiatives britanniques sur les fronts diplomatiques, militaires, recherche et enseignement pour mesurer l'importance du réveil du pays. Il n'y a donc pas de fatalité du désespoir et de l'échec… Il faut simplement du courage politique, de la détermination et quelques idées simples qui ne sont pas forcément injustes.

La question est identique pour nous. Il faut sortir de cet état d'esprit miséreux, piteux, dans lequel nous nous sommes laissé enfermer par une intelligentsia sans ambition et sans avenir. Il faut arrêter de discourir sur les droits de l'homme à tout propos et de jouer cette fausse compassion sur n'importe quel fait de société. Il faut cesser de se plaindre au moindre contact avec la réalité. Il faut que les générations qui sont aux commandes de la vie des affaires et de la vie politique s'expriment désormais clairement et distinctement sur ce qui se passe et sur ce qui nous attend dans tous les domaines. Sortir de l'angélisme et de l'infantilisme actuel est un impératif. Sinon, nous risquons d'être tellement décalés de la réalité que nous ne pourrons produire que de la précarité et de la grégarité à des pans entiers de la société. Ceux-ci seront soumis alors à la violence et à la brutalité des nouveaux barbares que notre société ne manquera pas de produire.

Se recentrer sur les questions vitales

Les germes sont là, ils ne demandent qu'à proliférer. Ces nouveaux barbares n'auront pas besoin de s'attaquer à nos frontières, qui ne sont plus défendues depuis longtemps, puisqu'ils sont déjà installés à l'intérieur de notre système, si ce n'est à l'intérieur de nos cerveaux. Je l'ai déjà écrit : les ferments de la barbarie sont inhérents à notre mode de fonctionnement actuel et il faudrait peu de choses à l'international (prix des matières premières, terrorisme, guerre…) pour que l'implosion en cours ne débouche sur un drame collectif invraisemblable[1]. La « *Grande Nation* » présenterait alors l'autre face de son « Janus » moralisateur au monde. L'affaire des banlieues a suffisamment interpellé à l'extérieur pour que nous arrêtions de jouer aux naïfs et aux faibles sur ces questions vitales. C'est là où il faut faire très attention entre les discours sur l'ordre moral que voudraient établir certains quand il est impératif de rétablir l'ordre public et de redresser les finances du pays. Ce n'est pas le moment de faire dans les discours superficiels et de charger en toile quand la force du vent demande au contraire de réduire celle-ci et de se concentrer sur l'essentiel. Il faut croire que dans le monde politique rares sont ceux qui savent décrypter les messages précurseurs des ciels de tempête. Mais il est vrai que l'on ne peut pas demander à tout le monde d'avoir le courage de Clemenceau, Churchill, ou plus récemment de Giulani. Ce serait vite insupportable ! Mais de là à n'avoir plus personne…

---

1. Cf. *Nous autres modernes*, Alain Finkielkraut, Ellipses, 2005.

Au même titre qu'il faut stopper les hémorragies sur le plan financier et en termes de compétences, il faut faire notre deuil de certaines pratiques et visions de notre coexistence. Faire son deuil signifie accepter d'évacuer une fois pour toutes des ressentis malsains, des vécus qui sont en discordances, des nostalgies qui sont déphasées, des souffrances qui nous inhibent... Ce n'est pas un exercice facile car il suppose d'accepter de se livrer, de se découvrir et d'aller vers l'inconnu en se libérant justement de toutes ces dimensions piégeantes du passé et du présent. Ceux qui ont connu des ruptures majeures et vitales dans leur existence savent combien ce travail de deuil est lourd, délicat mais indispensable pour progresser dans la vie. Beaucoup le refusent et se réfugient dans du déni de réalité et du contournement d'obstacles. C'est malheureusement la situation française actuelle et il faut en sortir. Ce travail est à mener autour de cette « chose commune » qui ne l'est plus.

Il y a plusieurs niveaux à traiter avec des sensibilités différentes. Le plus inabordable pour le Français moyen est sûrement celui qui concerne la relation suprême avec le régalien. Dans la Vᵉ République, les affaires de défense et de diplomatie sont du ressort du chef de l'État. Le Parlement est consulté pour la forme mais il n'a guère droit au chapitre. Il n'a juste qu'à confirmer les choix budgétaires et de temps à autre à suggérer, pour donner une impression de démocratie parlementaire, quelques améliorations par le biais des commissions en charge de ces dossiers. Tout le monde connaît le fonctionnement de ces domaines réservés qui assurent au Français cette « grandeur » gaullienne incontestable et irréfutable. Mais il faut bien admettre que la France n'est plus dans la même situation que dans les années 60. Beaucoup de choses ont changé sur le plan mondial, sauf notre vision universelle et intemporelle des relations internationales ! De ce fait rien n'a véritablement bougé et évolué dans nos cahiers des charges et postures de sécurité alors que le monde se transforme à très grande vitesse.

Beaucoup d'observateurs étrangers me font remarquer que nous sommes l'un des rares pays occidentaux à ne pas avoir compris ce qui s'est passé réellement depuis la chute du mur de Berlin et la fin de la guerre froide, même si quelques beaux esprits en parlent bien. Ils sont aussi sidérés par notre refus de la « mondialisation »

133

qui est une évolution évidente pour l'ensemble de la planète. Elle offre à tous les pays émergents des opportunités considérables de développement et d'enrichissement, voire pour certains d'épanouissement pour sortir des totalitarismes du XXe siècle. Ils sont surtout interpellés et inquiets par la « bunkerisation » de nos états-majors à tous les niveaux autour d'une pensée multilatéraliste en auto-blocage qui abuse du juridisme et du lyrisme des « droits de l'homme ».

Cette façade juridique et l'imbroglio de mandats derrière lesquels nous nous cachons ne masquent plus le désarroi stratégique et l'absence de moyens adéquats pour faire face aux nouveaux rendez-vous de l'histoire. L'exemple récent de la crise au Liban montre combien ces attitudes sont limitées face à des événements majeurs. La France a mobilisé toutes les instances internationales pour déboucher sur un cessez-le-feu fragile, avec une résolution de l'ONU incohérente, pour finir avec l'envoi au compte-gouttes de soldats français. Même si nos dirigeants ont fini par réaffirmer le rôle et la présence française, cela n'a été qu'au terme de pressions internationales invraisemblables à notre encontre afin que nous acceptions de sortir du verbiage, des effets d'annonce et que nous assumions nos décisions et actes !

Que notre armée soit inquiète pour la sécurité de son dispositif, certes. Mais la finalité d'une armée est bien d'aller au contact de situations difficiles où le risque zéro n'existe pas. S'il y a un domaine où le zéro mort est une aberration, c'est bien dans le domaine de la guerre. Une armée qui craint des pertes et où il faudrait presque pour chaque combattant un juriste en appui pour savoir s'il est possible d'agir ou non ! Une diplomatie qui n'a que le langage de la paix dans la bouche et se recroqueville dans la nostalgie d'un ordre mondial qui n'existe plus ! Que nous arrive-t-il ? La grandeur d'un pays ne se négocie pas avec des postures de précaution, mais avec de l'ambition, de la prestance, du courage et s'il le faut un certain sens du sacrifice. À moins que nous ayons décidé implicitement de privilégier à la défense de nos intérêts et de notre liberté la voie de la servitude, nous avons vraiment besoin de redevenir « grands et droits » sur tous ces sujets. Pour ne reprendre que ce cas du Liban, les Français ont suffisamment donné au cours du siècle passé pour se comporter ainsi en minimalistes et précautionneux. Je fais néanmoins plus confiance aux diplomates en poste et aux soldats de terrain qu'aux états-majors pour rétablir un juste et nécessaire repositionnement du traitement de la situation en cours.

Réinventer une certaine « idée de la France »

Cet exemple, comme celui de la Côte d'Ivoire ou d'autres théâtres de confrontations et de négociation illustrent bien le décalage que nous avons aujourd'hui entre une « certaine idée de la France » et la réalité sur ces terrains chaotiques. Nous pensons toujours que nous sommes à l'époque du Général de Gaulle et que nous pouvons jouer la mouche du coche... mais sans avoir cette fois-ci à assumer. Seul, le Général avait finalement l'intelligence du jeu et savait positionner ses pions sur l'échiquier des grandes puissances. C'est cette aptitude à défier les administrateurs du monde qui nous a valu un siège au Conseil de sécurité de l'ONU et une forte représentativité dans beaucoup de domaines. C'est ce « culot » et ce sens incroyable du rayonnement de la France incarné par le Général qui nous ont permis d'être acceptés dans toutes les antichambres du pouvoir mondial alors que perdant notre empire nous étions déjà devenus un petit pays. Cette dérive s'est confirmée et ne fait que s'accentuer depuis dix ans. Je ne parle pas de la prochaine décennie et de notre régression en parts de marché qui semble irréversible sur le plan commercial, financier et économique[1] si nous ne savons pas nous ressaisir et inverser certaines tendances.

Selon les hypothèses de la Banque mondiale, en 2020 le classement des 10 premières puissances mondiales serait le suivant : 1 Chine, 2 USA, 3 Japon, 4 Inde, 5 Indonésie, 6 Allemagne, 7 Corée, 8 Thaïlande, 9 France, 10 Taïwan. Pour tenir notre position dans ce top 10 il faut doubler le rythme de nos exportations tous les ans...

1. Voir rapport sur la localisation des centres de décision dans le monde : www.xavierguilhou.com

Ce qu'arrivent à faire pour le moment les Allemands grâce à leurs PME qui chassent en meutes. Nous en sommes encore loin malgré les intentions louables et les effets d'affichage de nos politiques dont l'action extérieure est trop concentrée sur les gros contrats étatiques et le soutien à l'exportation des grands groupes. La perte des Jeux olympiques à Singapour face à la détermination des équipes de Tony Blair et plus récemment la perte du contrat d'Areva en Chine face à Westinghouse, malgré un voyage du président de la République à Pékin, révèlent les limites de notre lobbying d'État. Il est vrai que nos grands argentiers pèsent moins lourds, même en jouant de l'attractivité de l'Euro, que Carlos Guttierez, le secrétaire d'État au commerce américain et que Ben Bernanke le patron de la Reserve Fédérale (FED) dans le débat dollar/Yuan, qui est actuellement le grand enjeu des équilibres monétaires mondiaux. Par ailleurs nos effets d'annonce autour du respect du « protocole de Kyoto » pèsent moins lourds que le dernier discours à la nation du président Bush sur les nouvelles stratégies énergétiques défendues par les États-Unis. D'un côté nous nous faisons plaisir en adhérant en franco-français au pacte écologique de Nicolas Hulot, de l'autre les Américains vendent leurs technologies nucléaires tous azimuts que ce soit à la Chine, à l'Inde… le tout en moins de six mois.

Sur ce plan il faut faire notre deuil au plus vite de cette vision gaullienne. Cela ne remet pas en cause les coups géniaux de cette époque avec la posture nucléaire, l'indépendance nationale, l'effort sans précédent dans l'aéronautique et le spatial. Quelle vision pour l'époque ! Dire que nous vivons toujours sur l'aire de ces décisions et que nous profitons toujours des retours d'investissements des choix audacieux faits par une génération il y a cinquante ans ! Aujourd'hui d'autres impératifs s'imposent à nous et il faut remettre à plat nos outils de sécurité extérieure. Face aux événements, nos dirigeants, sous la contrainte des conflits émergents, ont entamé une réforme des armées mais ils n'ont pas fait la réforme de la Défense. De même ils ont réorganisé les structures du quai d'Orsay mais ils n'ont pas entamé une véritable réforme de notre diplomatie. L'ensemble est bloqué par le mode de fonctionnement clanique et obscur de ce domaine réservé. Il en va de la sécurité du pays : ces deux domaines sensibles doivent faire l'objet d'une mise à plat de leurs cahiers des charges, d'un repositionnement de leurs missions et d'une redynamisation aussi révolutionnaire finalement qu'à l'époque du Général de Gaulle lorsqu'il a introduit le nouveau cadre stratégique que nous connaissons depuis 1960. Celui-ci fonctionnait face à un adversaire et une menace bien définis. Il faut le réinventer face à un adversaire et une menace qui sont d'une autre nature et particulièrement furtifs. Nous sommes confrontés à des inversions radicales de paradigme dans ce domaine ; il faut avoir le courage de les prendre en compte, d'expliquer aux Français que nous sommes redevenus totalement vulnérables sur le plan sécuritaire et qu'il faut réarticuler de fond en comble nos postures.

Cela signifie qu'il faudrait que nous acceptions de mûrir et de voir le monde autrement que sous cet angle puéril qu'est l'antiaméricanisme ou l'antisémitisme de circonstance de nos médias et de nos élites qui semblent finalement plus à l'aise avec les dictatures et les exclus du monde. Il paraît en effet plus politiquement correct d'être bien avec ceux qui sont démunis ou ceux qui sont controversés en termes de droits de l'homme qu'avec ceux qui sont puissants et respectueux de la démocratie. C'est le paradoxe de notre pays qui aime bien jouer au moralisateur sans avoir à en assumer ni le coût ni l'éthique. J'aime bien cette citation de Victor Hugo qui affirme que « *la liberté consiste à choisir entre deux esclavages : l'égoïsme et la conscience. Celui qui choisit la conscience est l'homme libre* ». Pour le moment nous nous délectons dans une « bonne conscience égocentrique ». Il serait peut-être temps que nous retrouvions un certain sens de la dignité, de l'honneur et de l'éthique sans lesquels il n'y a pas de véritable défense de la liberté. La France est porteuse de cet élan vital dans l'histoire de l'Occident. Le monde lui reconnaît ce génie qui est souvent cité et mis en exergue quand un peuple sort de l'oppression et que son pays s'épanouit vers plus de prospérité et de sérénité. Je l'ai vécu maintes fois depuis trente ans. La France doit retrouver cette « force d'âme » qu'elle a su cultiver au fil des siècles. Pour cela il faut que le roi et son peuple s'accordent sur un nouveau défi stratégique où la voix et les talents de la France seront de nouveau incontournables et respectés. Ce point est important, il est de l'ordre du sacré. Si la génération de 68 a voulu tout démystifier, il est fondamental de retrouver un sens fort à notre destin et à ses conditions de survivance. Le spleen actuel des Français est lié en grande partie à cette perte de rayonnement, d'autorité. Camus disait : « *Le pire est de ne ressembler à rien.* »

C'est le problème actuel de la France. Nous devons repositionner notre cheminement, ce n'est plus une affaire d'années, mais bien de volonté et de lucidité. Ce point qui semble entaché de « romantisme » pour certains revient en permanence dans ma pratique des sorties de crise : les peuples ont besoin de redresser la tête. Ils ne la redressent pas avec des promesses de taux de croissance mais avec du rêve et de la fierté. Ce sont des dimensions existentielles et non matérielles. Elles ne se trouvent pas sur des étagères, elles s'incarnent. Ne pas en tenir compte accroît l'amplitude du mal-être d'une population et sape tous les efforts de rétablissement de la confiance qui peuvent être entrepris. Ce n'est pas un numéro vert de plus qui pourra pallier le manque de charisme de nos équipes dirigeantes actuelles ! Quand les communicants auront compris cela, nous aurons fait un grand pas en avant. Reste néanmoins à trouver le bon cap…

Retrouver l'autorité perdue

Le second domaine sur lequel nous devons faire notre deuil de certaines dérives est celui de notre sécurité intérieure. J'ai déjà abordé cette question à plusieurs reprises et je pense qu'elle est devenue cruciale. Les Français sont tétanisés et angoissés par les violences actuelles. Le niveau d'incivilités va croissant au point de devenir l'un des postes les plus contraignants des collectivités territoriales. Pour la France, les rapports officiels estiment que 615 quartiers sont sensibles, dont 150 « vraiment sensibles » et 15 « hypersensibles ». Il y a encore dix ans personne n'évoquait, excepté quelques experts, la notion de zone de « non-droit » ; aujourd'hui cette terminologie est utilisée quotidiennement pour 200 quartiers difficiles situés autour de nos grandes villes mais aussi en périphérie des principales villes moyennes.

Nous avons franchi les limites du tolérable et de l'admissible en novembre 2005 avec les événements des banlieues. Cette crise civique, qui est la résultante d'une somme incroyable de lâchetés et d'échecs collectifs, est grave. Certains ont tendance à relativiser la question, et c'est très préoccupant. Sous le brasier apparemment éteint couvent des brûlots qui n'attendent qu'un vent favorable pour raviver et étendre l'incendie. Tout le monde le sait, en particulier les riverains et ceux qui connaissent bien les zones concernées. Si les médias se taisent en ce moment sur le sujet, le phénomène des voitures brûlées, des incivilités dans de nombreuses zones à risques n'a pas disparu hélas et est le quotidien de nombreuses zones d'habitations où règne désormais la loi du plus fort. Les chefs d'entreprises que je côtoie sont parmi ceux qui sont les plus exposés avec leurs entrepôts, usines, ateliers qui sont la plupart du temps installés dans ces banlieues. Le coût sécuritaire de la gestion de ces environnements chaotiques ne cesse d'augmenter que ce soit pour les élus, les riverains, les gestionnaires de logement collectif et les entrepreneurs. Le niveau de tension est permanent et ce ne sont pas les petites mesures sociales pensées par les cabinets ministériels qui pourront calmer cette dérive.

Elle est le pendant de la désacralisation de notre société matérialiste. Étant donné que l'autorité n'est plus reconnue comme une valeur première du pilotage de notre société et ce quel que soit le niveau (qu'il s'agisse du chef de famille ou du chef de l'État) elle a été progressivement remplacée par un consensus mou. Celui-ci est alimenté par cette « concertation » permanente dont il n'est sorti que de la confusion, de la dilution et de la non-décision. Nous connaissons la suite : quand il n'y a plus de pilotage, les organisations font dans la dispersion, la fragmentation au détriment de la cohésion et de la cohérence. En cela la « chose commune » s'est trouvée affaiblie. Ses valeurs de base ont été réécrites et ont donné lieu à une autre lecture de la « vie commune ». Dans ce domaine j'enregistre souvent beaucoup de confusions dans les raisonnements autour de moi. Certains argumentent que la libération de nos systèmes de vie a produit plus de richesses que d'inconvénients et prennent comme exemple le fonctionnement d'entreprises emblématiques comme Microsoft, Google, General-Electric… Ils oublient simplement une chose, c'est que toutes ces organisations *a priori* très libres et créatives sont dirigées. Les dirigeants font autorité par l'authenticité de leur pilotage et la force de leur vision stratégique. Ce qui n'est plus le cas des différents étages de notre société. Au plus haut niveau de l'État, nos politiques sont quotidiennement tournés en dérision par des marionnettes ; dans nos entreprises on ne parle plus de « patrons » ou de « chefs » mais de « dirigeants ». Ces derniers ne sont plus responsables de personnes mais gèrent des ressources humaines. Au niveau de la famille les parents sont devenus les copains de leurs enfants. Cette dilution de l'autorité dans notre société renforce l'incohérence civique actuelle.

De même que l'absence de rites initiatiques ; la suppression du service militaire obligatoire a créé un grand vide. Il fallait en redéfinir les contours et les objectifs mais ne pas rompre ce temps important qui marquait pour la plupart des jeunes le passage de l'adolescence à l'âge adulte. Il apprenait ce qu'était la « chose commune » et ce quelle que soit la catégorie sociale. Au lieu de cela nous avons désormais une société qui ne sait plus ce que sont les bases de la coexistence et les termes de la responsabilité partagée. Elle ne sait plus non plus ce qu'est le temps du passage. Du reste il n'y a plus de temporalité entre l'enfance, l'adolescence, l'âge adulte et tout le monde s'installe dans ce glissement indolent qui est très bien décrit dans le film culte *Tanguy*. Je ne vois pas dans ce phénomène de société un progrès mais bien une régression générale avec en trompe-l'œil cette fausse prospérité et sécurité ambiante qui nous donnent l'impression que le temps s'est arrêté uniquement pour nous les Français. Tant pis pour les autres s'ils n'ont pas cette chance et s'ils sont obligés de se battre face à la mondialisation. Mais quand est-ce que nous nous déciderons à sortir de cette pièce de théâtre grotesque que nous nous jouons ?

Pour le respect de la loi

Nous sommes dans une société qui s'est installée dans une crise d'adolescence permanente avec des sautes d'humeur et des caprices d'enfants gâtés. La crise civique actuelle est certes visible au travers des excès des jeunes des banlieues, elle est aussi perceptible d'une certaine manière au travers de la lâcheté quotidienne de chacun et de l'égoïsme manifesté dans les actes de tous les jours. Le repli sur soi se traduit par un dédain de l'autre, un mépris des règles et petit à petit par un contournement récurrent de la loi. Puisque l'autre ne la respecte pas, pourquoi le ferais-je ? On en arrive à des aberrations où il faut sans cesse jouer sur la « peur du gendarme » et procéder au renforcement des contrôles, des sanctions, pour arriver à un minimum de résultats. C'est le cas pour des mesures élémentaires qui dans d'autres pays ne posent pas de problèmes (cf. les limitations de vitesse sur les routes…). À nouveau mon expérience des crises et des sorties de crise est sans ambiguïté sur ce point précis. Il est décisif de réhabiliter les fondements légaux de la coexistence et de réduire sans états d'âme les espaces de « non-droit ». Surtout quand ces derniers commencent à être occupés par des réseaux maffieux et délictueux, dont les finalités sont la suppression non seulement de l'autorité de l'État mais aussi de tous les niveaux hiérarchiques qui peuvent entraver leurs intérêts et leurs transactions. Les familles confrontées au terrible problème de la drogue chez leurs enfants savent bien que cette éradication du non-droit est vitale. Néanmoins l'élimination du non-droit suppose en corollaire le rétablissement de l'autorité. Elle suppose comme préalable : le rétablissement de la justice, le renforcement des mesures de police et de sécurité publique, la clarification de pans entiers de notre droit civil mais aussi de notre droit social qui entretiennent trop de confusions et de dérives sur ce champ de la responsabilité.

Notre pays a besoin de grandir, de mûrir mais aussi de retrouver une certaine sérénité. La crise de sens que j'évoque n'est pas que la résultante d'une perte du sacré et de l'autorité. Elle est aussi le fruit d'une perte de spiritualité. Cela l'a conduit à se réfugier dans des formes de religiosité, je devrais dire de sectarisme que je trouve pour ma part de plus en plus malsaines. La République se veut laïque et depuis la séparation de l'Église et de l'État, les choses sont *a priori* évidentes entre ce qui est du domaine des règles de coexistence et ce qui appartient à la conscience de chacun. La place du religieux par rapport au pouvoir temporel est claire, et chacun est libre de croire, comme de pratiquer, la religion qu'il a choisie ou qui est la sienne par tradition familiale et culturelle. Depuis quelque temps nous sommes entrés dans une nouvelle dimension où

141

laïcité et religion s'affrontent sur leurs rôles respectifs comme clé de voûte du fonctionnement de notre collectivité.

Cet affrontement se radicalise de plus en plus au point de donner une légitimité aux extrémistes de tous bords : nouveaux hussards noirs de la République prêts à guillotiner au titre d'une laïcité absolue, imam sans papiers prêt à faire de la France « *Dar al Islam* »[1], catholiques, juifs et autres confessions prêts à entrer dans une victimisation de leurs statuts… Cette situation assez explosive est la résultante d'une méconnaissance des religions et d'une faiblesse spirituelle flagrante. Cela se voit au travers de tous les débats philosophiques, politiques, littéraires : la platitude des échanges, la pauvreté des contenus, l'étroitesse du langage révèlent le désarroi actuel et le niveau d'ignorance théologique.

Ouvrir le débat sur le défi religieux et culturel

Je sais en ouvrant ce débat que je vais à nouveau gêner le lecteur. En France on ne parle plus de religion, et encore moins de spiritualité. Ces domaines sont tabous, sont évoqués de façon implicite et ne doivent pas figurer au chapitre des préoccupations de la France. Je suis désolé mais le sectarisme de certains et les déviances

---

1. *Dar al-Islam* : terre d'Islam. Certains islamistes affirment que, selon le Coran, là où il y a un croyant, là où s'établit « *l'oumma* » ce qui signifie la communauté, la terre devient de fait musulmane. Néanmoins, pour la plupart des musulmans ce terme a une autre signification. Pour eux le monde est divisé en deux catégories ; il y a le *Dar al-Islam* qui signifie « maison de la paix » et le « *Dar al-Harb* » qui signifie « maison de la guerre ». Pour autant *Dar al-Islam* et ses termes associés ne figurent pas dans les textes fondamentaux de l'Islam que sont le Coran ou les Hadiths. Les disciples musulmans maintiennent que marquer un pays ou un lieu comme *Dar al-Islam* ou *Dar al-Harb* concerne la question de la sécurité religieuse sur le plan juridique. Cela signifie que si un musulman pratique l'islam librement, alors il peut être considéré comme vivant dans un espace dit *Dar al-Islam*, même s'il vit dans un pays non islamique.

communautaristes d'autres sont des signes de mauvaise santé spirituelle de notre pays. Là aussi je fais bien la différence entre un patient qui a besoin « d'avoir toute sa tête » (santé mentale) et un patient qui a besoin « d'être bien dans sa tête » (santé spirituelle). Quel que soit l'état de conscience des uns et des autres, que nous soyons croyant ou agnostique, il est important d'avoir ce niveau de réflexion surtout face à un monde qui s'interrogera toujours sur le mystère de l'existence. À nouveau la France ne peut ignorer cette montée de la religiosité et ce besoin de spiritualité qui est général et bien au-delà de nos frontières. Le phénomène est global et correspond à cette recherche de sens qui répond elle-même à l'effondrement des idéologies du XXᵉ siècle. Malraux nous avait prévenus lorsqu'il avait présagé que le XXIᵉ siècle serait « religieux ». Ce n'est pas la dimension uniquement matérialiste de notre société, obsédée par le progrès, qui peut répondre à ces dimensions.

Pour Rémi Brague : *« Une tenaille est en train de se forger : d'un côté, un islam qui a oublié la raison au profit d'un fondamentalisme du livre (l'islamisme) ; de l'autre, un christianisme qui la méprise au profit de l'affectivité (l'évangélisme). Ils ont en commun l'absence de théologie, voire son refus ou son impossibilité. L'église catholique est-elle la seule qui risque d'être prise entre les deux ? Ou n'est-ce pas nous, « l'Occident » tout entier, y compris les conquêtes de la modernité, qui risquons d'y passer ? Il se pourrait bien ainsi que la théologie redevienne une science clé… comme garante de la compatibilité de la religion et de la raison, bien sûr, mais bien plus encore : comme garante de la raison elle-même. »*[1] Ces questions me semblent essentielles notamment face au réveil des identités chrétiennes et musulmanes. Certes il convient d'ouvrir le dialogue entre ces deux grandes religions comme beaucoup le préconisent, mais pour qu'il soit fructueux faut-il qu'il soit nourri par des échanges plus approfondis et sérieux que les tentations actuelles de syncrétisme ou de relativisme. Pour cela il faut de véritables échanges sur les fondamentaux des fois des uns et des

---

1. Extrait d'un article de Rémi Brague dans *Le Figaro* du 25 novembre 2006. Grand spécialiste des philosophies anciennes et médiévales, professeur à l'université de Munich et à Paris-I, il a écrit récemment *La Loi de Dieu*, Gallimard, 2005.

autres. Cela suppose de savoir se recentrer sur l'essentiel et de ne pas dénaturer les racines des peuples.

J'ai eu au contact des idéologues du progrès plutôt l'impression qu'ils sont confrontés à des impasses face aux mutations actuelles du monde et aux pulsions des sociétés qui refusent leurs modèles de vie. Une collectivité qui s'affranchit de ce niveau de questionnement et de raisonnement n'a plus les garde-fous nécessaires et suffisants pour se garder sur le plan éthique de ses propres déviances et pulsions. Notre prétention prométhéenne a sûrement beaucoup de vertus sur le front des sciences, des techniques et des technologies, mais jusqu'à présent elle ne nous empêche pas de mourir. À la rigueur elle peut nous permettre d'en retarder l'échéance mais pas l'issue. Notre pays, qui fut « fille aînée de l'Église » et l'un des centres majeurs de la spiritualité et de la gouvernance de l'Occident (il suffit de se promener partout en France et d'étudier son histoire pour mesurer l'étendue de ce patrimoine dont nous n'avons pas conscience), est devenu ignare et dans sa grande majorité indifférent sur ce plan. Son sectarisme officiel et son manque d'œcuménisme sont affligeants, surtout pour un pays qui se dit la pierre angulaire de la tolérance. Nous avons besoin de retrouver non seulement nos marques par rapport à ces questions mais aussi de repuiser dans nos racines. C'est ce que les autres pays font spontanément, sans états d'âme. Ils sont d'ailleurs très surpris que nous ne le fassions plus ! Si une autre civilisation s'impose à la nôtre un jour ou l'autre, elle commencera par nous imposer ses propres valeurs et nous demandera de penser par rapport à ses racines et ses référentiels d'origine, excepté si notre force d'âme est respectable et affirmée. Dans le cas inverse elle commencera d'abord par éradiquer toute référence spirituelle afin que nous n'ayons plus de profondeur, puis elle s'attaquera à nos référentiels philosophiques avant de nous imposer ses modes de gouvernance sur le plan politique.

C'est ainsi que l'on détruit inexorablement pour des générations la « force d'âme » d'un peuple. Hitler et le nazisme l'ont entrepris. Le communisme l'a tenté, il n'y est pas totalement arrivé du fait de l'effondrement de l'empire soviétique. Certains y croient encore du fait de l'emprise du trotskisme dans nos pays occidentaux (il faut dire que le trotskisme n'existe pas dans les pays pauvres et n'a vraiment proliféré que dans les pays qui avaient les moyens de se payer « une mauvaise conscience »). La Chine l'a aussi tenté avec sa fameuse « révolution culturelle ». L'exemple cambodgien a été l'un des plus barbares de nos temps modernes. Aujourd'hui la menace la plus sournoise et la plus dangereuse est sans aucun doute celle de ce « fascisme vert » qui infiltre petit à petit par le bas notre société en prenant le contrôle du terrain par la conversion et l'implantation. Cette déstabilisation pernicieuse est très différente de celle que nous avons vécue au cours des conflits précédents et notamment lors de la guerre froide avec une infiltration idéologique qui touchait essentiellement nos élites par le haut. La bataille des idées n'est pas du même ordre, mais elle est cruciale pour notre survivance et pour notre jeunesse. Dans mon propos je suis très clair : voyageant beaucoup, étant, de par mon métier, au contact de toutes les communautés culturelles et religieuses mondiales, je ne suis absolument pas perturbé par le multi confessionnalisme émergeant en France. Je l'ai connu à Beyrouth ou dans de grandes métropoles comme Marseille, nos îles des Antilles ou de l'océan Indien. Ce que je n'admets pas c'est ce prosélytisme rampant qui a tendance à transformer la coexistence des croyances et pratiques en quasi guerre de religion larvée, et le communautarisme en règle de fonctionnement. La France n'est pas prête à ce mode de vie et je pense que ce serait une erreur, compte tenu du niveau de maturité et de l'infantilisme actuel, que de s'engager dans cette voie avec une autorité aussi défaillante à tous les niveaux.

Le communautarisme que nous connaissons dans les pays anglo-saxons, notamment aux États-Unis, ne peut fonctionner que parce qu'il y a une autorité du « *Pater* » qui est sans ambiguïté et que l'ensemble des relais administratifs sont sur ce point sans concession quant au respect et à l'application de la loi. Les sentiments d'appartenance à la nation, de loyauté à la Constitution, de patriotisme dans les pays anglo-saxons sont sans commune mesure avec notre pratique et sentiment vis-à-vis de ces questions. Cette défiance que nous ressentons est la résultante de cette relation ambiguë « État-nation » où la société civile a toujours l'impression d'être supplétive de l'État, alors que dans les pays anglo-saxons elle est au centre des préoccupations nationales. Le comportement de certains membres, et non des moindres, de l'équipe de France de football au dernier Mondial, était inadmissible. Le fait que nos « favoris » refusent de chanter l'hymne national, alors que toutes les autres équipes chantaient le leur, n'aurait jamais été admis non seulement par le public américain, mais encore par beaucoup d'autres nations dont de grands pays européens. Il aurait été même sanctionné moralement. De même le comportement d'une partie du public sifflant *La Marseillaise* lors du match de football France/Algérie (et obligeant le chef de l'État à quitter les tribunes) est intolérable mais un signe des temps… Tout ceci peut sembler hors sujet. Ces symboles sont bien au contraire au cœur de cette quête de sens. Un peuple a besoin de rites, de références, de points de repères. Avant d'aller sur des lignes d'horizon ambitieuses et exigeantes, il faut avoir des points d'ancrage sur lesquels on peut s'appuyer et se ressourcer.

Aujourd'hui la France a besoin de retrouver cette « force d'âme » qui est la sienne au travers d'une resacralisation de ces domaines réservés qui sont devenus trop marginaux. Elle a besoin de réaffirmer l'autorité de la loi républicaine sur des territoires éclatés et livrés à des petits maffieux sans envergure et dangereux pour la sécurité du pays. Elle a besoin surtout d'une clarification de ses racines identitaires, de ses référentiels culturels, de son âme historique et spirituelle. C'est autre chose que la pseudo-repentance et compassion qui nous sont servies tous les jours pour des raisons électorales. Sans ce travail de fond sur le sens il n'est pas possible de se projeter en avant. Il est fondamental de remettre des repères sur ces questions de territorialité, de nationalité et d'identité. À partir de ce moment et seulement à partir de ce moment, il sera possible de commencer à travailler sur la restauration de la confiance. Ce chantier est des plus urgents pour sortir du cycle pervers et dangereux de l'implosion actuelle. La confiance ne se décrète pas, elle est le fruit d'une alchimie subtile qui passe par ce travail de deuil et de redéfinition de la « chose commune ».

Chapitre 6

Renouons avec le risque

« Le projet est le brouillon de l'avenir.
Parfois il faut à l'avenir des centaines de brouillons. »
Jules Renard, extrait de son journal

« Mens sana en corpora sane »[1] : sans ces deux préalables il est difficile d'atteindre le troisième niveau d'une sortie de crise qu'est la restauration d'un projet de vie. Lorsqu'un patient se rétablit physiquement et psychologiquement, c'est la première chose qu'il va rechercher instinctivement dans sa phase post-traumatique. C'est fondamental pour son « moral ». Pour lui la priorité sera de remettre de la profondeur dans son existence, de se redonner un espace-temps viable, vivable et vis-à-vis duquel il pourra de nouveau échanger et se projeter. Il faut être lucide : quand tout a été littéralement pulvérisé autour de soi et qu'il faut tout rebâtir, il n'y a pas d'autre issue que d'essayer d'imaginer une nouvelle ligne d'horizon ainsi qu'un cheminement pour l'atteindre. Je pense à cette magnifique phrase de Sénèque : *« Il n'y a pas de vent favorable pour celui qui ne sait pas où il va. »* Elle s'applique particulièrement à ce temps de sortie de crise qui n'est pas évident. Il peut être long et instable,

---

1. *« Un esprit sain dans un corps sain.»*

147

mais il est indispensable pour consolider cette « force d'âme » que je cite souvent et sans laquelle il n'y a pas de renaissance collective. Cette période de redressement est souvent aussi un moment de très grande vulnérabilité, surtout quand une collectivité a vécu un effondrement brutal et violent de son cadre de vie.

Trouver des hommes audacieux et courageux

À ce titre les destructions que j'ai vues à la Nouvelle-Orléans après le cyclone Katrina ou les ruines de Beyrouth, de Mostar, de Grozny donnent la même impression d'anéantissement : « *Comment des êtres humains peuvent-ils survivre et espérer dans de tels chaos ?* » C'est toujours la même question qui revient face à ces contextes extrêmes. Et à chaque fois on ne peut s'empêcher de se dire : « *Certes aujourd'hui ils s'en sortent tant bien que mal, mais seront-ils capables de résister à une prochaine réplique ?* » Les spécialistes des désastres naturels connaissent bien la perversité de ces processus en boucle, que nous avons aussi dans les crises avec des successions de redondance. Elles produisent une inexorable descente aux enfers quand il n'y a pas de points d'accrochage pour enrayer les événements et commencer à relever la tête. Toute crise génère en effet derrière la première secousse des séries de répliques qui s'avèrent souvent plus désastreuses que le choc initial. Pour les victimes de Katrina qui sortent des gravats, se sont relogées dans des mobil-homes et commencent à envisager de reconstruire leur maison, leur quartier, leur entreprise cela signifie que tout peut être redétruit en 48 heures par le passage d'un nouveau cyclone. Et ils savent tous que cette fois-ci les destructions pourront être encore plus terribles compte tenu de la précarité de l'habitat mis en place pour surseoir au premier désastre. Est-ce que cela les empêche pour autant de se projeter et d'imaginer la reconstruction de la Nouvelle-Orléans ? Non. Mais les témoignages contradictoires passés à la télévision ne rendent pas compte volontairement de la réelle détermination des populations, car pour gagner de l'audience, il faut vendre du plaintif, de la revendication, de la colère, du chaos. Que penser de la situation des Libanais après les destructions liées au conflit entre

Israël et le Hezbollah au cours de l'été 2006 ? Ils étaient eux aussi dans une phase d'émergence de projets et d'expression d'un nouveau rêve collectif. Ils le manifestaient avec enthousiasme au travers de la reconstruction de Beyrouth et des opérations de résistance à l'envahisseur syrien. En trois semaines tout a été réduit à néant et les Libanais se retrouvent projetés vingt ans en arrière avec une « Finul bis » et une résolution 1701 de l'ONU qui n'impressionne guère les belligérants. Est-ce que cela va les arrêter par rapport à leurs projets ? Non. Il suffit de suivre sur les sites libanais les appels lancés par la population pour poursuivre la reconstruction engagée depuis quelques années.

Là aussi, pour ne prendre que ces deux cas très éloignés l'un de l'autre, la réplique ne réduit pas pour autant ce besoin de projet qui est ancré au plus profond des êtres humains. Parfois même elle le renforce, tant l'instinct de vie peut être fort chez certains. Au cours de mes voyages j'ai appris une chose que beaucoup ne peuvent pas comprendre à Paris dans le confort des cabinets : il n'y a pas de fatalité de l'échec ou du désespoir. Il y a toujours au milieu des gravats des hommes qui se redressent, résistent, espèrent et tracent d'un trait ferme – comme certains artistes – la ligne à atteindre au-delà du chaos immédiat. Comme l'écrit René Char : *« Le réel quelquefois désaltère l'espérance. C'est pourquoi contre toute attente l'espérance survit »*. Pour réussir cette troisième dimension dans une sortie de crise il faut savoir repérer et faire émerger ces hommes et ces femmes qui sont capables de cultiver cette espérance qui permet d'aller au-delà de la survivance. C'est aujourd'hui la grande question, je dirais même la question essentielle pour notre pays. Si nous réussissons collectivement à stopper l'hémorragie de nos finances publiques et de nos talents, à clarifier nos paradoxes identitaires, à réapprendre une coexistence plus sereine et à remettre du sens dans nos postures, il nous faudra aussi intégrer au plus vite cette dimension vitale pour redonner du souffle à notre pays. Mais pour cela il nous faudra des hommes et des femmes qui incarnent des projets forts et qui les assument. Nous en avons. J'en côtoie tous les jours en France et sur d'autres continents. Ils sont prêts, je le sais, mais pour le moment « ils n'ont pas la main » et ne sont pas écoutés.

149

J'ai été frappé lors des retours d'expérience que j'ai menés sur les post-crises de par le monde par cette faim de projets. Après le 11 septembre, la ville de New York a vécu ce moment crucial. Tout le monde se rappelle là aussi cette phase post-traumatique lourde où il fallut débarrasser le centre de Manhattan de millions de tonnes de gravats et où les survivants et familles des victimes ont fait devant les caméras américaines, le deuil d'un orgueil défait. Peu ont noté ce que les deux maires successifs (Rudolph Giulani et Michael Bloomberg) ont mis en œuvre avec l'appui de toutes les communautés locales dans l'année qui a suivi l'attaque terroriste...

Parmi toutes les initiatives qu'ils ont prises, la plus emblématique fut de lancer un projet international pour rebâtir un nouveau gratte-ciel encore plus futuriste que les tours jumelles, afin de ne pas laisser cette plaie béante au cœur de la capitale financière du monde. Nous sommes loin du traitement technique et du contentieux juridique dans lesquels nous nous complaisons à Toulouse suite à l'explosion du site d'AZF... Par ce projet audacieux et ambitieux les New-Yorkais sont en train de montrer au monde entier que non seulement ils se relèvent mais qu'ils n'ont pas peur de l'adversité. Ils montrent que leur rêve collectif ne s'est pas arrêté suite à cette action sacrificielle de quelques illuminés. Bien au contraire le rêve américain qu'ils incarnent depuis un siècle se poursuit. Depuis, Manhattan ne cesse de se redresser aux yeux du monde. Wall Street est plus que jamais considéré comme la place de référence sur le plan financier et les New-Yorkais font l'admiration de tout le monde. Au-delà de tous les rapports d'enquête qui alimentent régulièrement les talk-shows des médias américains, il y a dans la détermination de la restauration du projet de vie des New-Yorkais quelque chose de fort et de symbolique surtout face à la volonté implacable des réseaux d'al-Qaida de détruire par tous les moyens les symboles de puissance des États-Unis.

Les hommes ont besoin de symboles forts qui les hissent vers d'autres sommets ou les poussent vers d'autres rivages. Les Français n'arrêtent pas d'en demander depuis quelques années. Ils n'ont en réponse que des messages de consensus et de compassion là où ils demandent de la hauteur et du souffle. Ils ont compris depuis quelques années que le panache n'était pas suffisant et qu'il fallait du courage, seulement du courage. Comme le faisait remarquer le Général de Gaulle : *« En général, les gens intelligents ne sont pas courageux et les gens courageux ne sont pas intelligents ! »* De quoi avons-nous le plus besoin aujourd'hui ? De dirigeants bien diplômés, ou de dirigeants avec de fortes convictions et du bon sens ? Mon expérience des crises m'a toujours donné la même réponse : c'est la deuxième catégorie qui produit des Clemenceau ou des Churchill. Ils ont tous une particularité : ils ne prétendent pas « savoir » ! Par contre ils ont de l'intuition, des convictions et une intelligence exceptionnelle du cœur et de l'action. Ceux-là naissent avec le goût de la victoire et ne se résolvent pas comme les premiers à des défaites inexorables.

Rétablir la culture du risque et du projet

Cette résolution américaine s'explique. De l'autre côté de l'Atlantique nous sommes dans une culture du risque et du projet. Ces deux dimensions vitales sont inhérentes au modèle de vie anglo-saxon. Elles nous sont moins familières. Il est un fait que les Européens sont issus d'une culture de la tragédie depuis Eschyle et que rien ne peut s'entrevoir sur les bords de la Méditerranée sans une certaine dramaturgie. L'Europe est devenue un grand opéra Shakespearien qui se complaît dans la sublimation de la faute, de la chute, de la rédemption. Elle ne sait pas transcender son histoire sans passer par ce culte émotionnel de la mort et de la peur. C'est la culture du pessimisme de l'intelligence qui fait vibrer avec beaucoup de romantisme nos intelligentsias et sans laquelle la créativité ne peut jaillir. En France nous en usons et abusons actuellement. Toutes ces séances de psychothérapies collectives permanentes qui sont imposées par nos institutions pour se repentir de deux siècles de conflits fratricides, sont devenues littéralement insupportables. Il serait peut-être temps de sortir de cette culture mortifère et culpabilisante qui inhibe plusieurs générations autour de faux problèmes en occultant les vrais qui sont en train d'émerger.

De l'autre côté de l'Atlantique, le monde nord-américain s'est bâti sur un postulat qui est celui du culte de l'aventure, de la vie. On y

151

sublime l'élu, le profit, la victoire et le défi des nouvelles frontières. C'est la culture de l'optimisme, de l'action et de la souplesse qui permet notamment aux Américains d'avoir constamment l'initiative. Leur histoire s'est construite à partir d'une résilience des mauvais génies de l'Europe et par la mise en exergue de cette culture du risque qui est au centre de leur projet de société. Tout doit être possible et la maîtrise des risques doit permettre sans cesse d'atteindre de nouveaux rivages, de nouveaux rêves qu'il s'agisse de la diffusion de la démocratie dans le monde ou de la conquête de la lune. L'Europe viendrait-elle en effet de Vénus et l'Amérique de Mars ? En Asie il n'y a pas cette distinction et cette opposition. Mars et Vénus sont intimement liées : il faut une maîtrise de ses peurs pour traiter un risque et un risque ne peut être identifié s'il n'y a pas quelque part une sensation de peur. C'est le principe harmonieux du Ying et du Yang, c'est aussi la base des arts martiaux. C'est cette vieille tradition du *Weiji*[1], qui vise l'efficacité dans toute gestion de crise. Cette vision est opposée à celle du *Kiasu* qui vise au contraire à se réfugier dans le confort stérile de celui qui a peur de perdre. En Asie cette question n'est pas de l'ordre de la dialectique, mais du domaine de la respiration. Elle ne se rapporte pas au positionnement de l'individu comme en Occident mais au fonctionnement de la collectivité. Cette différence apparaît très nettement au travers du traitement des deux crises majeures de 2005 que furent Katrina en Louisiane et le tsunami dans l'océan Indien. Ces perceptions très différentes des peurs et des risques selon les cultures mondiales sont très importantes pour bien comprendre et évaluer ce qu'il est possible d'initier avec un peuple.

---

1. « *Le* Weiji, *mot formé de* Wei *qui signifie danger et* Ji *qui signifie chance est la considération de la crise comme étant à la fois l'événement hostile imprévu et la capacité de manœuvre qu'il engendre. Il est à la base d'un dynamisme qui consiste à utiliser le mouvement créé par la survenance de l'adversité pour en tirer avantage en transformant celle-ci en opportunité d'initiative et de profit ; le* Kiasu *est une attitude qui tend davantage à réduire le risque d'échec qu'à développer l'effort vers le succès.* » Source : Patrice Huguenin, CCEF in revue *Défense*, mai-juin 2002, n° 99 – dossier Risque-pays : « Ce qui a changé. »

Pour la France le défi est aujourd'hui décisif car notre résistance au changement est à l'image de notre défiance vis-à-vis d'une culture de projet[1], et notre fascination pour le principe de précaution est à l'image de notre refus d'une culture du risque. Ces comportements expliquent nos auto-blocages et la difficulté de nombreux politiques à faire bouger notre société et à transformer nos institutions. La difficulté de l'exercice réside en grande partie dans la nature de la crise que nous traversons. Lorsqu'il y a une agression caractérisée avec un niveau de destruction tangible, il est plus facile de mettre en œuvre des thérapies de choc proportionnelles à la brutalité de l'événement (séisme, cyclone, explosion sociale, conflit armé...). Dans ce cas de figure la violence de la crise est telle qu'elle ne peut que suggérer et engendrer une réaction du même type, sinon plus forte. Si l'on a affaire à une implosion, comme ce fut le cas par exemple pour la Russie à la fin de l'empire soviétique ou pour l'Argentine après la chute du pesos en novembre 2000, il est plus difficile d'étalonner le traitement de la sortie de crise. Lorsque l'on y ajoute la dimension culturelle, il y a là pour la France un défi majeur. Si nous le surmontons, nous pourrons alors engager sur le fond une mutation qui pourra en surprendre plus d'un à moyen terme. L'enjeu est là, devant nous, et il est bien plus important que les deux précédents qui sont finalement faciles à atteindre techniquement et psychologiquement. Celui-ci nous oblige par contre à « remettre les pendules à l'heure » et à « arrêter de tricher avec la réalité et avec l'existence ». Il nous contraint à cesser de nous raconter des histoires sur notre rôle, notre image, notre exception identitaire, culturelle, sécuritaire, que sais-je ! Il nous force à redessiner avec honnêteté les contours de notre avenir. Aujourd'hui nous avons peur de cet exercice. Il faut avouer que nos technocrates et nos médias saturent les ondes de prospectives controversées et nous empêchent d'avoir des débats clairs sur notre futur immédiat, en particulier sur celui de nos enfants. Les quelques exercices un peu lucides et innovants qui ont été menés récemment par les équipes du plan autour du philosophe Alain Etchegoyen ont été réduits à néant pour être remplacés par des agitations électorales confuses et sans intérêts. Tout s'est refermé

---

1. Cf. *La Société bloquée*, Michel Crozier, Seuil, 1971.

sur du court terme avec une prospective à la petite semaine dont la seule finalité serait le score des élections de 2007. En fait tout donne à croire que les Français ont peur de demain. Mais là aussi comme l'écrit Georges Bernanos : « *Il faut savoir risquer la peur comme on risque la mort, le vrai courage est dans ce risque.* »[1]

Il faut renouer avec cette quête du projet et réapprendre les vertus de la prise de risque. J'ai ressenti fortement l'importance de ces démarches lors des premiers événements en Pologne dès le mois de décembre 1981 et surtout dans les années 90 après la chute du mur de Berlin. Lech Walesa et Solidarnosc n'étaient pas que des résistants au communisme, ils étaient porteurs d'une foi en leur avenir et promoteurs d'un projet de société que plus rien ne pouvait arrêter. Jaruzelski et les soviétiques l'ont particulièrement bien compris à l'époque et ils ont été obligés de céder face à la pression et la détermination de la population.

Je l'ai revécu à Beyrouth dans les années 95 autour de la reconstruction de la ville malgré la présence syrienne, mais aussi en Croatie et en Bosnie aux lendemains de la guerre civile. Et que dire du virage ukrainien avec sa révolution orange qui a fait plier une nouvelle fois le Kremlin. En Louisiane, un an après le passage des cyclones Katrina et Rita, nos yeux ne retiennent que les destructions avec ces images en boucle des télévisions lors des actualités. Mais pour bien connaître tous ces terrains, le cœur et l'esprit de ces populations sont sur d'autres rivages. Ils ne vivent pas et ne pensent pas de la même façon que nous cet « écho chaotique » du monde qui nous est retranscrit. Ils sont sur leur projet et n'ont pas peur de demain quels que soient les diagnostics pessimistes, voire alarmistes, faits par les experts. Il serait temps que nous comprenions que la véritable vie c'est tout simplement cela ! Heureusement ! Nous tombons, nous nous redressons, nous marchons un pas, puis un autre et nous finissons toujours par tracer une route à un moment ou à un autre, même si l'adversité nous amène à fléchir de temps à autre. Comme l'écrit le poète René Char : « *Impose ta chance, serre ton bonheur et va vers ton risque. À te regarder ils s'habitueront.* »

---

1. *Dialogues des Carmélites*, Georges Bernanos, Actes Sud, 2006.

Imaginer un nouveau contrat social

J'ai beaucoup parlé de cette « force d'âme » dans l'introduction de mon propos et tout au long de cet essai. Celle-ci ne peut s'exprimer que par ce temps de rééducation que constitue le temps du projet. Et ce temps passe nécessairement par des prises de risque sans lesquelles il ne peut y avoir de restauration de la confiance. Celle-ci demande, pour ré-émerger du mouvement, de l'élan, des impulsions fortes et audacieuses. L'erreur n'est pas un problème. Bien au contraire c'est la seule pédagogie qui soit profitable pour une collectivité qui réapprend à cheminer ensemble. Il ne faut surtout pas l'interdire ou l'empêcher, c'est la seule thérapie qui vaille pour libérer nos organisations et permettre à nos énergies vitales de s'exprimer réellement. Le rétablissement de la confiance ne pourra se faire aujourd'hui qu'en desserrant cet étau de peur et de précaution administrative et politique qui nous asphyxient lentement depuis deux décennies. Pour y arriver il n'y a pas de recettes miracle ou de processus tout fait sur étagères, voire comme je l'ai vu à maintes reprises : un numéro vert annonçant sans scrupule que « tout est sous contrôle ! » quand on constate simultanément que tout s'effondre autour de nous… On est toujours surpris par la capacité de forfanterie que notre société médiatique est capable d'inventer pour occuper le champ de la communication, surtout quand les décideurs n'ont plus rien à dire et que l'encéphalogramme est plat… Après, ces derniers s'étonnent d'enregistrer des ruptures de confiance monumentales avec des revers électoraux qu'ils n'arrivent pas à comprendre et encore moins à expliquer.

La confiance ne se décrète pas. Elle est le résultat d'un cheminement exigeant et qui ne peut se faire, compte tenu de la situation actuelle, que par une rééducation du débat démocratique dont tout le monde sait qu'il est largement confisqué par quelques têtes d'affiches tant politiques que médiatiques. Cette rééducation passe par la redéfinition d'un espace-temps collectif que tout le monde puisse assumer. Il faut que ce cheminement puisse donner lieu à une nouvelle contractualisation d'un projet de société fort et clair entre la nation et l'État. Je suis bien précis dans mes propos : la confiance ne suppose pas un nouveau contrat technocratique entre

155

les politiques et ses castes administratives, comme le suggère l'actuelle réforme de la fonction publique, mais bien un nouveau contrat social comme au Canada ou en Suède entre le peuple et un État qui s'est recentré sur ses missions fondamentales. Pour cela il faut que l'État accepte d'entendre et de dire qu'il n'est plus solvable, non pas seulement en termes de comptabilité mais en termes de compatibilité avec le fonctionnement d'une société moderne. Comment peut-on avoir confiance dans des structures qui sont chargées d'assurer notre sécurité et de garantir la pérennité de notre système de vie quand celles-ci sont autant empêtrées dans leurs procédures, leurs niveaux de confidentialité, leurs statuts ? Elles fonctionnent au dixième de la réactivité, des possibilités de communication et des transactions de la société civile. Aujourd'hui la population, en particulier celle qui est dans le secteur privé, va plus vite que son État, son domaine parapublic et je ne parle pas de tous ceux qui vivent dans leur sillage (syndicats, agences gouvernementales, structures mixtes de représentation…). Certes la performance d'une très faible partie de la population nous permet de maintenir, notamment au sein du domaine marchand, un minimum de compétitivité et de tenir notre position dans le peloton de tête des grandes puissances avec, ne l'oublions pas, moins de 1 % de la population mondiale. Mais ce déséquilibre interne ne peut plus être une fin en soi et ne tiendra pas éternellement.

Pour la population, les pilotes du bateau sont devenus moins compétents que l'équipage, et en plus ils sont devenus suffisants, arrogants et ignorants face aux réalités que nous avons désormais à assumer et à affronter. Il est plus que temps de retracer des lignes d'horizon enthousiasmantes, même si elles peuvent paraître pour certaines délirantes. Il faut qu'elles tirent vers le haut la population.

C'est ce qu'ont fait le Général de Gaulle et Pompidou dans les années 60 alors que la France était confrontée à l'un de ces chaos politiques dont elle a seule le secret. Avec le recul : le défi nucléaire, celui du Concorde, du spatial, de l'informatique, de l'exportation de nos technologies de pointe et même d'un nouveau contrat social n'étaient pas si décalés que cela *a posteriori* ! Ces options étaient même particulièrement bien ciblées. C'était en soi une logique audacieuse de projets, basée sur de véritables prises de risques. Il fallait avoir sur le moment une force hors du commun pour emmener les Français englués dans leurs histoires d'après-guerre sur ces lignes d'horizon où la modernité et l'ambition étaient l'alpha et l'oméga de la manœuvre.

Rien ne nous empêche aujourd'hui de renouer avec cet état d'esprit. Est-ce que la seule dynamique des « pôles de compétitivité » de nos ingénieurs et du « consumérisme » de nos marchands est suffisante ? Pour ma part je me suis déjà exprimé sur le sujet et je pense qu'il nous faut autre chose pour faire face à un monde qui est en pleine explosion de talents, d'initiatives mais aussi de violences et de remises en cause. Il nous faut faire preuve de beaucoup plus de créativité et de pugnacité pour trouver notre place et repositionner ce qui sera notre signature dans 20-30 ans. Plutôt que de conseiller à nos jeunes de penser à leur cotisation retraite dès le BAC nous ferions mieux de libérer leur puissance de rêve et d'enthousiasme qui fermentent sous « leurs têtes blondes » ou entre leurs mains.

Redonner envie

Se contenter de remettre en marche la « chose commune », de réajuster les règles de coexistence et de bon fonctionnement du pays n'est pas suffisant. Il faut aux règles ajouter du rêve. À l'hédonisme actuel il faut insuffler de l'envie. À la précaution ambiante il faut restaurer le sens de l'audace. À la compassion permanente il faut redonner le goût de la victoire. Au plaisir il faut opposer le sens de l'aventure et celui du grand large. Rêver, c'est accepter de se projeter au-delà des conventions, des frontières. C'est transgresser l'immédiat pour imaginer d'autres espace-temps. C'est déjà ouvrir une brèche dans l'histoire et faire un pari sur un futur dont nous décidons d'écrire ensemble des pages. Personne ne sait encore ce que seront les contenus mais qu'importe à partir du moment où nous avons décidé de tenir le crayon et de jouer avec la magie des mots. Il en sortira toujours quelque chose. Il n'y a rien de pire que de rendre une page blanche quand on a tous les moyens physiques et intellectuels de faire un chef-d'œuvre. C'est cela prendre des risques. Paganini disait : « *Il y a deux catégories de chefs d'orchestre ; ceux qui sont obligés de lire la partition et ceux qui l'ont dans la tête.* » Aujourd'hui nos technocrates nous font croire qu'il n'y a pas d'autres partitions que celles qu'ils ont écrites, alors qu'ils ont du mal à les déchiffrer tant elles sont devenues complexes et confuses. Il suffit de relire le projet de Constitution européenne, que les Français ont rejeté comme un corps rejette une greffe mal implantée… Mon expérience du terrain, mon contact permanent avec les réalités vécues par les Français m'ont convaincu de l'inverse : il y a plein de chefs d'orchestre qui ont de merveilleuses partitions dans la tête. Ils ne demandent qu'à les jouer. Alors laissons-les s'exprimer et nous enchanter. Il faut donner tort à tous ces cassandres qui pensent que le futur ne peut qu'être cauchemardesque, qu'il ne peut que se subir puisque nous n'arrêterons pas telle ou telle catastrophe en perspective. Il suffit d'écouter par exemple les prévisions de nos écologistes pour se réfugier sous la couette et attendre la mort inéluctable de la planète ! Ils sont désespérants de négativisme, là où au contraire leur message initial devrait être porteur d'initiatives créatrices.

Le futur se construit. Ceux qui ont adopté la philosophie inverse et imposent à leur collectivité le même type de malthusianisme et de nihilisme que nous développons actuellement, finissent par engendrer un effondrement[1] total de leur civilisation. L'Histoire compte maintes illustrations dans ce domaine où des peuples flamboyants pendant des siècles ont réussi à se suicider et à disparaître. Nous n'en sommes pas là pour le moment, même si de nombreux signaux montrent que nous avons déjà franchi des seuils inquiétants (démographie, sécurité, identité, éducation).

Il suffit seulement pour la France de libérer nos talents des carcans sociétaux et administratifs qui brident leur inventivité, leur imaginaire et leur créativité au point de les inciter à trouver refuge à l'étranger. Le problème dans ce domaine n'est pas de sortir de nouvelles lois mais bien de nettoyer notre arsenal juridique et

---

1. Cf. *Effondrement : comment les sociétés décident de leur disparition ou de leur survie*, Jared Diamond, Gallimard, juin 2006.

administratif de tout ce cholestérol bureaucratique qui a été accumulé inutilement depuis trente ans.

Je reviens sur l'exemple du Canada avec ses « communautés ingénieuses » qui ont été développées sur tout le territoire. Elles ont été à l'origine d'une prolifération de projets issus de la société civile. Ces derniers ont été à la base du redressement du pays. Pourquoi ne pas en tirer les enseignements et imaginer quelque chose de similaire ? Nous sommes très loin de l'édiction par la haute fonction publique d'un schéma directeur de la compétitivité comme c'est le cas en France. Du reste, chaque fois qu'un schéma directeur sort nous perdons un point de compétitivité. Au Canada, chaque fois qu'ils ont fermé une agence ou une administration inefficace ou inutile, ils ont gagné un point de performance.

J'ai été frappé il y a quatre ans par ce décalage de nos institutions avec les choses simples de la vie. La Conférence des grandes écoles avait décidé à l'époque de travailler sur le thème suivant pour sa grande réunion annuelle : « *Systèmes et risques : quelle approche pour les grandes écoles.* »[1] *En fait la question fondamentale qui était sous-jacente était la suivante : « Comment remettre la culture du risque au cœur de l'enseignement supérieur ? »* Tout partait du constat que nos étudiants étaient de plus en plus formatés pour devenir de bons techniciens et gestionnaires, des salariés dociles qui n'avaient plus envie de prendre des risques et encore moins de devenir des entrepreneurs. Les grandes écoles se rendaient compte que le système mis en place produisait finalement des castes et ne répondait plus aux enjeux d'aujourd'hui et encore moins à ceux de demain[2]. Le constat est facile à faire. Les propositions qui ont été énoncées ont été plus difficiles à faire accepter aux participants de cette conférence. Lorsque nous leur avons expliqué avec Patrick Lagadec[3],

---

1. Cf. www.cge.asso.fr/nouveaucolloque2002
2. Cf. *Le Dressage des élites de la maternelle aux grandes écoles : un parcours pour initiés,* Marie-Laure de Léotard, Plon, septembre 2001.
3. Patrick Lagadec, directeur de recherche à l'École polytechnique, a été le président du comité de programme de cette conférence qui s'est déroulée en 2002.

que la culture du risque supposait d'accepter l'incertain, d'ouvrir les champs du possible et de sortir des moyennes convenables et convenues, nous avons senti une assistance déstabilisée. Elle attendait qu'on lui donne des recettes et des solutions pour maîtriser et rendre profitable le management des risques. Nous l'invitions à d'autres exercices moins rationnels et déterministes. Les mêmes que les compagnies d'assurance commencent à intégrer dans leurs raisonnements du fait des sinistres considérables qu'elles doivent assumer depuis quelques années sur des systèmes vitaux (cf. le 11 septembre en 2001, le tsunami et les cyclones en 2005...). La plupart des programmes de ces grandes écoles sont en effet bâtis sur des certitudes, des modèles finis et surtout sur la croyance qu'il y a un ordre établi dans tout : un ordre du monde, une science ordonnée et une pensée enfin stabilisée. Nous leur disions l'inverse. La réalité n'est que mouvement, rapports de force, déséquilibres et il faut réapprendre aux étudiants l'imperfection des systèmes à un moment où l'on ne parle que de « zéro défaut », de qualité totale...

Nous les exhortions à accepter les limites trop rigides de nos raisonnements alors qu'il n'est question partout que de « risque zéro ». Via de nombreux témoins nous leur montrions qu'il fallait à côté de l'apprentissage rationnel, des théories et théorèmes développer l'intuition, l'imagination afin d'appréhender les environnements mutants et de repousser les champs de la connaissance. Tous les inventeurs et grands penseurs ont d'abord été des révoltés et ont pratiqué la transgression de règles, autrement ils n'auraient jamais pu aller au-delà des principes édictés. Nous les incitions à former de nouveaux « passeurs de frontières », à renouer avec l'esprit critique, l'imaginaire... Je me rappelle ce moment terrible pour l'assemblée lorsque je leur ai cité cette phrase de Goethe que j'aime beaucoup : *« On a déjà pensé à tout, le problème est d'y penser de nouveau ! »* C'est terrible en effet d'accepter de tout remettre en cause, de casser son confort intellectuel et de réapprendre à réfléchir quand nous pensons avoir enfin touché la quintessence de la connaissance et de la vie. Notre croyance absolue en Prométhée est notre plus grand piège actuel.

Se réconcilier avec l'intuition et le jeu

Mais en même temps c'est plus simple. Plutôt que de bâtir des jeux à somme nulle pour ne jamais perdre, il serait plus enthousiasmant d'ouvrir les jeux et d'essayer de gagner. La clé, c'est d'accepter de perdre et d'échouer. L'enjeu est plus dans la capacité d'écoute et de véritable dialogue que dans l'affirmation de principes et le blocage de règles désuètes. Si tel avait été le cas dans l'affaire Arcelor-Mittal, le résultat aurait pu être très différent. Du reste pour ne prendre que ce cas, il est intéressant de voir combien deux hommes ont initié deux résultats aussi opposés du fait de leurs méthodes radicalement différentes : Francis Mer avec la fusion Arcelor-Arbel qui a donné Arcelor, et Guy Dollé face à l'OPA de Mittal. Autant le premier avait cette intuition propre aux dirigeants qui baignent dans cette culture du projet et du risque, autant le second incarnait toutes les limites de la rationalité et du juridisme ambiant.

Les Français ont besoin de se retrouver autour d'un grand projet de société qui les motive pour les 20-30 prochaines années. Sur ce point je suis consterné de voir que notre pays ne mène plus de véritables travaux de prospective comme cela devrait être le cas pour une puissance de notre niveau. Lorsque je côtoie les nouveaux entrants de l'Europe de l'Est, des Balkans, du sud de la Méditerranée, je constate que tous se sont lancés dans des travaux considérables de prospective pour envisager tous les scénarios imaginables à l'horizon 2020-2030. Je vais souvent plus loin en termes de questionnement avec ces pays qu'avec le mien. Ils acceptent l'impertinence des thématiques et n'hésitent pas sur les postulats. La plupart expriment clairement qu'ils souhaitent « ramasser le pouvoir » et prendre le contrôle de leaderships locaux et régionaux. La plupart de ces pays qui sont nos voisins sont jeunes, soit en termes d'institutions (Pologne, Espagne, Croatie…) soit en termes de démographie (Maroc, Balkans, Liban…). Tous sont dans des phases de sortie de crise et d'apprentissage de la démocratie. Tous ont envie de maîtriser leur futur en mettant du pilotage dans leur cheminement. Tous cultivent le sens de l'audace et ont fait leur deuil de ces totalitarismes ou de ces phases post-coloniales qui nous inhibent tant. Tous ces pays sont jeunes dans leurs têtes et

161

dans leurs visions. Je suis frappé par ce décalage. Notre pays est devenu « vieux » dans sa tête et ses prétentions. Il ne vit plus que pour ses rentes et ses avantages acquis. Pourtant les questions ne manquent pas et les réponses supposent de véritables prises de risque.

Parmi les grandes questions qui se posent et qui nécessitent de clarifier notre projet de société, j'en ai retenu quatre qui me semblent fondamentales. Ce sont souvent les questions que se sont posés les Français qui ont, à un moment donné, décidé de partir s'établir à l'étranger...

Quelle sera l'identité de notre société en 2020-2030 ?

Serons-nous sur un scénario de type magma multiculturel avec de vieux blancs déchristianisés et reclus dans des ghettos sécurisés et climatisés et une population active métissée aux racines de plus en plus arabo-africaines ? Ou serons-nous sur une nation recomposée, respectueuse de ses diverses philosophies et croyances, ouverte au monde de par sa diversité et son intelligence croisée ? Entre ces deux hypothèses il y a une multitude de scénarios que nous devons aborder sans ambages. Ces scénarios vont de la coexistence la plus idéale à la guerre civile la plus meurtrière en prenant des hypothèses intermédiaires de logiques fractales avec parcellisation du territoire autour de régionalismes renforcés, de radicalisations religieuses et de confrontations ethniques comme en ex-Yougoslavie. Tout ceci pose le problème du type de société qui est souhaitable, viable ou au contraire inacceptable pour les prochaines décennies.

Quel type d'économie et d'écosystème souhaitons-nous faire émerger, sachant que nous sortons de deux siècles d'économie manufacturière, extrêmement consommatrice d'énergies fossiles et prédatrices pour l'environnement ?

Nous sommes arrivés au terme de ce cycle qui a fait nos fortunes tant sur le plan industriel qu'en termes de patrimoine. Depuis plusieurs décennies, nous sommes entrés dans une nouvelle ère qui va nous obliger à faire un véritable bon en avant. C'est une rupture digne de celle du néolithique[1]. Le monde bascule sans préavis d'une économie industrielle basée sur un mode de fabrication et d'échanges d'objets matériels à une économie de la connaissance reposant sur la création et la prolifération d'idées immatérielles. Dans l'immédiat nous avons des options à prendre pour aller au plus vite sur les nouveaux champs de connaissance, de transaction et de communication qui ne passent plus par la matérialité mais par la virtualité (nouvelles générations d'Internet), qui touchent aux questions de la maîtrise du vivant (biotechnologies, nanotechnologies…) et de la durabilité de nos systèmes de vie (énergies renouvelables…). Ces mutations sont à faciliter. La vraie question qui se pose est de savoir s'il faut laisser faire la société civile (qui est au cœur de ces mouvements de fond) ou s'il faut organiser la mutation avec une politique industrielle, une stratégie économique digne de ce nom pour ne reprendre que les affirmations des tenants du « patriotisme économique ». Si nous choisissons d'aller vers une politique de libération des initiatives et d'ouverture à la société civile en défiscalisant et en décentralisant au maximum l'accompagnement de ces mutations, ce n'est pas la même chose que de mener ces mutations du haut de l'État avec des planifications lourdes et centralisées. Un tel choix serait une véritable révolution pour la France, celle qu'elle a refusée de faire au XVIIIe siècle. Si nous choisissons cette voie, cela signifie qu'il nous faudra sortir de la social-démocratie actuelle pour inventer une nouvelle forme de libéralisme adapté aux impératifs de cette mutation considérable et dont les Français n'ont pas idée.

Quel format sécuritaire allons-nous adopter ?

Thérèse Delpech[2] pense que nous avons au moins deux à trois décennies devant nous sans krach majeur. Elle pressent par contre

---

1. Cf. *L'âge de la connaissance – Principes et réflexions sur la révolution noétique au XXIe siècle*, Marc Halévy, M2 Éditions, octobre 2005.
   Voir aussi www.lanoetique.com et *Créer une nouvelle civilisation – La politique de La Troisième Vague*, Alvin Toffler, Fayard, 1995.
2. Cf. *L'Ensauvagement – le retour de la barbarie au XXIe siècle*, Thérèse Delpech, Grasset, 2005.

très fortement ces krachs du côté de l'Asie qui n'a toujours pas soldé ses vieux contentieux de la Seconde Guerre mondiale. Elle ne sous-estime pas (comme de nombreux instituts et experts) les troubles inhérents à certaines zones comme le Proche-Orient, mais elle part du postulat que tout ceci sera maîtrisé. Beaucoup sont sur le même type de postulats minimisant le risque asymétrique du terrorisme qui mute sans cesse comme un virus pour s'adapter à nos autodéfenses ou celui des puissances émergentes avec toutes les dérives de prolifération que nous connaissons désormais. Et si nous étions face à autre chose de plus rapide (avec derrière cette guerre des ressources exacerbées) qui ne fait que commencer, de nouvelles déflagrations mondiales ? Les risques ne sont pas neutres pour ceux qui parcourent cette planète. Ils méritent un travail prospectif intense et selon les scénarios un redéploiement de nos postures militaires et diplomatiques. Comme je l'ai déjà évoqué, le scénario le plus difficile à croire, mais peut-être le plus vraisemblable, serait que l'ennemi soit déjà installé chez nous et que la défense de nos intérêts soit à l'autre bout du monde du côté de la mer de Chine ou en Asie centrale, voire dans la stratosphère. Au-delà de l'asymétrie il y a l'élongation et la complexité du traitement des menaces. Nous ne serions plus alors sur ces schémas classiques de tenue du terrain à la napoléonienne mais sur de nouveaux schémas où la ville, la mer et l'espace constitueront nos nouveaux champs de bataille. Vingt ans pour tout remettre d'aplomb c'est très court.

Quel sera notre contour culturel dans trente ans ?

Quelle sera notre vision du beau, du laid, du bien, du mal, du juste, du faux, de l'utile, de l'éphémère ?... Le Français et la France seront-ils toujours nos référentiels culturels ou serons-nous sur d'autres univers de pensée, d'écriture, de vie ? Beaucoup font le pari de l'Europe. Une grande majorité, en particulier dans la vie des affaires et dans la recherche, sont devenus d'ores et déjà à moitié anglo-saxons. Certains se sont arabisés par le biais de la conversion ou africanisés par métissage. Notre société est actuellement en plein métissage culturel par la voie démographique, par la mondialisation et surtout par l'omniprésence médiatique. Quels seront nos ancrages dans deux à trois décennies ? Il est important d'y penser aujourd'hui car ils définissent les voies éducatives du futur. Qu'allons-nous privilégier dans ce domaine ?

Libérer les talents

Autour de ces quatre questions : Quelle identité, quel écosystème, quel rôle et quelle signature, il y a de quoi engager un vrai débat de société. Clarifier et scénariser tous ces points est devenu indispensable et vital. Sans cet exercice le retour de la confiance ne se fera pas et nous risquons de partir dans un processus pervers de rechute permanente. La perte de confiance est liée à la perte de perspective et surtout de projets. La population n'a pas envie de prendre des risques sur des options récréatives à court-terme avec des dirigeants qui ne sont ni exemplaires ni authentiques. Elle n'acceptera de prendre des risques sur des options à moyen terme que si elle sent que ses dirigeants ont accepté de voir plus loin que leurs ambitions électorales. Et surtout s'ils incarnent les réponses qu'ils donnent aux questions posées. J'ajouterai : Et si les projets proposés valent cette prise de risque !

Le véritable enjeu de ce travail de projet de société est, je le répète, la libération de nos talents et de notre imagination collective. Les Français sont courageux et créatifs, il faut simplement les sortir du piège technocratique actuel[1] et repenser de fond en comble nos modes de fonctionnement. Le thème de la rupture fait peur aux « vieux » que nous sommes devenus (ceci n'étant pas une question d'âge, certains vieillards étant plus jeunes d'esprit que la plupart de nos diplômés des grandes écoles) et aux privilégiés que nous comptons (ceci n'étant pas une question de patrimoine personnel, certains comités d'entreprise valant largement dans leur mode de fonctionnement occulte et scandaleux l'extravagance des stock-options de certains grands patrons. Les deux ponctionnent des sommes considérables en méprisant leurs actionnaires, leurs usagers et leurs clients). Finalement la rupture ne fait pas peur aux

---

1. Cf. *Les Bullocrates*, Jean-François Kahn, Fayard, 2006.

Français qui sont ouverts au grand large et aux mutations en cours, même s'ils ne mettent pas de mots dessus. Cela fait vingt ans qu'ils la vivent dans leur quotidien et qu'ils la surmontent. Ce thème fait tout simplement peur à une partie de la France qui a pris en otage le pays pour verrouiller ses droits acquis. Le problème n'est plus de savoir aujourd'hui s'il faut engager ou non une rupture, mais comment nous allons l'assumer et transformer une rupture qui s'impose à nous tout simplement sur les plans démographique, sécuritaire et économique.

Une chose est certaine, ce ne sont pas des modes de fonctionnement hiérarchisés et rationnalisés qui peuvent répondre aux défis actuels. Face à la vitesse des transactions et à l'amplitude des mutations ce sont des modes de fonctionnement en réseau, très décentralisés, extrêmement flexibles, adaptables, avec des organisations horizontales qui brisent les logiques de silos et additionnent les compétences qui sont les plus adaptées. Tout ceci pose la question finale de la légitimité actuelle du concept État-nation et de la nécessité d'inverser le fonctionnement de ce couple. Pour la France il s'agit d'une transformation considérable, qui remet en question près de mille ans d'histoire. Mais j'ai la conviction que nous sommes en ce moment face à un véritable rendez-vous justement avec notre histoire. Si nous sommes incapables d'en imaginer les contours et si nous ne prenons pas le risque d'en inventer les premiers cheminements, ils nous seront imposés de l'extérieur et par la pression des événements. « *Signe ce que tu éclaires, non ce que tu assombris* » écris René Char. C'est pour cette raison que nous avons intérêt à avoir au minimum un projet de société pour accompagner les changements radicaux auxquels nous allons être confrontés.

Récapitulons...

La France vit une crise singulière avec cette implosion lente et inévitable dont nous avons fait largement les contours. Nous avons en même temps une crise de pilotage, d'identité et de cap. Nous pouvons encore éviter le drame que tout le monde pressent. Nous avons largement la capacité et les moyens d'agir. Il suffit seulement que nous décidions de tout mettre en œuvre pour enrayer la descente aux enfers qui nous attend collectivement si nous ne faisons rien. La méthode est relativement simple dans l'énoncé, elle est le fruit d'années de travail et de retours d'expérience sur ce type de terrain. La première chose à faire est d'arrêter l'hémorragie, c'est une priorité et nous n'avons que peu de temps. La seconde est de remettre du sens et de redéfinir nos espaces de coexistence. La troisième est de libérer nos intuitions, notre imagination et de réécrire ensemble un projet de société et de vie. Les deux premières actions sont de l'ordre de la survivance. L'enjeu de la troisième est le rétablissement de la confiance. Tout ceci est de l'ordre du possible : les Polonais, les Libanais, et bien d'autres l'ont fait avant nous sans avoir notre prospérité et nos moyens. Ils l'ont fait car ils n'avaient pas d'autres choix : c'était une question de vie ou de mort après les crises qu'ils ont vécues. La véritable question qui se pose aujourd'hui pour la France est : avons-nous vraiment conscience de la situation dans laquelle nous sommes ? Sommes-nous motivés par la même envie et sommes-nous prêts à engager ce sursaut qui nous permettrait de sortir de la crise actuelle ? Il suffit de décider et de prendre le risque d'aller au bout de nous-mêmes.

Dans une sortie de crise le plus important est d'abord de concentrer toute son énergie sur la mise en place d'un « espace-temps » qui soit vivable, compréhensible et partagé par tous. Lorsqu'un peuple voit son histoire s'arrêter ou être marginalisée, parce qu'il y a un accident ou un effondrement brutal de ses fondamentaux politiques et économiques, il est indispensable de lui remettre de la temporalité afin qu'il puisse étalonner et rythmer son redressement et sa marche. Lorsque simultanément, la population violentée ou spoliée, ne sait plus où elle se situe, il est crucial de lui redéfinir son cadre d'action de façon intelligible et de lui retracer une cartographie des espaces de droit et de non-droit. Il est vital qu'elle puisse se retrouver et réapprendre la coexistence autour de règles simples et claires. La pédagogie et la détermination dans le propos sont dans ce domaine la clé du succès.

Ce fut la force de Churchill, lorsque dans un discours célèbre[1], il apostropha ses compatriotes sous le choc des raids allemands en leur disant : « *Ce n'est pas la fin. Ce n'est même pas le commencement de la fin. Mais c'est peut-être la fin du commencement !* » Quelle vision, quelle conviction et force de caractère ! Dès que ces actions sont enclenchées, et seulement si elles le sont, il est possible d'insuffler cette dose d'espoir avec la définition de projets communs et le soutien d'initiatives audacieuses qui tirent l'ensemble vers le haut. Cette troisième dimension plus « psychologique » concourt à retisser du lien, à consolider le moral d'une société et à la remettre en marche. Elle permet de réécrire les bases d'un nouveau contrat, ce qui est indispensable lorsqu'une collectivité passe par ce niveau de résilience, de deuil et de fait de projection en avant vers de nouveaux horizons. C'est le type d'accompagnement que les médecins font avec les psychiatres lorsqu'ils soignent et rééduquent des patients victimes de grands chocs et soumis à une grande dépression post-traumatique.

Lorsque j'évoque ces questions de sortie de crise avec mes interlocuteurs étatiques, beaucoup me répondent avec un sourire narquois : « *Mais cher ami, tout ceci est sympathique ! Vous avez sûrement raison mais ce qui vaut pour les autres n'est pas applicable à la France dont la situation est comme vous le savez particulière. Ne vous faites donc pas d'illusions, pour mettre en œuvre tout ceci il nous faudra de toute façon passer par une prise de conscience qui ne pourra se faire qu'après un choc majeur. Il nous faut donc attendre la crise fatale, l'éclatement de la bulle car rien n'est possible en France sans passer par un processus de catharsis violent.* » Ce que je traduis de la façon suivante : « *Ne vous agitez pas, tant que nous serons là il n'y aura pas d'issue possible et il ne se passera rien, la bulle continuera et n'explosera pas.* » Pour ma part je pense que tous les ingrédients sont là et qu'il suffit d'un rien pour que le système s'effondre du jour au lendemain. Je le répète, les « grandes marées mondiales » sont en train d'arriver et nous allons être rapidement submergés par des coefficients que nous n'imaginons pas : envol du prix du baril, des matières premières stratégiques, remontée des taux des banques centrales et renchérissement du crédit, conflits géostratégiques. Tout ceci est de l'ordre du normal mais va balayer l'égoïsme et l'indolence de notre système de gouvernance actuel. Beaucoup de Français le savent ou le pressentent. Leur instinct et leur bon sens leur conseillent de commencer à

---

1. Extrait du discours du 10 novembre 1942.

entrer en résistance et à se préparer à des moments difficiles de survivance pour eux et leurs enfants.

Les observations et suggestions que je viens de formuler ne concernent que la partie redressement et survivance de notre système de vie. Il faudrait dès maintenant penser à celle qui va suivre : la reconstruction. Celle-ci est vitale car elle devra cette fois-ci prendre la forme d'une véritable renaissance du pays.

Après tout, comme le dit le poète René Char : « *La terre qui reçoit la graine est triste. La graine qui va tout risquer est heureuse.* » C'est de cette inversion des paradigmes que jaillira la renaissance de la France. Sachons l'imaginer et la faire jaillir !

Partie 3

Quand la France se réveillera...

Le lecteur est engagé sur cette dimension ardemment souhaitée pour la France : celle d'une « renaissance » forte et pleine d'espérance pour les jeunes générations qui auront à œuvrer sur le moyen terme.

« Il faut souffler sur quelques lueurs
pour faire de la bonne lumière. »
René Char

Chapitre 7

Réapprendre le monde

« L'homme passe sa vie à raisonner le passé,
à se plaindre du présent, à trembler pour l'avenir. »
Rivarol

Un soir, en écoutant les actualités avec un ami grand reporter, nous nous sommes fait la remarque qu'il était finalement plus facile pour nous d'aller au contact d'autres cultures sur des destinations dangereuses que d'expliquer à notre retour en France les réalités que nous avions pu côtoyer et assumer. Nous entendons et voyons souvent sur le petit écran des scènes qui ne sont pas celles que nous vivons sur le terrain. Du moins les éléments retenus par les rédactions ne rendent compte que d'une toute petite partie de la situation qui n'est pas forcément la réalité. Il arrive même assez fréquemment que les reportages soient partiaux dans leurs jugements. Parfois nous avons tenté d'évoquer ce qu'est cette réalité pour nous, mais nous nous heurtons très souvent à de l'incrédulité. Je pense malheureusement que les Français ont une vision assez déformée du monde. Il est vrai que pour beaucoup la vie internationale se résume à quelques stéréotypes du « Café du commerce » qui sont merveilleusement véhiculés par les médias et instituts de pensée. Si par malheur la réalité vient à contredire de façon trop flagrante la pensée dominante, comme ce fut le cas avec la chute

173

du mur de Berlin ou avec le 11 septembre 2001, les argumentaires montent alors en puissance. Ils sont relayés par l'intelligentsia et par le corps politique, seuls détenteurs du savoir, pour finir en quasi-idéologie sur les petits écrans et dans la rue. Pour ceux qui voyagent et arpentent ce vaste monde, les points de vue et approches des Français sont assez déroutants, consternants et parfois ahurissants tant ils sont décalés par rapport aux réalités.

Accepter la « centralité de l'autre »

Parmi les stéréotypes les plus courants il y a bien entendu celui d'une Amérique devenue folle avec Georges Bush et prête à n'importe quelle aventure militaire pour garantir les intérêts financiers d'une dynastie au pouvoir. Il y a celui d'un monde juif, omniprésent dans la finance internationale et dans les médias, sans lequel finalement nous aurions la paix au Proche-Orient. Il y a encore celui de ce monde arabe qui vit dans une grande frustration vis-à-vis du monde occidental, ce qui expliquerait la radicalisation de ses élites. Quant à la Chine et l'Inde, ce ne sont que des foyers de délocalisation de nos grandes entreprises ! Ces deux monstres économiques, qui sont devenus aussi des puissances émergentes, ne contribueraient à nos problèmes de compétitivité que dans la mesure où le système capitaliste les a générés. En allant chercher en Extrême-Orient de nouvelles sources de profits nos industriels l'ont fait bien entendu au détriment des travailleurs français… En aucun cas il ne viendrait à l'esprit du Français que le Chinois et l'Indien aient tout simplement envie de prendre notre place. Il ne pense pas non plus que ces marchés sont aussi de formidables opportunités de développement pour nos entreprises quand il n'y a plus de croissance en Europe… Que dire du continent africain, victime bien entendu de la décolonisation de l'Europe, ou du continent sud-américain, victime évidemment de la spoliation nord-américaine. Cela permet d'entretenir une pseudo-mortification sur notre « responsabilité occidentale » dans l'histoire et de faire dans l'auto-flagellation idéologique.

Je pourrais continuer ainsi longuement la liste des raccourcis utilisés ici et là pour expliquer finalement pourquoi il faut se méfier du monde et pourquoi les autres nous en veulent tant. Quand « on ne s'aime pas soi-même », c'est toujours plus facile d'accuser les autres d'incompréhension. Cela permet de justifier ce mépris de l'avenir et de se conforter dans cette nostalgie d'un passé révolu (que paradoxalement beaucoup n'aimeraient pas vivre tant il était inconfortable et dangereux). Mais comme l'écrit si bien Milan Kundera : « *La source de la peur est dans l'avenir et qui est libéré de l'avenir n'a rien à craindre.* »[1] En refusant de voir le monde tel qu'il est nous pensons surmonter nos peurs et nous affranchir des rendez-vous que nous avons de nouveau avec l'histoire. Mais « fermer les yeux » et « boucler les frontières » n'ont jamais été des marques d'intelligence et de vitalité.

Pourtant il faut maintenant l'admettre, nous ne sommes plus dans ce monde apparemment bien ordonné de la guerre froide. Cela fait quinze ans que nous sommes confrontés à un autre environnement international moins statique en apparence et de fait beaucoup plus brutal et mouvant. Néanmoins, les discours de nos institutions sont inlassablement rythmés par les mêmes sempiternelles introductions : « Depuis la chute du mur de Berlin » ; « Depuis le 11 septembre »... comme si nous avions encore le temps de poser les équations et de jouer avec des combinaisons intellectuelles. Personne ne veut dire les choses comme elles le sont ! En fait nous n'analysons l'actualité que dans sa relation avec le passé en occultant soigneusement les conséquences sur le futur. Toutefois, chaque jour nous vivons des événements importants qui contribuent à transformer radicalement l'état du monde. Les rapports de force évoluent à très grande vitesse et la majorité des protagonistes de la vie internationale voient dans ces mutations d'immenses opportunités là où nous ne voyons que des menaces et des handicaps. Il serait temps que nous réapprenions à vivre avec ces mouvements de fond car ils conditionnent tout, à commencer par la survivance de notre modèle de société. Cela suppose en préalable que nous acceptions d'intégrer l'inconcevable dans notre vision du futur ; celui-ci n'est pas pour autant impensable. Il suffit de se prêter au jeu des scéna-

---

1. *La Lenteur*, Milan Kundera, Gallimard, 1995.

175

rios et d'essayer de se « mettre dans la centralité de l'autre » pour que les champs du possible s'ouvrent.

Accepter de rentrer dans cette approche ludique n'enlève rien à la rigueur du raisonnement. Elle permet seulement de rééquilibrer des analyses qui sont en général ou trop rationnelles ou trop idéologiques en injectant un peu d'intuitif et en renouant avec ces principes de réalité que nous contournons sans cesse. L'exercice de lucidité que nous devons faire est à ce prix. Autrement nous resterons enfermés dans nos croyances stupides et infantiles sur les Américains, les juifs, les arabes, les Chinois, les Africains... Accepter de prendre en compte l'inconcevable, c'est d'abord accepter « l'autre », je devrais dire « les autres » (puisque nous ne sommes plus confrontés à un seul interlocuteur, une seule menace comme hier avec l'affrontement des blocs, mais à une multiplicité de situations et d'adversités). C'est surtout accepter qu'ils puissent penser différemment de nous. Cela semble évident mais la plupart des commentaires qui sont faits sur l'actualité sont emprunts d'un « géocentrisme », si ce n'est un d'un « ethnocentrisme » flagrant avec des postulats d'analyse très occidentaux, s'ils ne sont pas tout simplement très « français »...

Le « retour de la guerre »

Nous allons ainsi aborder tel conflit en partant de la philosophie des droits de l'homme alors que sur le terrain les protagonistes sont sur des réalités tribales, religieuses, maffieuses et se moquent particulièrement de ce concept vertueux, s'ils le connaissent ! (cf. les derniers conflits en Afrique : Libéria, Ruanda, Côte d'Ivoire, République Démocratique du Congo...) Et que dire de l'approche du conflit du Moyen-Orient ! Là aussi je devrais dire « des » conflits, avec cette dramatisation très intellectuelle du fameux « choc des civilisations »[1].

---

1. Depuis plus de cinq ans, le fameux livre de Samuel Huttington, professeur à Harvard, *Le Choc des civilisations*, a provoqué des débats passionnés. Depuis sa publication en 1996, et en particulier depuis les attentats du 11 septembre à New York et à Washington, le livre a servi à expliquer qu'il s'agissait d'une guerre d'islamistes fanatiques contre la culture de l'Occident, et non d'intérêts rationnels alimentant un conflit global.

À entendre nos experts et certains de nos hommes politiques, l'urgence est d'éviter absolument dans les prochaines décennies une fracture, voire un conflit armé entre l'Occident et l'Islam, entre la laïcité et la religion, entre la raison et la spiritualité… Mais le monde ne fonctionne pas de façon binaire et l'histoire n'est pas linéaire. C'est à la fois plus simple et plus compliqué. Plus simple parce que toutes ces menaces et dysfonctionnements ne vont pas attendre des décennies pour se manifester ; ils sont déjà effectifs et suffisamment explicites pour éviter d'en parler au conditionnel. Plus complexe parce qu'ils ne se limitent pas à des débats théoriques en chambre, au contraire ils auraient tendance à se démultiplier au travers de confrontations denses et intenses sur des terrains difficiles. Le dernier conflit au sud Liban en est une bonne illustration. Ceux qui s'imaginent que nous avons plusieurs décennies de paix devant nous, je devrais dire de « conflits éloignés », se trompent.

La guerre est de retour. Elle est là à nos portes à une heure d'avion de Paris (cf. les deux guerres civiles de l'ex-Yougoslavie et de l'Algérie[1]), voire latente au cœur de nos banlieues à trente minutes de nos centres de décision. Elle a pris d'autres formes que la « guerre totale » du XIXe et du XXe siècles avec ses alignements de charges de cavalerie, puis de chars de combat dans les grandes plaines du centre-Europe[2]. Je ne lui donnerai pas le titre de « civilisationnelle » ni « d'informationnelle » comme certains l'écrivent. Ces terminologies sont encore trop idéologiques et intellectuelles. Elles sont trop éloignées du terrain et trop décalées de la réalité, surtout quand nos adversaires du moment arrivent à nous attaquer avec des cutters… Nous n'avons pas affaire non plus à de nouvelles

---

1. La guerre civile en ex-Yougoslavie a fait 200 000 morts et plus de 2 millions de déplacés en cinq ans et celle d'Algérie a fait en moyenne 50 000 morts par an ; en dix ans elle a produit le double de la mortalité du tsunami en Asie du sud en décembre 2004.
2. Cf. *La Violence qui vient*, Général Éric de la Maisonneuve, Aléa/Le Seuil, avril 1997. *La Guerre au XXIe siècle*, Laurent Murawiec, Odile Jacob, décembre 1999. *La Guerre, la Ville et le Soldat*, Jean-Louis Dufour, Odile Jacob, 2002.

formes de « guerres révolutionnaires » avec quelque part une intention stratégique de prise de pouvoir sur le plan politique. Nous sommes de plus en plus confrontés à des formes de « rébellions » anarchiques et protéiformes qui visent, sans pour autant aller jusqu'à des projets politiques affirmés, à contrôler des populations et à récupérer des territoires du fait de notre impuissance. Cette dernière est en effet de plus en plus flagrante face à l'extrême violence de ceux que nous pourrions qualifier désormais de « nouveaux barbares ». Sur ces questions de polémologie, nous nous dirigeons plutôt vers des régressions maffieuses et tribales que vers l'affirmation de nouveaux modes de gouvernance plus matures.

Nous sommes bien de nouveau « en guerre » ! Ceci est de l'ordre de l'inconcevable pour notre société frappée d'immobilisme et d'autisme. Les discours « pacifistes » et souvent « angéliques » de nos populations permettent de se donner encore quelques marges d'illusion, comme lors des manifestations des Madrilènes après les attentats du 11 mars. Mais la réalité nous rattrape toujours un jour ; la nier ne sert à rien, sinon à perdre un temps précieux en termes de survivance là où les esprits faibles croient gagner un sursis. Cet « état de guerre permanent et disparate », qui succède à la « *paix impossible et la guerre improbable* » de Raymond Aron, est malheureusement la réalité quotidienne de ceux qui sont ouverts au « grand large ».

L'impuissance européenne

Nous refusons cette réalité car elle nous effraie en Europe. Ce mot – « retour de la guerre » – est terrible car il nous renvoie inexorablement à tous ces conflits fratricides et génocides que nous avons générés au cours du siècle dernier. Elles pèsent sur nos consciences. Il faut se rappeler que les deux guerres mondiales dont nous sommes à l'origine ont fait plus de 80 millions de morts, la Shoah environ 6 millions, auxquelles il faut ajouter les guerres coloniales et les génocides liés au communisme dont nous n'aurons jamais les chiffres exacts mais qui sont évalués d'ores et déjà à plus de 85 millions de morts… Nous n'avons pas fini d'en avoir fait notre deuil et nous n'arrêtons pas d'en témoigner au travers de longues plaintes langoureuses sur « nos fautes »[1]. De ce fait nous ne cessons d'interpeller la communauté internationale pour qu'elle ne renoue pas avec cette folie humaine, ce qui explique aussi notre obsession onusienne et tous les discours multilatéralistes de nos élites. Le projet européen de Monnet était empli de cette vocation pacifiste. N'oublions pas ce qu'il a dit : *« Il n'y aura pas de paix en Europe si les États se reconstituent sur une base de souveraineté nationale, avec ce que cela entraîne de politique de prestige et de protection économique. Si les pays d'Europe se protègent à nouveau les uns contre les autres, la constitution de vastes armées sera à nouveau nécessaire. (…) Les réformes sociales seront empêchées ou retardées par le poids des budgets militaires. L'Europe se recréera une fois de plus dans la crainte… »*[2]

Néanmoins, pour être crédible dans le temps, cette belle intention aurait dû intégrer dès le départ une dimension diplomatique et militaire plus forte pour être respectée politiquement. Ce n'est pas le tout d'être perçu comme une puissance respectable parce que nous avons la première surface commerciale mondiale, il faut aussi se donner la volonté et les capacités du niveau de puissance que nous souhaitons incarner. Autrement l'Europe ne restera qu'une puissance marchande avec quelques arrangements douaniers, administrée par une bureaucratie de juristes et de comptables. C'est malheureusement ce qu'est devenue avec le temps cette communauté d'intérêt : la Communauté européenne n'est pour le moment qu'une simple zone de libre-échange. Elle ne fait pas sens pour les populations, elle n'est porteuse d'aucun projet politique significatif. La sanction infligée par plusieurs pays lors du débat autour du projet constitutionnel trouve là son explication. À nouveau, il était inconcevable pour nos élites qu'un si beau projet soit rejeté, si près du but alors qu'il paraissait si parfait. Je devrais dire si vertueux ! Mais pour reprendre l'une des maximes de La Rochefoucauld : *« Nos vertus ne sont, le plus souvent, que des vices déguisés. »*

---

1. Cf. *La Tyrannie de la pénitence – essai sur le masochisme occidental*, Pascal Bruckner, Grasset, octobre 2006.
2. Cf. discours de Jean Monnet du 5 août 1943 au comité de libération nationale à Alger.

L'affaire du Liban (et les conditions de l'application de la résolution 1701) est révélatrice de cette situation : presque un mois pour se décider et réunir quelque dix mille hommes soit le format d'une division, c'est pathétique ! Et nos politiques osent parler d'une Force de déploiement rapide européenne ! Qu'est-ce que ce sera le jour où nous serons collectivement confrontés à une situation critique et qu'il faudra monter en puissance en moins de quinze jours, avec des formats plus importants et plus coercitifs ? Nous en avons déjà eu malheureusement la démonstration en ex-Yougoslavie quand il fallut à l'époque « frapper » après les prises d'otages de nos troupes. Si l'Otan n'avait pas eu la capacité décisionnelle et opérationnelle, qu'aurions-nous fait avec des chancelleries et des états-majors paralysés par une myriade de processus communautaires et d'étages hiérarchiques ? Que penser de la transformation de cette Force de déploiement rapide envoyée au Liban en force d'interposition peinte à nouveau en blanc pour satisfaire notre phobie onusienne ? Surtout quand nos militaires se font régulièrement bloquer, neutraliser, et ridiculiser par quelques milices locales hirsutes ou par des armées locales indifférentes aux vertus du droit international. Là est la limite des raisonnements : l'Europe est une grande puissance financière et économique, certes ! Mais elle reste un nain politique, sans projet véritable ! Elle n'existe toujours pas en termes diplomatique et militaire, même si elle compte dans ses rangs des membres du Conseil de sécurité et dans ses armées les meilleures unités d'intervention du monde. Ce ne sont pas les quelques missions en Macédoine, en République Démocratique du Congo et aujourd'hui au Liban (qui ne restent que des « micro-missions » et généralement très en aval des vraies situations de crise) qui vont nous donner une assise internationale.

Tout repose encore sur la détermination de quelques dispositifs nationaux, en particulier ceux des Français et des Britanniques qui restent parmi les plus opérationnels et engagés sur le terrain international. Mais voyons les choses en face, nous ne sommes pas en mesure d'aligner les moyens sécuritaires des Américains. C'est un fait : l'Europe puissance marchande n'est pas capable aujourd'hui d'assurer sa sécurité. Ceci semble inconcevable mais à nouveau c'est une réalité. Tout a été investi dans la redistribution sociale et

rien dans notre survivance. Le débat est concentré sur le financement des retraites et sur la couverture des prestations de santé. Il
n'est absolument pas centré sur cette « assurance-vie » que constituent une capacité de défense européenne et une signature diplomatique. Tout le monde s'en moque ! Les Américains, que nous
n'arrêtons pas de critiquer, ont fait cette mutation il y a quinze ans
sous l'impulsion de Ronald Reagan. Libéré de la menace communiste, stimulé par la montée en puissance de l'Asie et mobilisé par
la question de l'énergie, il les a libérés du syndrome du Viêtnam et
les a remobilisés sur ces enjeux de survivance. Indirectement ce fut
une chance pour nous, car ce ne sont pas nos fameux « dividendes
de la paix » qui pourront préserver longtemps notre sérénité et
liberté. Heureusement qu'il y a encore cette sauvegarde américaine, mais pour combien de temps encore ?

Le réveil de l'Islam

Aujourd'hui la guerre, si inconcevable il y a encore cinq ans, est
bien de retour. La dimension la plus violente et la plus explicite
s'exprime essentiellement sur le front de la confrontation avec
l'Islam. Il ne s'agit pas d'une confrontation uniquement avec
l'Occident, l'enjeu est plus global et plus large. L'enjeu concerne le
monde slave et l'orthodoxie autour de la mer Noire et en Asie centrale. Il touche le monde animiste et chrétien d'Afrique noire. Il
suffit de suivre la progression de l'islamisme sur la zone sahélienne
et d'analyser les conflits internes au Tchad, en Côte d'Ivoire, dans
le golfe de Guinée, en particulier au Nigeria, pour mesurer
l'ampleur et surtout la vitesse de « propagation » de ce phénomène.
Il touche aussi l'Asie et les confrontations entre musulmans et hin-
douistes en Inde, au Sri Lanka ; entre musulmans et bouddhistes
en Thaïlande, en Malaisie, en Indonésie. Il y a aussi aux confins de
la Chine cette confrontation entre Pékin et les minorités Ouïghours
que nous connaissons et qui est bien réelle.

L'Occident n'est pas le seul paradigme culturel concerné par cette
crise majeure que connaît l'Islam tant arabophone qu'asiatique.
Beaucoup souhaitent relativiser cette situation sous prétexte qu'il y

181

a de multiples lectures du Coran et que l'interprétation des extrémistes n'est pas celle du simple croyant de la « communauté ». Ils ajoutent fort justement qu'il y a dans ce monde de l'Islam tellement de particularismes qu'il serait dangereux de faire des amalgames. Certes, mais l'histoire nous apprend que ce sont toujours des marginaux qui enclenchent les grands mouvements de fond contre l'avis et les positions des pouvoirs en place. Et l'histoire du monde arabo-musulman est suffisamment riche en rebondissements de cet ordre pour l'ignorer. Aujourd'hui les radicaux de l'Islam ont l'écoute d'une grande partie des populations. Ils sont combattus par les élites de la quasi-totalité des pays concernés par cette forme de terrorisme avec l'appui des autres pays occidentaux, y compris la Chine[1], mais leur influence ne s'affaiblit pas dans les banlieues du Caire, de Casablanca, d'Islamabad...

Quand on décortique les messages de ces franges radicales de l'Islam, il n'y a aucune ambiguïté sur le caractère belliciste de l'affrontement. Les messages des réseaux d'Al-Qaida, des réseaux djihadistes sont unanimes et simples : ils incitent tous, en ce qui nous concerne, à la « destruction » des symboles et centres de pouvoir et de puissance de l'Occident. Le terme de destruction est bien un terme délibéré de guerre. Ils agissent aujourd'hui avec des actions sacrificielles et spectaculaires dont l'impact médiatique sur nos opinions ne fait plus de doute. Mais ils peuvent aller beaucoup plus loin et ne pas se contenter d'une forme « d'intifada » en brûlant des voitures et en interdisant aux représentants de la République d'entrer dans nos banlieues que certains considèrent comme « *Dar al Islam* ». Ils pourraient très bien dans quelques années faire comme les milices armées du Hezbollah au sud Liban et frapper de nos banlieues nos centres vitaux. Tout ceci est bien entendu inconcevable mais pas impensable. Si nous ne voulons pas prendre en compte ces menaces potentielles, eux ne manquent pas d'y réfléchir et d'utiliser toutes nos faiblesses et lâcheté. Le jeu est ouvert pour eux, même si nous sommes convaincus qu'ils n'oseront jamais. Ce

---

1. Cf. *Le Grand Retournement Bagdad-Beyrouth*, Richard Labévière, Seuil, octobre 2006.

fut la force du commando qui a attaqué le 11 septembre : ils ont joué sur nos croyances et utilisé comme dans les arts martiaux nos propres déséquilibres à leur profit...

Peu de gens ont compris que les affrontements autour de la question israélienne constituaient des laboratoires pour toutes ces formes d'extrémismes. Ils vont même plus loin puisqu'il est question d'éradiquer « le croisé » et « l'infidèle » et de prendre le contrôle de ses territoires soit par la conversion de ses populations, soit par la « soumission », soit par son éviction ou sa « destruction ». Le temps et la démographie jouent pour eux dans ce sens. Pour beaucoup *« il suffit d'attendre que le fruit soit mûr et qu'il tombe de l'arbre sans faire d'effort »*. Le message est à ce propos très clair vis-à-vis d'Israël qui constitue « la » cible emblématique avec la concentration des lieux saints juifs et chrétiens sur Jérusalem. Bien entendu avec l'œcuménisme ambiant, qui me rappelle dans un autre ordre le pacifisme des années 80, il est inconcevable de penser que l'un ou l'autre de ces extrémistes s'attaquera à ce symbole des religions et des philosophies. Il était aussi inconcevable que les Talibans s'attaquent avec forte publicité aux bouddhas géants de Bamiyan en Afghanistan... L'histoire est pleine de transgressions de ce type, mais nous sommes persuadés que les extrémistes de tous bords n'oseront pas et finiront par se rallier un jour à une démarche raisonnable. Après tout, la plupart de ceux qui ont été qualifiés de grands terroristes pendant la seconde moitié du XXe siècle sont devenus des chefs d'État, à commencer par le Général de Gaulle, condamné à mort par contumace par ses pairs, David Ben Gourion, Arafat... Pourquoi ne serait-ce pas à nouveau le cas ? La différence entre ces quelques figures historiques et ceux qui terrorisent les rues de Gaza ou de Bagdad aujourd'hui est que ces nouvelles formes de terrorismes ne portent plus intrinsèquement un projet politique. Elles ne portent que la violence pure au travers de guerres civiles absurdes et tragiques pour les populations. Le dernier qui aurait pu le faire fut Arafat, mais tout le monde s'est trompé sur ses aptitudes et sa volonté à entrer dans une véritable approche politique pour les Palestiniens. Il est resté chef de tribu, s'est enfermé dans la maffiosité du système mis en place par ses proches au sein du Fatah, et n'a fait que favoriser de fait l'émergence du Hamas avec

183

toute cette haine et ce déchaînement de violence gratuite que nous connaissons désormais.

Bien entendu cette menace explicite des réseaux terroristes nous effraie et nous tétanise, car elle nous met sur une ligne de front qui est meurtrière, aveugle et indifférente dans ses frappes, et *a priori* sans finalités. Nous ne sommes plus habitués à ce type de confrontations absurdes et barbares. Nous pensons depuis Clausewitz[1] que la guerre ne peut qu'être rationnelle et politique. Là elle semble impulsive et haineuse. De toute façon la guerre, quelle que soit sa forme ou sa justification, a toujours le même visage : celui de destructions et de morts inutiles. Ce qui change aujourd'hui dans les spectacles que nous voyons quotidiennement sur nos écrans plats c'est que les armées sont de moins en moins des cibles alors que la société civile paie un lourd tribut. Là aussi c'est inconcevable. Pourtant dans l'Histoire toutes les grandes civilisations ont fini ainsi sur ce paradoxe. Personne ne voit où peut déboucher cette confrontation sinon dans une énième guerre de religion avec trois épicentres très durs : la Méditerranée, Le Proche-Orient, et la zone des détroits en Asie du sud-est. L'Afrique, abandonnée par l'Occident, est pour sa part d'ores et déjà une zone de conquête et de lutte intramusulmane. Il y a sur ces régions des risques majeurs vis-à-vis desquels nous avons de grandes inconnues. Je parle par exemple d'une éventuelle implosion du système saoudien avec des répliques violentes sur la corne de l'Afrique et le Pakistan. Ce dernier, très vulnérable, n'est pas à l'abri d'une déstabilisation de l'intérieur par les réseaux d'al-Qaida. Que deviendrait ce pays détenteur de l'arme nucléaire avec un islamiste à sa tête compte tenu des contentieux permanents qu'il a avec l'Inde et la montée en puissance de l'Iran ?

Au-delà de tous les scénarios que nous pouvons envisager et qui tétanisent nos réseaux de décision, il est un fait que l'Occident

---

1. Carl Von Clausewitz fut considéré comme le grand stratège du XIXe siècle. Pour lui *« la guerre n'est qu'un prolongement de la politique par d'autres moyens »*. Cette pensée a marqué et continue à peser sur la pensée stratégique de nos états-majors militaires. Cf. son ouvrage de référence : *De la guerre (Vom Kriege)*, traduction de Nicolas Waquet, Éditions Rivage poche, 2006.

connaît actuellement un véritable problème avec l'Islam[1]. Pour beaucoup de gens une croyance stupide fausse les raisonnements : au contact du progrès, l'Islam ne peut que devenir une religion tolérante ! Cela suppose qu'elle ne l'est pas sur le fond. Pour les mêmes, il suffit de travailler cette dimension en aidant au développement des pays concernés et de faire preuve de pédagogie pour les amener progressivement à la démocratie. Bien entendu dans les faits on trouvera toujours des éléments de contradiction avec, comme en Occident, des périodes de conquêtes politiques et militaires qui furent sans ambiguïté. Pourtant, à écouter nos élites, cette religion ne peut que nuancer inexorablement sa vision messianique au contact de cette modernité conquérante et désormais mondialisée qui est portée par nos modèles économiques triomphants. Pour ces grands naïfs, seuls quelques islamistes marginaux auraient encore une vision archaïque et donc extrême du retour du « *mahdi* »[2]. Mais c'est méconnaître et insulter un milliard de musulmans que d'avoir de tels raisonnements. Pour de nombreux pratiquants de l'Islam que je côtoie, l'esprit de tolérance mais aussi de conquête est inhérent à leur religion. Ce n'est pas contradictoire et ils n'ont pas honte de cette double respiration. Il en fut de même pour l'Église catholique dans le passé. C'est encore le cas aujourd'hui si l'on analyse le fonctionnement des églises américaines (notamment le mouvement évangéliste) même si ce ne l'est plus pour l'Europe qui est très marquée par une forte déchristianisation de ses populations. Ce mode de fonctionnement est intrinsèque aux religions « issues du livre ». Il fut même à la base de la philosophie du progrès tant revendiqué par les rationalistes du XIXᵉ siècle.

Néanmoins il y a là des ferments de controverses qui sont très sensibles et de plus en plus montés en épingle à chaque événement

---

1. Cf. *Américains, Arabes – l'affrontement* de Nicole Bacharan et Antoine Sfeir, Seuil, 2006. *Vers l'Orient compliqué* de Antoine Sfeir, Grasset, 2006.
2. Étymologiquement le Mahdi signifie « celui qui est bien guidé ». Le mot dérive de « *Hada* » qui signifie guider. Selon la tradition sunnite, le Mahdi est celui qui, envoyé d'Allah, doit rétablir à la fin des temps, la foi et la justice sur Terre.

185

un peu emblématique (caricatures du prophète, discours du pape Benoît XVI à Ratisbonne, l'article de Robert Redeker...). Chaque fois le ton monte et les passions se déchaînent. Il en ressort une vision réciproque de plus en plus haineuse et violente. Cela n'est pas un signe de bonne santé de nos spiritualités. La question que l'on pourrait se poser, et qui fut celle que le Pape adressa en particulier à Ratisbonne au vieil Occident (alors que tout le monde a voulu croire en Europe que le message était essentiellement destiné aux musulmans) est : « Où en est-on de part et d'autre de notre spiritualité ? » Nous sommes sur le débat de la place de la religiosité dans nos sociétés et non sur celui du rôle de la spiritualité pour l'avenir de nos peuples. Le premier ne peut qu'être conflictuel alors que le second ne peut qu'être consensuel. Pour l'instant il semble que nous ayons choisi délibérément le premier. Il ne faudra pas s'étonner des conséquences rapides et désastreuses de cette confrontation sur les extrêmes entre les tenants d'une laïcité pure et ceux d'un extrémisme religieux encore plus pur. Tout cela se fera aux dépens de la grande masse des citoyens et croyants qui sont désormais pris en otage par ce duel stupide et suicidaire pour nos sociétés.

À ce mouvement brownien sur le front des radicalismes, il faut ajouter une grande différence de fond qui ne facilite pas les relations entre la Chrétienté et l'Islam. La première prétend avoir une vision plus sereine de la relation avec Dieu, grâce à ce libre arbitre qui fut largement repris par les philosophes de la Raison. Il n'en est pas de même pour l'Islam qui a sur ce point une relation fataliste et soumise, attendant d'être libéré de cette étreinte. Cette dissemblance est claire lorsque l'on oppose le « si Dieu le veut » des chrétiens et le « Dieu l'a voulu » des musulmans. Il est évident que cette antinomie de lecture des uns et des autres n'est pas faite pour apaiser les esprits tant sur le fond que sur la forme. Entre ceux, Outre-Atlantique, qui ont le sentiment d'être « élus », et qui mettent au même niveau « Dieu, la Démocratie et le pétrole » ; ceux qui, en Europe, ont la prétention d'être « les seuls tolérants de la planète » et qui relativisent « Dieu, la Démocratie et leur survie... » ; ceux qui, dans les pays musulmans, ont le sentiment de vivre une « renaissance », et qui subliment « Dieu, le sacrifice et la conquête...», il y a peu de

186

chance d'arriver sur le court terme à l'œcuménisme que beaucoup suggèrent et souhaitent. Nous avons là une véritable question interreligieuse à approfondir avant de la porter sur le front politique comme c'est le cas actuellement. Le dernier voyage du pape Benoit XVI en Turquie en novembre 2006 et ses rencontres avec le représentant de l'église orthodoxe, Bartholomé Ier et avec le grand mufti de Turquie, Ali Barda koglu constituent à cet égard un moment très important, au même titre que son récent entretien avec l'universitaire algérien Mustapha Cherif suite à la parution de son livre *L'Islam, tolérant ou intolérant ?*[1]. Ces gestes symboliques font souvent beaucoup plus pour la paix entre les peuples que les invectives médiatiques qui alimentent les brûlots de tous les extrémismes en quête d'audience facile.

Pour la France, cette question est devenue cruciale. Chef de file des « laïcs », elle s'est singularisée avec des décisions emblématiques sur le plan mondial vis-à-vis de l'Islam (port du voile, discrimination positive, imams reconnus par l'État…). Elle est de ce fait devenue une cible privilégiée et prioritaire des islamistes. Mais la France et l'Europe ont à clarifier leurs positions tant la menace est lourde et proche. Nous jouons trop sur notre force limitée à l'économique et au sécuritaire. Nous sous-estimons le pouvoir de l'âme et de la spiritualité. La déchristianisation, accélérée par la pression communiste et surtout trotskiste de ces dernières décennies, nous a éloignés de toute spiritualité. Les centres commerciaux sont devenus les nouvelles églises des temps modernes. Il ne faut pas se leurrer : les formes d'idolâtrie et de voyeurisme que nous manifestons de façon quasi compulsive face à la tyrannie des marques sont au point de départ de la haine développée par les réseaux islamistes. Si nous avons la prétention d'avoir conquis une certaine « performance matérielle », qu'en est-il de « notre force d'âme » face aux actes sacrificiels des uns et à la sublimation messianique des autres ? Dire qu'ils ont « tort » et qu'ils sont « fous » est facile mais puéril. Il serait peut-être plus utile et plus efficace de redevenir l'un des maillons

© Groupe Eyrolles

---

1. *L'Islam, tolérant ou intolérant ?*, Mustapha Cherif, Odile Jacob, 2006.

stratégiques du dialogue entre les cultures et les religions comme nous l'avons souvent été, sans être pour autant naïfs et angéliques, mais en y imprimant ce qui devrait être notre « force d'âme ». Il faut ramener ce respect entre les uns et les autres qui n'existe plus. Sans respect il n'y a pas de dialogue viable entre les peuples. Dans le cas inverse je crains, ce qui est malheureusement le cas dans beaucoup d'endroits, que l'esprit messianique et celui de la conquête ne cessent de s'affronter dans un crescendo qui dépassera rapidement ce que la raison souhaiterait et ce que nos sociétés seront en mesure d'assumer. Dans cette hypothèse la guerre retrouvera une fois de plus toute sa puissance destructrice en puisant son énergie dans la folie des peuples.

De nouvelles conflictualités

Mais il y a d'autres formes d'affrontements qui émergent actuellement et qui ne passent pas pour le moment par des voies sécuritaires et militaires au sens classique du terme. Il y a tout ce qui se passe entre l'Asie et l'Occident sur le plan financier, technologique et économique. Je ne sais pas si le terme de « guerre » est le plus approprié pour ce type de confrontations qui ne cherche pas la destruction de l'autre mais la prise de contrôle : de ses actifs (cf. l'affaire Mittal), de ses zones d'influence (cf. l'abandon par les Britanniques de Hong Kong, Macao, l'affaire de Taiwan...), de ses ressources vitales (cf. les batailles avec les compagnies chinoises sur le contrôle des matières premières), de ses routes stratégiques (cf. la zone des détroits et la mer de Chine), de son inventivité... Là, il ne s'agit pas de stratégies violentes et guerrières de soumission à une idéologie, de conversion à une religion mais de prise de contrôle de nos moyens de vie et de marginalisation de nos leaderships. Hier nous avions ce type de rapports de force mais entre Occidentaux. Nous aboutissions toujours à un moment ou à un autre à une phase de négociation et à un arbitrage « gagnant-gagnant ». C'est du moins sur ce registre consensuel que nos dirigeants ont été formés dans toutes nos « grandes écoles » et « business school » Outre-Atlantique. Il faut bien admettre que nous sommes désormais sur d'autres dimensions plus brutales avec d'autres interlocuteurs que

188

nos traditionnels voisins européens et alliés américains. Là aussi le jeu est désormais ouvert. Les Chinois, les Indiens, les Brésiliens, et autres puissances émergentes l'ont bien compris. Telle l'eau poussée par la pente, ils remplissent les vides laissés ou permis par nos impuissances. Cela nous semble inconcevable tant nous sommes persuadés que nos protections juridiques et institutionnelles (Union européenne, OMC, FMI…) constituent des barrières efficaces et incontournables.

En fait depuis le début des années 90, nous sommes engagés, sans vraiment nous en rendre compte, dans une nouvelle forme de conflictualité à la fois molle et en même temps sauvage, globale tout en étant très localisée, dispersée mais extrêmement brutale dans ses frappes. Cette confrontation n'est pas celle que nos parents ont connue avec les « guerres totales » sur le sanctuaire européen. Elle est bizarre. C'est comme une « drôle de guerre » : l'aviation israélienne détruit un quartier entier de Beyrouth pendant qu'à Jounié, 20 km au nord, des Libanais se baignent. À Mostar on se battait à l'arme blanche de part et d'autre de la Neretva comme à Stalingrad, pendant qu'à 30 km au nord des pèlerins du monde entier venaient prier la vierge à Medjugorje. Il n'y a plus de lignes de front bien nettes, d'armées bien labellisées : tout est devenu flou, mouvant, mutant. Alors que nous comptions sur les « dividendes de la paix », nous devons faire face depuis 2001 à cette nouvelle forme de guerre polymorphe. C'est celle que nous menons aujourd'hui contre le « terrorisme » et demain contre ces conflits « hors cadres » qui montent en puissance notamment avec ce risque de déflagration du Proche-Orient. Celui-ci est suspendu au-dessus de nos têtes telle une épée de Damoclès. Mais cette fois-ci il s'agit d'un dossier qui fait trembler tous nos experts depuis la chute de l'empire soviétique : celui de la prolifération des armes nucléaires et je devrais ajouter biologiques et chimiques. Leur éventuel emploi modifierait en effet toute notre vision angélique de la paix et de la guerre ! Il mettrait ces armes dans un champ conventionnel alors que nous avons tout fait pour les maintenir dans un champ de discussions stratégiques. Cela changerait beaucoup de choses. Quand on additionne ce risque aux pratiques sacrificielles des réseaux terroristes – en particulier celles des Tamouls sur le sous-continent indien, et celles des réseaux djihadistes sur le monde islamique (Indonésie, Irak, Afghanistan, Pakistan, Égypte, Maroc...) – nous avons suffisamment de détonateurs en place pour cesser de rester naïfs et indolents[1].

Certains me disent : « Il nous faudrait finalement une bonne guerre pour remettre les choses en place et nous faire réagir ! » Je leur réponds : « Mais nous sommes déjà en guerre, ce n'est pas la peine d'en inventer une de plus, celle-ci est déjà largement suffisante. Que voulez-vous de plus ? » Ils sont souvent abasourdis par cette affirmation de ma part, tant cette réalité est lointaine pour eux. Pourtant la tension sur les matières premières, que certains intitulent la « guerre des ressources »[2], est bien là. Elle affecte déjà tous nos fondamentaux sur le plan économique. La guerre des détroits et des routes stratégiques est engagée sur le plan maritime. La guerre contre le terrorisme n'est pas non plus virtuelle, il suffit de demander à l'opinion publique espagnole, anglaise, marocaine, italienne, pour ne prendre que nos voisins, ce que cela signifie après les vagues d'attentats qu'ils ont dû affronter. La guerre des leaderships a commencé aussi entre les tenants de l'ordre du monde d'hier et ceux qui souhaitent prendre leur place et jouer leur rôle demain. Elle peut donner lieu à de multiples scénarios de confrontations politico-militaires d'envergure, certes au Proche-Orient mais surtout en Asie avec toutes ces puissances émergentes qui ont des visions du pouvoir et de la puissance très différentes de celles que nous avons promues et soutenues au cours des derniers siècles.

Nous sommes au milieu de tout cela et les échéances ne sont pas pour 2030 ou 2050 ; nous les avons déjà dépassées. Elles sont derrière nous et nous sommes maintenant confrontés à autre chose. Ce qui est intéressant, c'est de savoir comment nous pouvons les

---

1. Cf. *Les Illusions gauloises*, Pierre Lellouche, Grasset, janvier 2006 ; *La Troisième Guerre mondiale a commencé*, Laurent Artur du Plessis, Éditions Jean-Cyrille Godefroy, octobre 2002 ; et *Vers la Quatrième Guerre mondiale*, Pascal Boniface, Armand Colin, 2005.
2. Cf. *L'Épopée des civilisations*, Bernard Nadoulek, Eyrolles, 2005 ; *Guerres et civilisations*, Gérard Chaliand, Odile Jacob, septembre 2005.

assumer sans trop de dégâts collatéraux et surtout comment nous pouvons nous positionner pour les prochains rendez-vous de l'histoire mondiale. Une chose est certaine, la France a choisi le meilleur moment, comme d'habitude, pour imploser… C'est pour toutes ces raisons qu'il nous faut ouvrir les yeux et réagir au plus vite pour sortir de cette crise que nous traversons. Les rendez-vous qui nous attendent exigent une mobilisation de toutes nos énergies et de toutes nos compétences. Le moment n'est plus aux effets de manche médiatiques et encore moins aux états d'âme.

Aujourd'hui nous sommes dans une économie mondiale de guerre avec des machines qui sont en surpuissance pour tenir les engagements et les confrontations en cours. C'est le cas de la machine américaine qui n'a pas le choix pour tenir son rang et ses enjeux de survivance. Ses déficits gigantesques sont justifiés par ces contextes tendus en particulier sur le plan sécuritaire, même s'ils sont perçus comme insupportables par les Européens[1]. C'est aussi le cas de la Chine[2] et désormais de l'Inde qui ont les mêmes impératifs et les mêmes ambitions. Excepté qu'ils ne cultivent pas les mêmes déficits que les Occidentaux mais plutôt des trésors de

---

1. Au plan économique les États-Unis, forts de 300 millions d'habitants, sont dans un cycle de haute croissance (3,5 % par an en moyenne) ce qui a permis le retour depuis 2003 du plein-emploi avec un taux de chômage de 4,4 % de la population active – un plus bas historique. Les Américains ont ainsi créé 6,8 millions d'emplois et près de 500 000 au cours des trois derniers mois. Le pouvoir d'achat s'est accru de 2,4 % au cours de l'année 2005. La baisse massive des impôts a gonflé la croissance et contribué à réduire de moitié un déficit qui avait explosé. La Bourse de New York a atteint ses plus hauts à la veille des élections de mi-mandat et se permet de racheter Euronext pendant que le Nasdaq s'offre actuellement une OPA de 4 milliards de $ sur la Bourse de Londres. Par contre le pays est miné par l'endettement des ménages (130 % du revenu disponible), le retournement du marché immobilier, le déficit budgétaire creusé par le coût des conflits (510 milliards de $ depuis 2001) et le déséquilibre de la balance des paiements (7 % du PIB en 2005).
2. Éric Izraelewicz, *Quand la Chine change le monde*, Grasset, 2005 et Pierre Piquard, *L'Empire chinois*, Faure, 2004.

guerre[1]. Ces trois monstres bousculent tout le jeu international. Aujourd'hui, si l'on prend le classement *Fortune* des 500 plus grosses entreprises, la Chine en compte déjà 16 et entend bien atteindre les 50 d'ici 2010. Un groupe comme la SAIC (Shangaï Automotive Industry Corporation) veut d'ici une décennie figurer parmi les 6 premiers constructeurs mondiaux. D'ores et déjà, un groupe comme LENOVO, qui a racheté la branche PC d'IBM, a installé son siège aux États-Unis, ce qui laisse présager d'autres mouvements de fond de ce type en termes de fusions-acquisitions. Certains réagissent en essayant de s'accrocher aux wagons respectifs de ces locomotives, d'autres se replient sur eux-mêmes, pensant ainsi éviter les accrocs et déconvenues des processus exacerbés, voire exubérants, de la compétition actuelle. C'est le cas de la machine européenne qui est pour sa part sérieusement grippée et très en retrait face à tous ces mouvements de fond, alors qu'elle pourrait être la mieux dimensionnée pour répondre à de multiples situations du fait de sa géographie, de ses bases culturelles et de sa richesse. Elle préfère jouir du présent, de ses avoirs et se complaire dans des débats sur ses acquis sociaux. En toile de fond nous avons cette crise du monde sunnite qui est très grave et ce réveil du monde chiite qui fait émerger une nouvelle puissance centrale avec l'Iran. Il y a aussi cette implosion de sous-continents entiers (Amérique latine, Afrique, Ex Union soviétique) livrés à eux-mêmes alors qu'hier ils étaient sous la perfusion des grandes puissances. Ces processus vont durer sur la prochaine décennie, voire même se radicaliser compte tenu de l'enjeu que constitue la « fin du pétrole »[2]. Ils vont supposer un coût sécuritaire, militaire voire humain que nous

---

1. La Banque centrale chinoise aurait quelque 1 000 milliards de $ de réserves de change. Celles-ci sont à 70 % investies en dollar. Le gouvernement chinois aurait mis à disposition de ces grands opérateurs privés et publics de l'ordre de 250 milliards de $ afin de soutenir et faciliter les opérations d'OPA et de rachats d'entreprises ou de mines et gisements à l'étranger (Europe, Afrique, Amérique latine…).
2. Cf. *La Fin du pétrole – le vrai défi du XXIe siècle*, James Howard Kunstler, Plon, septembre 2005 ; *Panne sèche, la fin de l'ère du pétrole*, David Goodstein, Buchet-Chastel, 2005 ; et *La Face cachée du pétrole*, Éric Laurent, Plon, 2005.

avons aujourd'hui sous-estimé mais qu'il nous faudra de toute façon assumer d'une façon ou d'une autre. La vraie question comme dans toute période de crise majeure est de penser et d'imaginer tout de suite la sortie de crise et l'après-guerre. Pour cela il faut accepter de « réapprendre le monde » et bien intégrer les figures imposées que nous avons ici à assumer et là à transformer.

Les grands enjeux

Au-delà de ces confrontations visibles de la situation internationale sur le court terme, le véritable enjeu est la prise de conscience que nous sommes face à un déplacement très rapide des centres géo-stratégiques. Ces derniers étaient positionnés il y a encore dix ans sur l'Atlantique nord. Ils ont glissé désormais sur le Pacifique et l'océan Indien. Ce mouvement de fond est maintenant une réalité. Beaucoup s'interrogent encore, ils n'ont qu'à faire un voyage de 15 jours en Asie et leurs doutes trouveront rapidement des réponses. Il explique en partie l'explosion du monde arabo-musulman et l'implosion des anciennes zones d'influence de l'Occident : les deux étant pris dans un étau insupportable de frustrations et d'incompréhensions, liées à l'effondrement en Occident des idéologies et la fin d'une modernité assise sur les revenus du couple économie manufacturière/pétrole. Ceci explique aussi pourquoi l'Occident est tant pris pour « cible » par les radicaux de tous ces continents, qu'il s'agisse de Chavez au Venezuela, ou de Ben Laden au sein du monde sunnite… C'est la fin des illusions liées aux philosophies conquérantes et dominantes du XIXe siècle autour des idées des Lumières, de progrès, puis au XXe siècle des idéologies marxistes et capitalistes qui ont apporté certes de la profitabilité, de la puissance mais pas forcément le bonheur ou l'égalité escomptés.

Sur bien des fronts, notre monde est marqué par des mutations extravagantes qui ne cadrent plus du tout avec nos repères habituels. Plusieurs dynamiques, en étroite interdépendance, sont en passe de bouleverser les crises telles que nous les connaissons actuellement – qu'il s'agisse de leur ampleur, de leur nature, de leur vitesse, et bien sûr des conditions de leur traitement. Quelles sont ces figures imposées ? J'en retiendrai cinq : la démographie, l'urbanisation et les déplacements massifs de population, la question de l'énergie, la transformation de nos systèmes de vie et la mutation de nos outils sécuritaires. Vis-à-vis de tous ces éléments il va nous falloir imaginer d'autres modes de fonctionnement, d'autres organisations, d'autres systèmes de décision qui sont aujourd'hui inconcevables pour nos esprits rationnels, épris de sens hiérarchique et d'ordre[1].

La démographie

La démographie est sans aucun doute la donnée la plus perturbante. Pendant un temps, on a cru que la modernité allait déboucher sur un tassement de la courbe démographique qui a explosé au XXe siècle, l'humanité passant de 3 milliards d'individus à 6 milliards. L'examen des données exploitées par l'ONU ne conforte pas cette hypothèse de travail, du moins ce vœu : le prochain demi-siècle devrait voir un accroissement de plus de 3 milliards de ces chiffres, pour atteindre plus de 10 milliards en 2050 (hypothèse haute, ONU 2000). Les facteurs de déstabilisation sont nombreux, entre la concentration de ces augmentations dans les pays pauvres, le vieillissement des populations y compris dans les pays en développement. En outre, il faut considérer de très près la géographie de cette croissance. Elle concerne notamment les pourtours de l'océan Indien et du Pacifique ainsi que l'Afrique. Elle se situe surtout sur les rivages, en particulier sur ces points de rupture de charge[2] et de vie que constituent les grands deltas entre la mer et les fleuves. Quand on superpose ces zones de croissance démogra-

---

1. Réf. : rapport rédigé par Xavier Guilhou et Patrick Lagadec pour le compte de l'OCDE, « Le pilotage des crises non conventionnelles – aux confins du chaotique », mars 2006.
2. Pour les spécialistes de logistique un point de rupture de charge est un point de transit ou de regroupement ou se font les transferts de biens ou de personnes entre les routes, les voies fluviales, les voies ferrées, la mer et la terre… Les ports ou les aéroports sont souvent considérés comme des plates-formes idéales de rupture de charge, en anglais on leur donne l'appellation de « *hub* ». Cette terminologie est du reste employée désormais pour les systèmes d'information lorsqu'il faut assurer le regroupement et la distribution des réseaux d'information au sein d'une organisation.

phique et les cartes des grands risques naturels (tsunamis, séismes, ouragans, glissements de terrain…), il apparaît un formidable potentiel de désastres, avec des bilans de décès instantanés de l'ordre du million de personnes, qui sortent radicalement de nos schémas de référence. Mais cela permet aussi d'inventer de grandes plates-formes d'échanges et de transactions que nous avons du mal à imaginer aujourd'hui. Ces deux contraintes sont à la fois des gisements d'opportunités ; tout d'abord en termes d'ingénierie pour assurer la sécurité de tous ces espaces de vie qui deviennent de plus en plus stratégiques (cf. les deltas des grands fleuves en Inde et en Chine), mais aussi de développement pour contribuer aux besoins de toutes ces populations. Il y a là des gisements d'innovations et des chantiers vis-à-vis desquels les talents et la créativité française pourraient largement s'exprimer.

L'urbanisation et les déplacements massifs de population

Ils sont les résultantes de cette explosion démographique. On estime aujourd'hui que 48 % de la population mondiale vit dans des villes. Ce phénomène a d'abord connu un développement sans précédent en Occident : en moins de 3 générations, nous sommes en effet passés de 20 % de population urbaine à quasiment 80 %. Avec la mondialisation des échanges, ce phénomène est en train de s'étendre à l'ensemble du globe. Ainsi, selon les projections établies par l'ONU, les habitants des zones urbaines représenteront 60 % de la population mondiale en 2030.

Si les notions de « rurbanisation » avec alternance entre vie urbaine, modernité et recherche d'écologie, d'authenticité, sont à l'ordre du jour dans nos sociétés à fort pouvoir d'achat, il faut être conscient qu'elles ne concernent qu'une infime partie de l'humanité. Le reste de la planète a de la ville une autre vision : elle est le point de convergence, l'aboutissement de migrations considérables de population avec en toile de fond des ruptures démographiques qui transforment radicalement le paysage urbain de nombreux pays en mégalopoles gigantesques. Il en est ainsi de la Chine qui compte à ce jour plus de 40 villes de plus de deux millions d'habitants, sans compter ses grandes mégalopoles comme Shanghai dont les perspectives de croissance urbaine défient l'entendement. Une ville comme Tianjin à l'est de Pékin compte déjà 12 millions d'habitants, et ses responsables réfléchissent à une croissance qui serait de l'ordre du double à horizon 2030. En comparaison Paris ou Londres font figure désormais de petits villages.

Nous n'avons jamais connu, dans l'histoire de l'humanité, de telles ruptures dans les schémas de vie collective. Actuellement personne ne sait faire face en termes d'ingénierie urbaine, et nos modèles sont tous dépassés par la dynamique générale. Là aussi nos talents pourraient œuvrer à la résolution de grandes questions de développement pour toutes ces populations. C'est déjà le cas en Chine où de nombreuses équipes françaises agissent d'ores et déjà et imaginent des cheminements originaux. Qui sait en France que la rue principale de Shanghai – la rue de Nankin, appelée aussi localement « Champs-Élysées » – l'opéra, l'aéroport ont été conçus par des architectes français ?[1] Il y a là comme partout ailleurs des gisements considérables de développement et d'expression pour nos jeunes entrepreneurs. C'est globalement que le monde se trouve confronté à ces « impensables » en matière d'urbanisation. Près de 650 agglomérations comptent déjà 1 million d'habitants.

Trois défis majeurs accompagnent cette course : la pauvreté, l'environnement, l'insécurité. La concentration de la pauvreté touchera d'abord les femmes et les enfants, citadins les plus vulnérables. La croissance exponentielle aura des effets massifs en matière de salubrité, d'hygiène, de santé, notamment *via* la question vitale que constitue l'accès à l'eau potable. Il ne faudrait pas oublier, de surcroît, la question de l'accès à l'éducation, cruciale pour la stabilisation et la sécurisation à terme de ces espaces. Mais là, le gouffre entre défis et capacités dépasse l'entendement. Sur tous ces sujets notre pays compte parmi les meilleurs concepteurs et outils au monde. Nous avons des entreprises de taille mondiale qui sont spécialisées sur ces enjeux. Nous avons aussi des compétences pour

---

1. L'aéroport a été conçu par Andreu, l'architecte d'Aéroport de Paris, l'Opéra a été conçu en 1998 par Jean-Marie Charpentier. Plus de 350 projets majeurs ont été réalisés par des architectes français.

répondre à ce défi global. Il faut être conscient que la France compte parmi les pays qui sont les plus en avance sur ces registres, et il y a là pour nous de vrais effets de levier à travailler autour de ces questions d'urbanisation et de maîtrise des réseaux de vie.

L'énergie

Le potentiel explosif des tensions sur le coût de l'énergie est sans aucun doute le plus grand rendez-vous de ce début de millénaire. Dans le contexte indiqué ci-dessus, la question des transports devient infernale, dans certains pays d'Asie mais aussi en Occident. Les moyens actuels de transport consomment, à eux seuls, plus de 60 % des matières premières fossiles très polluantes, dont la production arrive à échéance dans 30-40 ans (c'est le cas notamment du pétrole qui constitue la clé de voûte des approvisionnements mais aussi des conflits en cours au Moyen-Orient). Entre-temps la progression de la demande est telle que nous allons inévitablement vers une explosion des coûts des matières premières et des logistiques de transport. Ces tensions ne se limitent pas à de simples exacerbations sur les marchés, mais génèrent déjà des crises majeures sur le plan géostratégique. Nous ne sommes qu'au tout début de grands mouvements de fond, qui seront alimentés par ce double effet de la mondialisation et de l'urbanisation des sociétés. La grande différence avec ce que nous avons connu au XXe siècle se situe dans le niveau de brassage culturel des populations concernées. Nous sommes très loin du phénomène d'exode rural qu'a connu la vieille Europe : les mouvements en cours touchent toute la planète et sont d'une amplitude et d'une nature beaucoup plus complexes. Actuellement, la question de la gestion du « peak oil » peut à lui seul mettre le modèle occidental « à genoux ». C'est le risque majeur des prochaines années, si ce n'est des prochains mois, les dynamiques d'anticipation (effondrements de certains secteurs particulièrement exposés à terme) pouvant se révéler tout aussi déstabilisantes que les ruptures physiques effectives. Dans ce domaine l'émergence de nouvelles sources d'énergie non polluantes, recyclables et durables est « le chantier » sur lequel nous devons mobiliser toutes nos ressources et compétences. Il est porteur d'espoir pour l'ensemble de la planète à terme puisqu'il permettrait de régler à la fois les questions de pollution, mais aussi de risques de « destructions massives » avec une utilisation déraisonnée du nucléaire pour des finalités politico-militaires. Les recherches en cours autour de la fusion de l'hydrogène sont de véritables enjeux tant pour la survivance de nos sociétés que pour la transition démocratique de nombreux pays trop soumis au diktat des cours des matières premières et à la volatilité parallèle des marchés financiers. Il y a là un enjeu de régulation des logiques d'interdépendance entre tous les grands acteurs de la vie internationale qui n'est pas neutre et autour duquel les Français ont non seulement un certain savoir-faire mais aussi beaucoup de compétences et de potentiels.

L'environnement

La question environnementale est sûrement la question la plus fondamentale des prochaines décennies. On peut multiplier les domaines d'interrogation : raréfaction et pollution de la ressource en eau, disparition des sols par érosion éolienne ou aquatique, pollution de l'air, ruptures climatiques – qui conduisent à des déséquilibres majeurs à l'échelle intercontinentale et globale. Il faut y ajouter la question de l'impact des développements techniques, dans une large mesure inconnus, tant de façon spécifique que systémique : rayonnement électromagnétique, bio – ou de nanotechnologies, installations en fin de vie et déchets de toutes natures… Les champs à prendre en compte sont innombrables.

On entre souvent dans des univers totalement étrangers à nos grammaires de référence. En bref, chaque problème nous projette dans un univers inconnu ; les combinaisons de problèmes conduisent à une hyper-complexité qui laisse nos cadres scientifiques largement démunis. Le tableau général conduit à des problèmes spécifiques, notamment de santé publique, ne pouvant plus être traités localement ni de façon singulière. À nouveau nous comptons parmi ceux qui sont les plus innovants sur ces registres, même si nous n'avons pas été capables de gérer correctement la canicule… Il est plus que temps pour nous d'arrêter d'en parler et d'en faire un enjeu de société au même titre que nous nous sommes engagés dans les aventures du nucléaire, du spatial et de l'aéronautique il y a un demi-siècle.

Une nouvelle philosophie des risques

La fragilité systémique des réseaux de vie constitue aussi un nouvel objectif de survie et de dépassement pour nos sociétés. Nous sommes les héritiers d'un monde où le risque était surtout lié à telle installation – le modèle « Seveso » – dont il fallait « maîtriser le risque ». Nous voici aux prises avec des fragilités qui tiennent de plus en plus aux architectures générales de nos systèmes de vie. Ces architectures sont construites sur des interdépendances poussées à un niveau bien supérieur à ce que l'on a commencé à prendre en compte dans les années 80 en parlant des activités à « couplage serré ». Désormais, il ne s'agit plus seulement de « couplage » entre quelques activités critiques, mais d'une civilisation reposant fondamentalement sur des maillages généralisés, dynamiques, interconnectés et largement invisibles – même des opérateurs les plus directement concernés. Ces maillages sont équivalents aux milliards de combinaisons complexes que nous commençons juste à décrypter au sein du cerveau humain. Témoins clairs de ces logiques de vulnérabilité exacerbées, les logistiques ou les systèmes d'information qui fonctionnent selon un principe de flux tendu poussé à l'extrême – avec, par exemple, des stocks de nourriture dans les grands centres commerciaux qui ne dépassent guère la demi-journée ou des variations énormes sur les marchés sur des cycles très courts.

Ce ne sont pas là quelques dysfonctionnements accidentels auxquels on peut aisément remédier. Pareille fragilité structurelle est exigée pour la viabilité économique globale, au moins si l'on s'en tient aux règles qui s'imposent aujourd'hui, notamment financières (qui ont depuis longtemps relégué au second plan les considérations de sécurité technique ou systémique). Dès lors, la question de la vulnérabilité n'est plus guère un problème de risque sur tel ou tel point sensible – risque pour lequel on dispose de tout l'arsenal des assurances – mais bel et bien un problème de « texture », c'est-à-dire intimement lié au fonctionnement intrinsèque de nos systèmes. Les dysfonctionnements supposent de notre part une véritable révolution dans nos modes de pensée, de transactions, de communication. Nous ne pourrons plus les traiter avec les méthodes hiérarchisées, catégorielles et de division des tâches d'hier. Tout va trop vite et est

199

trop imbriqué. Cette révolution est digne d'un changement d'ère. Beaucoup de futurologues en ont parlé avec des mots savants : révolution « symbiotique », « noétique », « systémique »…[1] Tous disent quasiment la même chose : le monde de demain sera à ceux qui seront capables de créer les nœuds d'échanges, de confiance, de compréhensions, de fusion des énergies et des transactions. C'est eux qui seront les nouveaux centres de décision et de pouvoir.

Sur ce plan en France beaucoup de personnes ont l'intuition, mais n'arrivent pas à les concrétiser alors que nous pourrions devenir l'un de ces nouveaux centres. Il semblerait que face à l'appel du futur nous préférons n'être qu'une destination touristique pour les nouveaux riches asiatiques et une grande maison de retraite, certes climatisée, mais triste à en mourir pour nos concitoyens… Ce principe d'interdépendance générale se retrouve quel que soit le point d'entrée, qu'il s'agisse de flux physiques comme on vient de l'évoquer, de flux virtuels – centres serveurs financiers et bancaires, distributeurs de monnaie, télécoms, systèmes de contrôle (aériens par exemple) –, ou de flux de confort (ou de survie, selon les circonstances) : réseaux de distribution d'énergie, d'air conditionné. Autant de facteurs de vie qui sont devenus des vecteurs permanents de développement mais aussi de destruction massive puisque tout est en permanence réversible. Désormais sur ces questions vitales : la clé mais aussi l'arme, c'est le réseau[2].

De nouvelles formes de pilotage des sociétés

L'enjeu sécuritaire est au terme de cet inventaire l'un des plus complexes à envisager et peut-être l'un des plus durs à faire évoluer tant il touche aux fonctions les plus sensibles et sacrées de nos

---

1. *Le Choc du futur*, Alvin Toffler, Denoël, 1971 ; *Créer une nouvelle civilisation : la politique de la troisième vague*, Alvin et Heidi Toffler, Fayard, 1995 ; et *L'Homme symbiotique*, Joël de Rosnay, Seuil, 1995.
2. Cf. *La Société en réseau, Le pouvoir de l'identité et Fin de millénaire*, Manuel Castells, Fayard, 1999.

systèmes de décision. Les outils actuels sont déstabilisés par les nouvelles formes de confrontations. Les exemples des derniers conflits en Irak pour les Américains et Britanniques, en Côte d'Ivoire pour nos troupes, ou au sud Liban pour l'armée israélienne, pourtant qualifiée de meilleure armée du monde, en sont une illustration. L'asymétrie des modes de combat, la dispersion et le mouvement incessant des combattants, le changement de terrain avec l'usage de la ville comme terrain d'affrontement, l'utilisation des réseaux de vie (train, métro, avions de ligne, climatisation, réseaux informatiques…) comme arme de destruction massive… sans compter la manipulation des médias comme arme de persuasion et de désinformation globale[1]. Tout ceci change radicalement la nature des conflits modernes. Il nous faut réapprendre l'art du combat et savoir se battre non plus « à parité », « à armes égales » mais « à un contre dix ». Nous sommes confrontés à une véritable révolution dans les affaires sécuritaires (et pas seulement militaires car les frontières entre le civil et le militaire, le médiatique et le confidentiel n'existent quasiment plus).

Nous avons commencé à initier de nouvelles méthodes dans le domaine de l'acquisition de l'information et du renseignement[2]. Nous avons aussi innové dans le domaine des opérations spéciales et des combinaisons de moyens ces dernières années, mais il nous faudra aller plus loin dans ces différents registres et être capables de faire émerger de nouveaux concepts qui permettent d'intégrer, de diluer le champ sécuritaire au sein du monde civil afin d'être encore plus manœuvrants, furtifs et efficaces contre toutes ces nouvelles menaces qui ne se détectent plus « par le haut » avec une bonne déclaration de guerre en bonne et due forme par chancellerie et généraux interposés, mais « par le bas » tels des virus pervers et mutants qui s'amusent à contourner toutes nos « lignes Maginot » et

---

1. Cf. *Le Terrorisme intellectuel de 1945 à nos jours*, Jean Sevillia, Perrin, octobre 2003 ; *La Désinformation, arme de guerre*, Vladimir Volkoff, Éditions L'Âge d'Homme, 2004 ; *La Désinformation par les mots – Les mots de la guerre, la guerre des mots*, Maurice Pergnier, Éditions du Rocher, 2004.
2. Cf. *Quatrième Guerre mondiale – faire mourir et faire croire*, François-Bernard Huyghe, Éditions du Rocher/L'art de la guerre, mars 2004.

défenses naturelles. Elles frappent sans prévenir, s'éloignent, reviennent en ayant changé de nature et en s'étant adaptées à un nouvel environnement. Il faut les combattre de la même façon. Là aussi les Français ont des idées et sont capables de concevoir et mettre en œuvre de nouveaux modes opératoires innovants et efficaces. Certains sont déjà très reconnus au niveau international, parfois beaucoup plus que dans nos propres états-majors. C'est un enjeu qui dépasse la simple survivance de notre pays. Il peut aussi avoir des effets salutaires sur l'avenir du projet européen en lui fournissant des capacités de « pointe de diamant » et de « réactivité » non négligeables pour commencer à s'affirmer sur le plan international. Il peut aussi aider tous les pouvoirs, notamment autour de la Méditerranée, qui sont aujourd'hui au cœur des préoccupations de contre-terrorisme.

L'urbanisation, les mouvements de population, la sensibilité de nos économies, le rejet du risque au niveau des populations sont devenus certes des terrains de fragilité. Si nous savons surmonter nos appréhensions ils peuvent aussi devenir de formidables gisements de développement et d'innovations dans tous les domaines. Aujourd'hui notre peur est utilisée par les réseaux terroristes, et c'est la préoccupation centrale des années post-2001. Nos interdépendances et vulnérabilités collectives sont devenues aussi des vecteurs de crises majeures via des catastrophes naturelles, comme l'a montré Katrina, ou par simple emballement de nos propres processus. C'est comme si Prométhée était pris au piège, comme on a commencé à le voir en Europe en 2001 avec le cas des menaces à l'anthrax. Nous le voyons déjà : nous sommes face à des défis, des enjeux qui dépassent aujourd'hui nos capacités physiques et intellectuelles. Rien ne nous interdit d'aller au-delà d'autant que nous avons et les compétences et une certaine prédisposition pour ces défis. Cela suppose de remettre à plat nos méthodes et surtout notre questionnement face à la violence de ces franchissements de seuils qui se présentent à nous.

Notre vision du pilotage des sociétés, et plus encore du pilotage des crises et autres situations d'urgence, est désormais en question. L'observation des dernières grandes crises (Tsunami, Katrina,

Canicule, Argentine…) oblige à être particulièrement attentifs. L'arrivée de la société de l'information avec Internet, l'inversion des protocoles de communication qui sont de moins en moins « top-down », de moins en moins propriété de quelque pouvoir que ce soit, de plus en plus connectées et inscrites dans le temps réel font exploser nos sociétés pyramidales, cloisonnées, séquencées. Les sociétés qui émergent se structurent autour de réseaux et de logiques de pouvoir qui n'ont rien en commun avec la pratique et les usages de la démocratie que la modernité industrielle a produits[1]. Nous sommes confrontés à quelque chose d'autre, qui n'est pas encore bien défini mais où la construction du sens se fait différemment. Les ruptures de confiance entre les sociétés civiles et les pouvoirs établis trouvent leurs fondements dans cette transformation des modes d'action et de communication sur le terrain[2]. C'est un mouvement de fond qui touche le monde entier et qui pose la question de la résistance du modèle démocratique et de sa capacité de transformation. Certains experts poussent le raisonnement en affirmant que nous sortons de façon chaotique du modèle démocratique pour aller vers un modèle supérieur, celui que Joël de Rosnay qualifie de *« symbiotique »*. Cette rupture permettrait selon lui de s'affranchir des logiques de pouvoir qui sont devenues obsolètes dans nos systèmes de vie, qui ralentissent la circulation et l'échange des informations face à un monde infiniment plus complexe. Elle permet d'aller vers des capacités de collaboration et de créativité supérieures à partir d'une mise en réseau des compétences, des talents en s'émancipant des bornages institutionnels actuels. Si tel est le cas, ce que je crois, c'est une véritable révolution qui est en cours avec des ruptures de fond considérables quant au fonctionnement des sociétés mondiales.

C'est aussi pour la société française une énorme opportunité pour sortir des blocages que nous connaissons et engager une véritable

---

1. Cf. rapport rédigé par Xavier Guilhou sur la « Localisation des nouveaux centres de décision dans le monde » pour les Conseillers du Commerce extérieur, 2005 www.xavierguilhou.com rubrique publications/rapports
2. Cf. *Le Big-bang des organisations, quand l'entreprise, l'État, les régions entrent en mutation*, Hervé Sérieyx, Calman-Lévy, 1994.

renaissance de nos modes de vie et de coexistence. Mais rappelons-nous cette fameuse citation de Kennedy : « *À vouloir étouffer les révolutions pacifiques, on rend inévitables les révolutions violentes.* » Plus que jamais il faut sortir de ce confinement pathétique et dérisoire propre à la sublimation du « pré carré » français. Il faut accepter de prendre en compte les mutations du monde avec des yeux lucides et responsables. Elles ne sont pas totalement négatives, bien au contraire elles constituent des gisements considérables d'opportunités pour nos talents et nos compétences. Nos entreprises ne le savent que trop, là où une grande partie de notre société est convaincue de l'inverse. Mais pour cela il faut absolument relever la tête et décider de reprendre notre place dans le jeu international. Personne ne nous en empêche, nous sommes les seuls aujourd'hui à refuser de jouer. La responsabilité des politiques et des médias dans ce domaine est gigantesque. Ils ont finalement plus intérêt actuellement à refermer le jeu autour de leurs querelles de chapelles que d'accepter les nouvelles règles qui émergent au-delà de nos frontières. Ils préfèrent la régression collective, quitte à entraîner le pays dans une catastrophe nationale, plutôt que l'ambition des défis qui se présentent à nous. En fait ils n'y croient pas ! C'est bien ce que commencent à leur reprocher les jeunes générations qui savent qu'elles n'ont plus le choix entre ces contextes inconcevables qui émergent partout sur le plan sécuritaire et ces situations impensables qu'elles vont devoir assumer sur le plan sociétal. Dans cette impasse il n'y a pas beaucoup d'options, il faut relever la tête et réapprendre à marcher ! Retenons ce conseil d'Alfred de Musset : « *Pour réussir dans le monde, retenez bien ces trois maximes : voir c'est savoir ; vouloir, c'est pouvoir ; oser, c'est avoir.* » Pour réinstaller la France dans le jeu mondial il faut une fois pour toutes voir les choses comme elles le sont, vouloir reprendre notre place et oser les options gagnantes pour notre avenir. Il faut le décider et surtout le faire sans attendre. Les années qui passent valent des décennies et les opportunités de l'histoire ne se représenteront pas deux fois.

Chapitre 8

Préparer la jeunesse

> *« En Occident la jeunesse est désemparée ;*
> *l'une des raisons de son trouble*
> *est que l'on n'exige plus assez d'elle.*
> *La jeunesse avec raison exige qu'on exige. »*
> Jean Guitton, *Ce que je crois*

Aborder la question de l'avenir de la jeunesse est à la fois un sujet tabou et un dossier explosif pour notre pays[1]. Tabou parce qu'il touche un épicentre idéologique qui est celui de l'éducation nationale. Explosif parce que l'ensemble du système éducatif est en très grande difficulté et qu'il ne répond plus aux besoins et aux impératifs de formation et d'accompagnement de notre jeunesse. Seules les castes du monde de l'enseignement et des universités estiment qu'ils ont la légitimité et le droit de traiter cette question, la société n'étant pas suffisamment compétente pour réfléchir et décider de l'avenir de ses enfants. Tout ceci débouche sur un blocage général

---

1. Ce chapitre a fait l'objet d'une communication de l'auteur lors des Rencontres des auditeurs de l'IHEDN le 13 octobre 2006 et d'une publication dans la revue *Défense* n° 124, novembre-décembre 2006 (cf. www.cybel.fr/html/Communaute/defense/index.html)

avec des enseignants qui se réfugient derrière leurs doctrines et statuts, des parents d'élèves qui s'érigent en protecteurs de leurs chères têtes blondes, et des élèves qui ont tendance à jouer de plus en plus la victimisation, comme nous avons pu le constater lors des événements du CPE. Les résultats sont éloquents : depuis une bonne décennie les meilleurs d'entre eux vont chercher à l'étranger les qualifications, les diplômes et les ouvertures que nous ne sommes plus capables de leur offrir. Les meilleurs de notre système fuient la France et vont finir leurs études à l'étranger pour ne plus revenir. Les moins bons alimentent le cortège des sans-emploi et des stages précaires. Certains vont les chercher aussi de plus en plus dans la rue, tant notre modèle d'intégration a échoué. Ce n'est pas faute d'avoir injecté des moyens dans les dispositifs en question. Mais comme l'a déjà dit un président de la République à propos du chômage : « *Pourtant on a tout essayé !* » À nouveau l'audit est largement fait et les Français savent depuis longtemps à quoi s'en tenir. La jeunesse sait très bien elle aussi que nos modèles éducatifs sont actuellement en faillite. Ils sont à l'image du pays. Des solutions existent, mais nous avons collectivement du mal à surmonter nos contradictions, nos blocages et la confusion qui règne à tous les niveaux. Chacun se bat pour les intérêts de sa chapelle en essayant de grappiller un bout de budget, de reconnaissance, mais plus personne n'écoute l'autre. Il n'y a pas un seul projet mais une multitude de réformettes qui sont régulièrement avortées. Pourtant l'enjeu est essentiel pour l'avenir de notre pays.

Sujet tabou, modèle en panne

Chaque fois que j'ai eu à traiter cette question devant des publics d'entrepreneurs, de parents, d'étudiants ou d'enseignants je me suis heurté aux langues de bois des uns et à la colère des autres. Tout le monde est dans l'invective, l'accusation, l'incompréhension alors que les véritables questions sont ailleurs. Ce que je vais évoquer ne va sûrement pas plaire, car « plaire » est bien le verbe à la mode, n'est-ce pas ? Il est au cœur de cette problématique éducative. Il faut plaire aux enfants et ne pas déplaire aux éducateurs. Il est celui d'une génération, celle des « trente piteuses », qui a vendu à sa jeunesse le plaisir et l'hédonisme comme clé de voûte de l'existence. La précédente, celle des « *trente glorieuses* »[1], *lui avait offert le luxe de cette folie qui commence à nous coûter très cher et qui a « plombé l'avenir de notre jeunesse pour plusieurs décennies* »[2]. Mais comme l'écrit Stendhal : « *Si vous voulez plaire infiniment aujourd'hui, il faut vous résoudre à être ridicule dans vingt ans.* » C'est donc une fois de plus sur le champ de mes convictions que je vais aborder ce sujet et non sur celui des chimères ambiantes.

Récemment, juste avant de préparer une intervention publique sur ce sujet, l'un des organisateurs m'a dit en aparté dans un couloir : « *Surtout ne les effraie pas !* » Ce second verbe, aussi à la mode, interpelle quand il s'agit d'éducation et de formation. Les responsables que nous sommes auraient-ils peur ? Il est un fait que cette génération, dont je viens de parler et qui a été fortement marquée par les préceptes libertaires de 68, a posé comme finalité de vie : le « risque zéro », le « zéro mort », la « qualité totale », le « développement durable », le « commerce équitable », que sais-je encore ? Tout doit être lissé, aplani. Rien ne doit déranger. Il ne faut aucune aspérité et tout doit être égal à soi-même. La vie doit être contrôlée et maîtrisable en permanence. Tout doit rentrer dans de bonnes moyennes, des normes bien certifiées afin de pouvoir jouir enfin de la vie. C'est amusant pour une génération qui n'a eu de cesse de détruire l'autorité et l'ordre que d'être aussi obsédée par les risques inhérents à la vie. Tout ceci n'a pas de sens et notre jeunesse se rend compte de plus en plus des limites de ces impostures. Notre société vit beaucoup trop sous cette emprise de la philosophie de la peur. Comment inciter les jeunes générations à plus d'audace quand ceux qui sont aux commandes sont aussi angoissés ? Comment promouvoir le sens des responsabilités quand les parents confinent leurs enfants dans un cocooning totalement décalé avec la réalité de la vie ?

Ne nous étonnons pas que les jeunes dans cette ambiance surréaliste fassent plus confiance à leurs « tribus », la plupart du temps

---

1. Cf. titre du livre de Jean Fourastié, *Trente Glorieuses*, Éditions M. Gaillard, 2006 ou Éditions Astoure, 2006.
2. Titre de l'un des derniers numéros de l'*Express*.

virtuelles, qu'à une société anxiogène, égoïste et un tantinet schizophrène. Je ne parle pas de leur attitude de défiance vis-à-vis des modèles transnationaux bureaucratiques et dénués de tout rêve[1]. Cela explique sûrement ce succès grandissant auprès des jeunes des organisations caritatives et non gouvernementales sur le champ parallèle de l'humanitaire. Elles compensent l'absence de véritables projets politiques au sein de nos sociétés. Cela explique aussi le résultat *a priori* surprenant des jeunes au référendum sur la Constitution européenne[2]. En fait sur ce sujet nous pouvons parler de tout sauf de l'Éducation nationale, de l'Université, de l'intégration… Tout le monde s'accorde à dire que cela ne va pas très bien, mais nous n'avons pas le droit de toucher à ces domaines sous peine d'être accusés de sacrilège. Nous avons sur tous ces sujets un vrai problème de méthode.

Il faut plaire, il ne faut pas effrayer, il ne faut pas bouger : voilà notre véritable handicap vis-à-vis des jeunes générations. Notre pays compte parmi les plus riches de la planète et même si nous sommes en quasi-implosion, il nous reste encore des moyens et des capacités pour réagir. Mais nous avons un problème de base qu'il va falloir surmonter très rapidement si nous voulons mieux préparer les jeunes générations aux défis qui se présentent à l'horizon : nous n'avons rien compris aux nouvelles grammaires qui sont en train d'émerger. Comme nous l'avons vu précédemment, elles conditionnent de nouvelles règles du jeu partout et de nouveaux rapports de force à tous les niveaux. Beaucoup pensaient voir émerger un monde où l'égalitarisme, le partage des ressources, la paix, les loisirs, allaient enfin être accessibles et partagés par tout le monde. En fait les jeunes générations sont confrontées à autre chose de totalement inconcevable pour les générations au pouvoir.

---

1. Cf. *Vive les 11-25*, Joël-Yves Le Bigot, Catherine Lott-Vernet et Isabelle Porton-Deterne, Eyrolles, 2004.
2. Les moins de 60 ans ont voté non (de 62 % chez les 45-59 ans à 55 % chez les 25-34 ans), les plus de 60 ans ont voté oui (56 % chez les 60-69 ans, 58 % chez les 70 ans et plus). Les jeunes ont voté moins que les autres : ceux qui se sont abstenus le plus sont les moins de 34 ans (42 % d'abstentionnistes chez les moins de 24 ans, 44 % chez les 25-34 ans).

Le monde dans lequel elles entrent est marqué par des ruptures sans précédent avec des mutations gigantesques sur tous les fronts. Alors que le monde est en train de changer à très grande vitesse, nous vendons à notre jeunesse l'illusion que le monde va revenir dans l'épure parfaite et vertueuse de celui d'*Amélie Poulain*, des *Choristes*, ou voire des *Indigènes* ; ce qui nous permettrait de régler nos frustrations vis-à-vis de l'Histoire. Mais ce n'est pas de cela dont il s'agit ; l'Histoire est en train de s'écrire ailleurs et sans nous. Elle ne sera pas indulgente et les nouveaux entrants ne vont pas attendre que nous ayons fini notre psychothérapie collective. Notre véritable handicap tient dans le fait que nous avons perdu le sens de l'ambition et de la clairvoyance nécessaire aux grands peuples : nous vendons aux jeunes générations l'angélisme et la lâcheté des médiocres. Il ne faut pas s'étonner s'ils nous produisent – en marge des difficultés bien connues du chômage, des incivilités, de la drogue – des phénomènes de catharsis violents et désespérés comme ceux que nous venons de connaître hier avec les manifestations du CPE et surtout ceux des banlieues en novembre 2005, dont les braises sont loin d'être éteintes. Denis Jeambar et Jacqueline Remy ont finalement bien raison quand ils affirment dans leur dernier livre : « *Nos enfants nous haïront.* »[1]

Se préparer à de violents changements de modèles

Le monde qui émerge n'est pas celui dont nos « papy-boomers » ont rêvé, mais c'est celui qu'ils vont avoir à prendre en compte. Nous avons vu que le cahier des charges des prochaines décennies était aux antipodes des croyances de notre société. Avec ce quasi-doublement de la population mondiale sur le prochain demi-siècle tous les protocoles d'organisation, de communication et de coexistence explosent. Ceux qui se mettent en place depuis dix ans sont déjà

---

1. *Nos enfants nous haïront*, Denis Jeambar et Jacqueline Remy, Seuil, septembre 2006. Voir également *Comment nous avons ruiné nos enfants*, Patrick Artus et Marie-Paul Virard, La Découverte, 2006.

radicalement différents de ceux des précédentes générations et nous allons assister à de nouveaux franchissements de seuils absolument inimaginables sur les prochaines années. Les deux prochaines générations vont vivre une rupture qui est, pour beaucoup d'experts, similaire à celle du néolithique mais sur un temps très compressé. Nous avons tout juste réussi à maîtriser avec les modèles d'organisation de masse (taylorisme, démocratie, consumérisme et les grandes idéologies collectivistes) un doublement de cette population en un siècle. Or la plupart de ces modèles dits démocratiques, pyramidaux et hiérarchiques sont aujourd'hui quasiment obsolètes. Ce sont pourtant encore ces modèles qui sont vendus dans nos processus d'enseignement et de formation. Avons-nous compris que ce sont des jeunes à Bangalore, en Californie, à Sao Paulo... qui inventent les modèles de demain ? Ils fonctionnent en réseaux sur ces protocoles « symbiotiques » ou « noétiques » qui révolutionnent tout le partage et la valorisation de la connaissance. La création de « sens » devient pour eux la nouvelle valeur ajoutée du monde de demain. Pour y arriver, ils coopèrent en communautés ingénieuses autour de nœuds de compétences et de partage de l'information et du savoir. Ces dynamiques n'ont rien à voir avec nos approches rationalistes... et encore moins avec notre « création de valeur financière et manufacturière » du siècle dernier. Tout se joue avec un niveau de complexité et surtout une fluidité qui sont étrangers à nos modes de raisonnement.

Par ailleurs cette croissance démographique ne se produit plus en Europe comme au siècle des Lumières. Aujourd'hui l'Europe ne fabrique plus que des vieux. Comme nous l'avons vu cette révolution démographique se déroule essentiellement sur les rives du Pacifique et de l'océan Indien, générant de fait un spectaculaire déplacement des centres de gravité de toute l'activité politique et économique mondiale de l'Atlantique nord vers cette nouvelle Méditerranée du monde qui est à l'opposé de nos modèles de vie. Nous ne pouvons plus dire à nos jeunes que nous sommes au centre du monde. Cette affirmation liée à quatre siècles de maîtrise du vieil Occident est désormais forclose. Nous sommes confrontés à un rapide déclassement tant en termes de géocentrisme que de leadership sur le plan stratégique. Pour cela il faut imaginer un monde qui en 2050 ne fonctionnera plus sous les normes US mais chinoises, indiennes ou autres. Il se peut que des organisations dites non gouvernementales imposent aussi par des jeux de cartellisation issus de la société civile (et non de la société marchande) de nouveaux standards internationaux. Certains commencent à émerger autour du « développement durable » ou du « commerce équitable ». Ce déclassement se produit aussi en termes de référencement éducatif et d'évaluation de nos universités. En à peine cinq ans nous n'existons quasiment plus dans les classements internationaux du fait de l'émiettement de nos grandes écoles, du retard pris par nos universités vis-à-vis des normes internationales qui s'imposent actuellement sous la pression des Anglo-Saxons, et de la faiblesse chronique et bien connue du positionnement de notre recherche.

Certes quelques établissements arrivent encore à se singulariser dans ces classements mais il faut bien admettre que nous avons globalement un véritable problème de reconnaissance internationale pour l'ensemble de notre système de formation. Beaucoup de chercheurs font remarquer que le niveau scientifique des Français a reculé, hormis en mathématiques où nous avons deux institutions de réputation mondiale, avec l'université d'Orsay et l'Institut de mathématiques de Jussieu. Cependant, nos ingénieurs sont encore d'un excellent niveau et très réputés sur le plan mondial. Mais toutes les autres disciplines piétinent ou régressent. En 2006, le *Times Higher* publie son classement des meilleures universités dans le monde. Et tout comme en 2005, l'université américaine Harvard figure en première place. En revanche, deux établissements britanniques se situent en deuxième et troisième places : il s'agit de Cambridge, puis d'Oxford. Le Massachussetts Institute of Technology (MIT), en deuxième place l'an passé, est donc relégué à la quatrième place. Il devance Yale, Stanford, le California Institute of Technology, Berkeley, l'Imperial College London (qui vient de devenir un établissement indépendant et a donc rompu les liens avec l'université de Londres) et enfin Princeton en dixième position. On constate donc que le journal britannique a classé sept universités américaines et trois britanniques parmi les dix premières dans le monde. Le premier établissement qui n'est ni américain, ni anglais, ressort à la 14e place ; il s'agit de l'université de Pékin. Le

211

premier établissement français à apparaître dans le classement est l'École Normale Supérieure (Ulm), qui décroche la 18e place, juste derrière la London School of Economics[1].

Il en est de même pour nos grands centres de pensée : le Collège de France qui figurait encore en 2005 parmi les 150 institutions les plus prestigieuses au monde a été retiré de la liste. Et je ne parle pas de nos instituts de pensée, ceux que les Américains appellent des « think-tank » et qui devraient relayer la qualité de nos réflexions et questionnements ; ils ne sont nulle part dans les grandes conférences internationales bien qu'ils saturent en colloques la vie parisienne ! Ces constats ne sont guère enthousiasmants car ils révèlent la profondeur de la crise que nous traversons. Elle se traduit non seulement par une perte de performance de notre système éducatif mais surtout par une perte de rayonnement de notre recherche et de notre façon de penser. Tout est lié. Maintenant il faut savoir que le reste du monde se moque de notre façon de penser et ne souhaite que prendre notre place dans le domaine de la recherche et de l'innovation. Quand je parle avec des étudiants chinois, brésiliens ou américains qui suivent des études à Paris, leurs réponses à ce propos sont éloquentes : « *Nous prenons ce qu'il y a de mieux chez vous, nous l'adaptons à nos contraintes et nous ferons en sorte d'être les premiers dans nos domaines ! Et si vous n'avez pas envie d'être les premiers, c'est votre problème, pas le nôtre !* »

La véritable question qui se pose à notre système éducatif est bien celle-ci : soit nous avons envie d'être dans les grands jeux et nous nous donnons les moyens de cette stratégie, soit nous avons envie de nous faire plaisir intellectuellement et nous continuerons à fonc-

---

1. Ce classement qui ne considère que les travaux scientifiques et les prix reçus s'appuie sur l'opinion de 3 700 universitaires et 730 employeurs dans le monde. Il prend également en ligne de compte, entre autres, la qualité de l'encadrement et l'image de l'établissement à l'international. Source : http://www.thes.co.uk (The Times Higher Education Supplement). Dans d'autres classements d'origine américaine seulement 2 écoles françaises figurent dans le top 500 contre 62 américaines, 30 anglaises, 17 allemandes et 14 australiennes !

tionner en circuits fermés dans l'indifférence totale. Dans le premier cas, cela signifie qu'il faudra opter pour une autre politique à tous les niveaux et sûrement passer par une privatisation accélérée d'une grande partie de l'enseignement pour capter les moyens adéquats, recentrer la performance des programmes et rediriger la compétence des formateurs. Dans le second cas, il suffit de poursuivre dans la voie actuelle et un doublement du budget de l'Éducation nationale ne suffira pas, celui-ci devenant de fait une antichambre de l'ANPE qu'il faudra bien financer d'une manière ou d'une autre si les Français souhaitent avoir un minimum de paix civile et profiter de leurs rentes. Soit nous mettons en œuvre un grand chantier, le seul qui vaille vraiment en termes d'investissement pour le futur, et nous remettons du sens dans ce qui est devenu au fil des décennies un grand capharnaüm idéologique avec des dispersions d'énergie et de talents absolument inimaginables. Soit nous décidons d'entretenir la faillite du système, comme nous le faisons avec d'autres systèmes étatiques désormais obsolètes, pour ne pas troubler les humeurs d'une institution *a priori* non réformable. Dans ce cas de figure la privatisation se fera de façon rampante pour nos élites par le biais des universités étrangères qui ramasseront progressivement les lambeaux du système, et pour nos exclus par l'équivalent de madrasa qui s'installeront dans chaque quartier pour récupérer les « âmes » en déshérence. Entre les deux il y aura une sorte de grand désert éducatif financé tant bien que mal et qui ne produira que du non-qualifié. Ne sous-estimons pas cette hypothèse, c'est ce qui se passe dans beaucoup de pays, c'est ce qui est en train de se passer sur le plan économique malgré les cris d'orfraie des spécialistes du « patriotisme économique ».

Pour une rupture dans les méthodes

Nous pouvons encore conserver la main sur cette question fondamentale. Mais pour y arriver il faut sans attendre changer de style, rompre avec ces dérives suicidaires et à terme porteuses de profondes injustices et inégalités et engager des changements radicaux dans les méthodes d'enseignement et de formation. Je comprends que cette voie fasse peur et inquiète car elle suppose la confrontation avec le réel, une véritable évaluation et non un BAC « donné » à tout le monde pour acheter la paix sociale, une véritable sélection et orientation pour éviter la dramatique inadéquation des talents aux besoins sous prétexte qu'il faut jouir de l'existence et se faire plaisir avant tout. Nous connaissons tous les dégâts provoqués par cette philosophie pour poursuivre dans cette voie. Ceux qui sont les tenants de cet état d'esprit ne sont pas dans la situation de ces millions de jeunes qui errent sans emploi et sans qualifications pendant des années en multipliant les situations précaires. Ce résultat est sûrement la plus grande catastrophe que notre société ait pu générer ces dernières décennies, car elle fabrique des cohortes de jeunes désabusés, déboussolés, drogués, décalés et aussi démunis. Une société qui met ses enfants dans un tel cul-de-sac porte une responsabilité majeure face à l'histoire[1]. C'est bien de cela dont il s'agit et ouvrons les yeux : le chômage aujourd'hui touche en priorité les jeunes générations, il ne touche pas ceux qui veulent jouir de la vie. Alors, que faudrait-il faire pour inverser la pente et retrouver un mode de fonctionnement plus enthousiasmant ?

Il va falloir tout d'abord apprendre à nos jeunes non plus à profiter de nos dividendes de la paix et du progrès (comme c'est encore le cas dans la plupart de nos grandes écoles) mais à savoir se confronter à des situations de plus en plus brutales, asymétriques et déséquilibrées. Les jeunes qui entrent dans la vie active sont surpris de la fin de la parité dans les rapports de force actuels et ce quel que soit le domaine. Ils sont paniqués à l'idée qu'il leur faut apprendre à se battre à un contre dix. Même si intellectuellement ils ont tout compris à la mondialisation, ils se sentent profondément démunis face aux réalités qu'ils ont à assumer dans le monde des affaires face au Chinois ou à l'Indien dont il n'est plus question de sous-estimer les talents. Ils ont bien compris que le problème n'était pas l'affrontement avec l'Américain, qui rencontre quasiment les mêmes problèmes que nous, mais bien avec une multitude de nouveaux entrants qui ne nous demandent plus la permission de tirer les premiers. Ils ont compris aussi que le problème est identique dans

---

1. *Génération sacrifiée*, Christian Saint-Étienne, Plon, janvier 1993.

d'autres domaines plus existentiels face à l'islamiste de service ou le migrant africain ou mexicain qui sont prêts à tout, jusqu'au sacrifice suprême de leur vie, soit pour affirmer leur identité soit pour manger.

Avons-nous bien compris que la moyenne d'âge de 80 % de la population mondiale est de moins de 25 ans, quand chez nous elle est de 47 ans ? Nos enfants n'ont pas idée du niveau de combativité, de pugnacité, de volonté qui est en train d'émerger sur les autres continents. Nous leur avons vendu des modèles de vie où « *la prospérité est au coin de la rue* », où l'oisiveté, l'indolence, la gratuité et la sécurité sont des acquis. Le discours des politiques est dans ce domaine extrêmement dangereux quand ils promettent de façon démagogique et irresponsable de la sécurité, du plein-emploi, de la continuité dans la redistribution sociale et fiscale, et toujours plus d'acquis et de droits de tirage sur le patrimoine collectif. Le « *panem et circenses* » de la Rome décadente de Sénèque, celle où « *le Sénat se réunissait mais ne décidait plus* », est sûrement encore un argumentaire électoral. Pour autant il n'a jamais permis aux peuples qui se sont fourvoyés dans cette voie de redevenir grands et forts. Comment s'étonner après que la majorité des jeunes aient envie à 75 % d'aller vers des emplois protégés de fonctionnaires à la sortie de l'école ou de l'Université[1] !

Mais c'est quasiment la même chose pour nos grandes écoles qui ne formatent finalement que des « grands salariés » qui ont les mêmes pathologies que nos « hauts fonctionnaires ». Notre culture ne fait pas émerger des entrepreneurs, des inventeurs, des combattants, des vainqueurs. Nous avons réussi plus qu'aucun autre pays au monde à bien « socialiser » les esprits et à les enfermer dans des comportements normatifs, ce qui nous permet d'avoir certes les meilleurs ingénieurs du monde mais sûrement les moins aptes pour prendre en compte l'inconcevable. En aucun cas nous ne les

---

1. En mai 2004, selon une enquête d'Ipsos réalisée auprès des jeunes : 78 % des moins de 25 ans souhaitent travailler dans la fonction publique ; 31 % dans les PME et 11 % dans une grande entreprise. Cependant, 72 % déclarent que le statut d'entrepreneur constituerait la carrière idéale.

avons préparés à la confrontation avec le jeune Polonais, pour ne pas aller chercher trop loin et trop compliqué, qui sort de cinquante ans de totalitarisme et qui a « faim ». Lui a compris qu'il pouvait sans attendre ramasser le pouvoir, s'enrichir et jouer un rôle. Pour lui l'Histoire sera indulgente car il a l'intention de l'écrire. Le problème est qu'il n'est pas le seul ! De plus, lui sait que ses vrais concurrents ne sont pas en Europe ou aux USA mais bien sur les rives du Pacifique et de l'océan Indien. Le véritable défi pour nos jeunes est de cet ordre.

Nous avons compliqué les choses avec un processus de formation trop idéologique et théorique, un accompagnement éducatif absolument pas pragmatique, et un bilan socio-économique particulièrement catastrophique avec des passifs monstrueux pour démarrer dans l'existence. Il faut les remettre dans le concret, dans l'action, dans les combats qui sont ceux des rapports de force et des prises de leaderships que connaît ce début de XXIe siècle[1]. Si nous refusons cette voie, il faudra accepter de n'être plus qu'un vaste « gîte rural » pour les nouveaux riches et que nos enfants aient juste la compétence pour en assurer le gardiennage. Quel modèle de jouissance de la vie que celui de la pauvreté et la servitude qui s'offre à nous ! Plus que la pauvreté d'un état d'esprit, une telle dérive serait la traduction d'une pauvreté de l'âme de notre pays. Il faut vraiment se ressaisir et aider les jeunes à relever la tête et lutter contre ce renoncement et cet anéantissement de tant de siècles d'efforts et de créativité. L'âme française mérite mieux.

Remettre de la profondeur dans le savoir-être

La véritable question qui se pose aujourd'hui est : comment faire pour redresser la situation et mieux les préparer aux enjeux de demain ? Pour cela il faut changer comme je l'ai dit radicalement de méthode. Il faut leur apprendre « *à pêcher le poisson plutôt que de*

---

1. Cf. *Les Jeunes et l'entreprise*, Hervé Sérieyx, Eyrolles, 2002.

continuer à leur en distribuer gratuitement ». Cela signifie qu'au déni de réalité permanent il va falloir opposer le travail de lucidité. Il faudra entre autres leur expliquer que le travail n'est pas un handicap dans la vie mais qu'il peut être aussi la source de beaucoup de satisfactions et de créativité. La première chose à faire dans ce domaine serait de replacer comme principe fondamental la liberté de travailler plutôt que ce droit à l'oisiveté qui prévaut actuellement. Mais il faudra aller encore plus loin et ne pas se contenter de clarifier les choses de la vie. Il faudra aussi mettre un peu plus de profondeur dans ce savoir-être qui fait tant défaut aujourd'hui et sans lequel nos jeunes ne pourront pas être à la hauteur des enjeux tant locaux que globaux. Pour cela il va falloir les endurcir et travailler leur « force de caractère », mais il faudra en outre les « durcir » et affiner leur « force d'âme ». Pour que ces deux dynamiques trouvent leur pleine expression, il faudra substituer la pédagogie de l'action et de la prise de risque à celle de la théorisation et de la précaution actuelle. Je comprends que mes propos puissent terroriser ceux qui privilégient d'abord des « têtes bien pleines » même si elles vous produisent à l'arrivée des catastrophes, elles l'auront fait au moins dans le respect des normes et des bonnes moyennes. Je suis désolé mais ce n'est pas de cela dont nous avons besoin et encore moins nos jeunes. À cette politique sûrement vertueuse, mais qui fabrique de plus en plus d'irresponsables ou au pire de décideurs qui ne veulent plus prendre de responsabilités, j'oppose cette phrase de Benjamin Franklin que j'aime beaucoup et qui a toujours guidé ma relation avec les jeunes : « *Tu me dis, j'oublie ; tu m'enseignes, je me souviens ; tu m'impliques, j'apprends.* »

Une affaire de « *force de caractère* »

Pour la « force de caractère » nous devons leur redonner de la vitalité et de la pugnacité. Face aux réalités il faut les faire travailler beaucoup plus sur le champ de l'intuition que sur celui d'une rationalité trop bien finie. Cela suppose de mettre l'accent beaucoup plus sur le questionnement et l'esprit critique que sur les processus et les solutions. Face aux mutations en cours il faut les encourager à renouer avec le mouvement et l'action sur le terrain plutôt que d'attendre tout de modèles théoriques. Face aux ruptures sécuritaires, économiques, technologiques il faut leur faire comprendre que seule la vitesse est leur clé de survivance face aux multiples concurrences qui émergent de partout plutôt que de les entretenir dans l'illusion des sempiternelles lignes Maginot que nos élites inventent ici avec le patriotisme économique, ou là avec les discours franco-français sur l'intelligence économique, la citoyenneté… Arrêtons de leur raconter des histoires et de leur mentir. Ne les programmons pas pour une énième défaite, elle commence toujours dans les esprits quand la méthode est confuse et trompeuse. Cessons d'être défensifs et plaintifs, renouons avec le goût de la victoire et redonnons-leur le sens de l'ambition. Face à l'inconcevable qui émerge il faut privilégier l'imagination, l'audace, les décisions et surtout le sens des responsabilités. Aujourd'hui, quelles que soient les bonnes intentions des cahiers des charges politiques, nous enseignons l'inverse et tuons systématiquement toute initiative ! Je suis désolé mais désormais il faut remettre l'action et le rêve au cœur de la formation et de l'accompagnement des jeunes générations. Il faut lutter contre la peur de l'échec et de l'erreur ; bien au contraire, ces derniers sont la meilleure pédagogie. Comme l'écrit Paul Klee : « *Le génie, c'est l'erreur dans le système.* » Cette culture de l'apprentissage du risque doit être au cœur du nouveau projet de société que nous devrions privilégier. Pour le moment nous en sommes loin.

Une affaire de « force d'âme »

Pour la « force d'âme » nous devons leur redonner une éducation humaniste et ouverte sur le monde. Face aux défis qui les attendent il faut, compte tenu des limites de l'expertise scientifique, des idéologies, des technologies, les ouvrir à une meilleure connaissance des cultures et à cette éducation de la « centralité de l'autre » qui fait tant défaut aujourd'hui. Ma pratique de la vie internationale m'a appris à faire la différence entre la performance des « boîtes à outils » que l'on nous enseigne dans les écoles et dans les séminaires, et qui peuvent en effet aider à résoudre des problèmes techniques, et la nécessaire, si ce n'est indispensable, ouverture d'esprit qu'il faut sans cesse cultiver face aux autres cultures. Surtout quand on est confrontés sur le terrain à des projets complexes ou des défis *a priori* impensables. La plupart des approches positivistes ne répondent pas aux questions d'identité, aux mystères de l'existence, aux ruptures existentielles que nous vivons de plus en plus sur le terrain dans les rapports humains. Certains me diront que cela ne concerne qu'une minorité contrainte d'affronter la mondialisation de nos économies et la globalisation de nos systèmes de vie. Non, quand on est responsable d'une filiale, d'une association, d'une collectivité locale quelque part sur le territoire français ce sont les mêmes défis à surmonter que lorsque l'on se trouve confronté à une banlieue difficile ou au rachat de ses actifs par un actionnaire asiatique. Il est inutile de franchir les frontières pour se trouver impacté par les turbulences du monde. Chaque fois la règle des 80/20[1] s'inverse, ce ne sont plus les instruments qui priment mais l'humanité, la spiritualité, la proximité que l'on incarne qui font la différence.

Créer un « complément d'humanité »

Qu'en est-il de l'apprentissage de ces disciplines dites « molles », de ces marques de considération et de respect entre les cultures, les religions, les philosophies ? Nous avons là un véritable déficit de vécu, de connaissance, de partage à remonter. Il nous faut sortir du nihilisme et du cynisme ambiant. Nietzsche nous avait pourtant prévenus : *« Si je suis le bien, le mal c'est l'autre. »* Rester dans cette dialectique serait suicidaire pour notre jeunesse. D'ailleurs elle en est consciente. Un jour dans les rues de Paris sur un mur j'ai lu l'inscription suivante « Dieu est mort, signé Nietzsche » sous laquelle quelqu'un avait ajouté avec beaucoup d'humour : « Nietzsche est mort, signé Dieu ». Je crois en effet que ce début de XXIe siècle va nous obliger à renouer avec un nouvel humanisme qui ne pourra passer que par un approfondissement philosophique et spirituel.

---

1. Connue sous le nom de diagramme de Pareto, scientifique italien du XVIIIe siècle, cette règle explique que 80 % des effets sont souvent provoqués par 20 % des causes. Exemple : 80 % des bouchons ont lieu pendant 20 % du temps, 80 % des défauts sur le plan industriel concernent 20 % des opérations… Cet outil d'analyse permet de classer les priorités afin de s'attaquer aux problèmes les plus importants.

Sans ce complément d'humanité (au sens classique du terme) il manquera à notre jeunesse toute la profondeur attendue pour assumer les grands rendez-vous qui se présentent à l'horizon.

Mais voyons les choses en face, nos jeunes n'auront pas affaire qu'à ces franchissements de seuils escomptés en termes de matérialité autour des nanotechnologies, de la biologie, de l'environnement, de l'énergie que sais-je et qui nécessitent en effet que notre recherche soit plus que jamais mobilisée. Ils auront aussi à assumer ce que leurs parents n'auront jamais connu à savoir ce retour de la guerre, de ces grands désastres qui frappent de plus en plus durement des populations concentrées sur des zones à risques majeurs, de ces grandes épidémies qui menacent de plus en plus nos prétentions prométhéennes et la quiétude de notre modernité. Tous ces rendez-vous demandent des convictions et de l'engagement. Pour les rendre possibles il faut les rendre accessibles. Les médias ont dans ce domaine une responsabilité considérable. Ils peuvent faciliter cette ouverture au monde ou au contraire poursuivre sur la voie de l'abrutissement et de l'appauvrissement actuel des esprits. Pour les professionnels de l'écran plat, les choix sont encore possibles : celui du voyeurisme et du populisme facile ou celui de la culture et du divertissement intelligent ? Retenons que notre jeunesse passe entre 6 à 8 heures par jour devant des écrans plats, qu'elle ne sait vivre qu'au milieu d'un bruit permanent et qu'elle ne perçoit les signaux du monde qu'au travers d'un filtre virtuel. Au « fast-food » il faut ajouter aujourd'hui ce « fast-news » indigestes qui génère beaucoup d'agitations et de bruits pour rien. Néanmoins c'est le quotidien des jeunes générations et c'est sur ce terrain qu'ils font leurs premières armes.

Les jeunes générations nous demandent aujourd'hui de leur faire confiance et de savoir les accompagner à bon escient. Il y a là un double défi pour notre société : celui de l'écoute réciproque et celui du respect. Nous devrions méditer un peu plus cette pensée d'Hegel : « *Écoute la forêt qui pousse plutôt que l'arbre qui tombe.* » Qu'attendons-nous pour sortir de notre égoïsme et nous engager à leur côté ? Pourquoi exiger d'eux qu'ils s'engagent comme nous avons été incapables de le faire pour eux ? Ils n'attendent que cela, que nous nous réveillions et que nous n'ayons enfin plus peur.

Il faudra, face aux nouvelles grammaires du futur, changer le paramétrage de notre façon de vivre et remettre un peu plus de « savoir-être » à tous les niveaux. Arrêtons donc de tricher avec la réalité et de mentir aux jeunes. Anatole France disait à ce propos : « *J'aime la vérité. Je crois que l'humanité en a besoin ; mais elle a bien plus grand besoin encore du mensonge qui la flatte, la console, lui donne des espérances infinies. Sans le mensonge, elle périrait de désespoir et d'ennui.* »[1] C'est bien le mal qui frappe aujourd'hui notre pays : le désespoir et l'ennui ! Alors même si j'ai tort, je préfère enseigner aux jeunes générations la vérité et leur faire partager mes convictions en sachant comme Nietzche *« qu'en vérité les convictions sont toujours plus dangereuses que les mensonges… ».* La défense d'une certaine idée de la liberté sans laquelle il n'y a pas d'aventure humaine est à ce prix. À l'inverse c'est la servitude et le déshonneur qui nous attendent. Notre jeunesse mérite mieux qu'une énième « étrange défaite » ! De toute façon pour reprendre ce fameux mot de Simone de Beauvoir : *« La jeunesse n'aime pas les vaincus. »*

---

1. Extrait de *La Vie en fleur*, Anatole France, Gallimard, 1983.

Chapitre 9

Reprendre le leadership

« Quoi que tu rêves d'entreprendre, commence-le !
L'audace a du génie, du pouvoir, de la magie. »
Johann Wolfang von Goethe

Tout est possible, il suffit de le vouloir et de le mettre en œuvre. Cela ne pourra que surprendre, et donner tort à tous ces détracteurs et ces cassandres qui ne voient que de la désespérance dans la situation actuelle. C'est vrai que les chiffres et les comportements de notre classe politique, des médias et des leaders d'opinion ne peuvent qu'alimenter leurs diagnostics et constats négatifs. Je le reconnais et je sais que la « porte est étroite » pour reprendre le titre d'un livre de Gide. Mais elle n'est pas encore fermée !

Je suis pour ma part convaincu qu'il est encore possible d'imaginer une renaissance forte du pays. Elle peut se faire rapidement. L'exemple du Canada m'encourage à militer dans ce sens et à ne pas fuir, pour le moment, le pays comme beaucoup de dirigeants de ma génération. Je ne crois pas dans ce domaine à la fatalité du désespoir ou de l'échec, je crois beaucoup plus au bon sens et à la révolte salutaire des peuples face à l'insoutenable et à l'inadmissible quand les dirigeants ne sont plus à leur place et trahissent les termes du contrat politique qui théoriquement les engage. Je suis certain pour ma part que les Français sont aujourd'hui profondément révoltés même si apparemment ils donnent une impression d'indifférence et d'indolence. J'ai aussi l'intuition qu'ils sont résolument prêts à payer le prix d'une transformation radicale des modes de fonctionnement du pays. Ils ne savent pas forcément comment mais ils sont désormais pour une grande part décidés à bouger et à ne plus céder au défaitisme ambiant. Il n'est plus question de leur raconter des histoires ou de tricher avec la réalité. En effet derrière ce mutisme se cache une envie forte d'entreprendre, de faire. Derrière l'apparente nonchalance se profile une aspiration au mouvement, à l'action. Pour le moment ces pulsions sont bloquées par des processus administratifs contraignants et pesants ainsi que par des modes de management de la société qui privilégient la mesquinerie, la jalousie et la division des Français afin de mieux régner.

Préalables pour survivre

Pour engager cette renaissance du pays il faut relever la tête et recentrer les débats. Hâtons-nous, sinon les événements nous y obligeront malgré nous. Les projections faites actuellement sur une éventuelle crise financière à l'horizon 2020[1] ou sur une éventuelle crise géopolitique à l'horizon 2030-2040 avec un épicentre sur l'Asie[2] qui déstabiliseraient la France me font doucement sourire : tous les ingrédients sont là pour des successions d'à-coups insoutenables dans un avenir très proche si ce n'est immédiat (prix du baril, inflation américaine, terrorisme proche-oriental, migration des populations, rupture identitaire…). Le système n'attendra pas dix ans, ni même cinq ans pour s'effondrer de lui-même et sur lui-même à la moindre secousse internationale. Notre vulnérabilité aux mutations du monde est totale et nous ne pouvons plus le nier. C'est pour cette raison qu'il faut se montrer plus qu'audacieux et mettre la barre beaucoup plus haute que ce que proposent la plu-

---

1. Cf. *Le Jour où la France a fait faillite*, Philippe Jaffré et Philippe Riès, Grasset, octobre 2006.
2. Cf. *L'Ensauvagement – le retour de la barbarie au XXIᵉ siècle*, Thérèse Delpech, Grasset, octobre 2005.

part des programmes électoraux. Déjà la survivance du pays impose des mesures drastiques et brutales sur le plan financier et non des décisions homéopathiques comme c'est le cas actuellement pour ne pas déplaire aux lobbies qui tiennent le pays en otage. Nous ne le savons que trop ! Mais elle exige aussi de régler une fois pour toutes la question de la liberté du travail et de l'entreprise qui sont dans une situation infernale avec toutes ces entraves réglementaires, assurancielles et syndicales qui pèsent sur l'activité de ce pays. L'affaire des 35 heures est à ce titre une aberration, un anachronisme de plus dont tout le monde souffre, à commencer par les salariés qui constatent désormais les effets négatifs de ces décisions démagogiques, non seulement sur leur pouvoir d'achat, mais surtout sur la compétitivité de leur emploi et sur l'avenir de l'économie du pays. Notre survivance nécessite surtout de libérer les talents et l'énergie de la société pour lui permettre de se relever du poids de la fiscalité et des coûts indirects de cette compassion permanente qui l'accablent. Ces points bien connus des chroniqueurs et des débatteurs de nos plateaux de télévision ne sont que des préalables à la survivance. En une semaine ils peuvent être expliqués au pays. En un conseil des ministres ils peuvent être réglés. *A priori* cela semble impossible et nos technocrates rétorqueront que c'est infiniment plus complexe que cela, comme toujours. Mais si nous sommes confrontés à un choc majeur sur le plan géopolitique, comme cela aurait pu être le cas avec les événements du 11 septembre, qui constituent un bon avertissement, nous n'aurons pas plus de temps pour expliquer et décider. En une semaine il nous faudra balayer trente années de mauvaises décisions accumulées, les accords implicites de 1946 et se recentrer sur l'essentiel. Alors pourquoi attendre un choc exogène quand il ne s'agit que de bon sens et de volonté ? Les Canadiens ont su le faire avec la pédagogie souhaitable et la fermeté nécessaire. Ils l'ont fait en six mois et n'ont pas changé de cap depuis. Aujourd'hui tout le monde salue leur courage et leur détermination. Qu'est-ce qui nous empêche de nous engager dans un cheminement similaire ? Pour autant, le véritable chantier, au-delà de ce redressement nécessaire des fondamentaux socio-économiques, est bien celui de la renaissance de la France. C'est ce que les Canadiens ont fait émerger comme ligne de force pour leur pays au cours de ces dernières années. Cela n'est pas qu'une affaire de pédagogie, c'est d'abord une affaire de volonté et d'ambition. Pour cela il ne suffit pas de se révolter et de prendre quelques décisions élémentaires, il faut oser et y croire !

Les impératifs vitaux

La grande question qui se pose au terme de cette réflexion est de savoir ce que nous voulons pour le pays, pour nos enfants ; mais aussi ce que nous ne voulons pas et refuserons ! Plutôt que d'aligner des myriades de petits projets sans relief à six mois ou de s'inquiéter pour des menaces tellement globales à un siècle (et parfois douteuses sur le plan des arguments dits scientifiques) comme celle du tonitruant « réchauffement climatique », nous devrions essayer de nous centrer beaucoup plus sur ce qui fera la signature de notre pays à 10-20 ans en sachant que notre société va vivre sur cette échéance des transformations radicales sur le plan des leaderships et des identités de référence. Ces questions risquent d'être beaucoup plus décisives pour nos enfants que le sort des ours polaires et de la banquise, ou l'avenir de la Sécurité sociale et de l'ANPE... Quand on a trente policiers blessés par jour dans nos banlieues et 40 % de notre jeunesse qui n'arrive pas à trouver un emploi à la sortie des écoles ou des universités, on arrête de faire dans les effets d'annonce ou dans le virtuel écologique même si tout cela semble sympathique pour alimenter les discussions mondaines des dîners en ville[1].

Je ne doute pas un instant que ces sujets soient importants sur le long terme, en particulier ceux qui touchent à l'environnement et à la solidarité intergénérationnelle, mais soyons sérieux et affrontons ces « rendez-vous historiques » qui sont en face de nous. Un ami étranger me faisait remarquer à ce titre que « *nous étions, nous les Occidentaux, de plus en plus agités autour d'un déballage de solutions*

---

1. Cf. *Quand on sait tout, on ne prévoit rien ! Et quand on ne sait rien on prévoit tout !*, Claude Allègre, Fayard/Robert Laffont, septembre 2004.

sur des sujets de plus en plus exotiques et décalés des réalités à traiter, que nous nous comportions de plus en plus comme des camelots, en ayant parfois oublié ce qu'était la question de base ! ». Je le note en permanence lorsque je travaille avec des équipes de direction sur la prévention des risques ou sur la gestion des crises. Tout le monde est fasciné par la brillance des caisses à outils avec tous ces protocoles de gestion et surtout ces éléments de langage tout faits pour des communications éphémères et superficielles. Rares sont ceux qui sont capables de se concentrer sur le questionnement préalable et de mobiliser l'attention et l'énergie des équipes dirigeantes sur les véritables enjeux. Pourtant les conditions de la renaissance de ce pays se feront à ce prix. Quelles sont donc les grandes questions sur lesquelles nous devrions faire preuve d'audace et vis-à-vis desquelles nous devrions concentrer cette « force de caractère » et cette « force d'âme » dont je ne cesse de parler ?

Pour ouvrir le débat j'en proposerai trois. Il peut y en avoir sûrement plus mais j'ai appris sur le terrain des grandes crises internationales qu'il était difficile d'aller au-delà de ce chiffre quand on engage des cheminements stratégiques forts et *a priori* inconcevables pour une population. C'est ce qu'ont fait les Canadiens ; ils ont simplifié, clarifié les objectifs et concentré les efforts du pays autour de quelques axes simples, compréhensibles par tous et faciles à mettre en œuvre. Essayons déjà d'appréhender et de traiter correctement ce minimum. Si nous y arrivons, nous risquons alors de surprendre le reste du monde et d'être à la base de nombreuses transformations durables et souhaitables pour notre société. Ces trois questions fondamentales sont les suivantes :

1. Qu'est-ce qui va faire rêver nos enfants et petits-enfants ?
2. Quel est l'espace-temps de notre renaissance ?
3. Quels leaderships sommes-nous prêts à assumer dans les 10-20 prochaines années ?

Il est évident que ces trois questions portent en elles-mêmes l'émergence d'une nouvelle forme d'ambition pour notre pays. Elles ne peuvent pas se contenter d'une médiocre gestion des acquis ou d'un pitoyable partage de cette « peau de chagrin » que constitue la « providence étatique ». Elles exigent d'aller au bout du raisonnement et de mettre en place plus que des décisions. Ce sont de véritables révolutions politiques, au sens fondamental du « *re-mutare* » latin, qui sont à mettre en œuvre mais cette fois-ci avec raison et intelligence.

« Faire rêver » nos enfants

La première consiste sans aucun doute à clarifier ce qui fait que nous aurons beaucoup plus envie « d'être ensemble » plutôt que de simplement « vivre ensemble ». Aujourd'hui tous les discours tournent autour de la seule coexistence de notre système de vie. Nous l'avons vu, les ruptures de confiance sont majeures et notre société se fracture en ghettos avec des dérives communautaristes et sécuritaires qui ne sont pas saines. Elles génèrent de la haine, du mépris, des formes d'incivilités de plus en plus violentes. Elles se traduisent par des inquiétudes, des réflexes identitaires qui révèlent à quel point les Français ne savent plus qui ils sont et où ils sont. Les élections se jouent de plus en plus autour de cette question et rares sont les hommes politiques qui ont compris qu'il y avait aujourd'hui beaucoup de désespérance au sein d'une grande partie de notre peuple. En fait, actuellement, le drame des Français est qu'ils n'existent plus. La nation n'est nulle part. Dans tous les débats il n'est plus question que de « l'État », ou du moins ce qu'il en reste, et du « citoyen », ou pour le moins ce qu'il ressort de cette forme d'ego déresponsabilisé et hédoniste qui se complaît dans un voyeurisme permanent. Entre le « on » et le « je », il n'y a plus de place pour le « nous ». Entre le « technocrate-bobo » qui est décalé des réalités et l'individu-roi qui fait du déni de réalité, il n'y a plus de place pour ce que les experts dénomment sans trop la définir : la « société civile ».

Celle-ci ne peut plus devenir « civique », au-delà de sa nature « civile », puisque la relation fondatrice « État-nation » a explosé.

Prenons quelques exemples : les liens « armées-nation » se sont très vite dissous en à peine une décennie dans la professionnalisation des armées et dans la privatisation des conflits. Les liens « pays-nation » ont été pulvérisés face à la mondialisation des capitaux et à la globalisation des processus technologiques qui ont gommé les notions de frontières et de souveraineté. Les notions de patriotisme et de citoyenneté qui sont inhérentes à ce lien « État-nation », et qui sont utilisées par quelques élites nostalgiques, ne veulent plus rien dire au Français de base qui chaque jour voit son territoire déstabilisé de l'intérieur, ses intérêts convoités et rachetés par des hordes de commerçants chinois, d'industriels indiens, d'agriculteurs brésiliens…

Tout ce qui faisait sens hier pour la nation est remis en cause soit par le haut (perte de crédibilité des États, illégitimité des élites…) soit par le bas (rupture des termes de la sécurité territoriale, des équilibres sociaux, de la compétition économique…). Les réflexes élémentaires de survivance nous font glisser inexorablement dans les débats régressifs du comment « vivre ensemble » alors que la véritable question pour se relever est bien celle du « être ensemble ». À 10-20 ans elle pose clairement le sens d'une société engagée de façon irréversible dans un multiculturalisme que nous n'avons jamais vraiment connu au cours des siècles passés.

Comment remettre en route une société civile qui est en pleine dislocation et transformation de ses référentiels identitaires ? Là est la grande question de ce début de siècle. La France a vécu sur l'affirmation absolue pendant quasiment mille ans d'une domination du « blanc » avec des racines politiques et culturelles gréco-latines et un tréfonds spirituel judéo-chrétien. Aujourd'hui la France ne fabrique plus du « blanc » avec sa démographie en panne. Elle est de plus en plus submergée par l'émigration des pays arabo-musulmans du Bassin méditerranéen et par celle de l'Afrique sub-saharienne. Quelle que soit la politique adoptée ces vagues de migration sont inévitables, ne serait-ce que pour combler les vides de main-d'œuvre dont a besoin notre pays pour assumer des tâches élémentaires que les Français ne sont plus en mesure de faire ou ne veulent plus accomplir (et je ne parle pas du ramassage des déchets, le recrutement de nos armées montre que dans ce domaine le métier de soldat n'est plus forcément attractif pour les jeunes Français de souche surtout dans un marché qui se raréfie en termes d'offres, d'où le recours de plus en plus à des jeunes migrants comme aux USA avec les Mexicains). Cette mutation est considérable. Per-

229

sonne ne veut l'entrevoir alors qu'elle va dominer le quotidien de nos vingt prochaines années.

Dans cette perspective : quel est l'avenir de la nation française ? Qu'elle sera « l'âme » de ce pays ? Sur quelle « force de caractère » allons-nous bâtir notre rêve collectif ? Sûrement pas sur le mythe du celte gallo-romain ou du franc de Clovis ! Encore moins sur celui du saxon réformiste ! Est-ce sur une myriade de petits caïds qui auront pris le pouvoir localement à force d'abandonner territoires et volonté « d'être ensemble » ? Ou est-ce sur une nouvelle alchimie collective autour d'une société civile recomposée et de nouveaux centres de décision plus respectueux et responsables vis-à-vis du peuple (cf. le rôle des régions dans le cadre de la décentralisation par rapport aux départements, à nos 35 000 communes… et à l'État). Il est évident que mon choix va plutôt dans le sens de la seconde hypothèse. Elle semble bien entendu vertueuse, mais elle est infiniment plus exigeante qu'il n'y paraît. Elle nous contraint à mettre à plat au plus vite le fonctionnement de cette relation État-individu et à bien remettre la société civile au cœur des grands débats et enjeux de société.

Cela signifie qu'il faut transformer cette gouvernance dite régalienne – et qui au fil du temps est devenue autocratique, oligarchique et clanique – pour renouer avec des institutions plus démocratiques, si ce n'est « symbiotiques ». Pour qu'il y ait alchimie il faut qu'il y ait en effet symbiose dans la démarche collective. Afin de régler cette question cruciale de la confiance, qui doit être au cœur de la transformation de nos institutions et du pilotage du pays, il faut être désormais obsédé par cette question fondamentale du sens sans lequel il n'y a pas de fusion des intérêts particuliers vers un niveau supérieur. Ce point est très important, surtout dans une société qui se recompose en termes d'identités en redistribuant les cartes du pouvoir avec une tendance prononcée pour privilégier des débats de plus en plus radicaux autour de questions philosophiques et religieuses qui ne facilitent pas cette recherche de symbiose.

Pour ne pas basculer dans l'irréversible et ces logiques fractales dont j'ai parlé dans la première partie, il faut être très fort, au sens de cette « force de caractère » et cette « force d'âme » qu'il nous faut valoriser. Il n'est plus admissible que le débat et la prise de décision soient confisqués par de petites oligarchies sans avenir et sans ambition. Il faut pour cela réinventer une démocratie digne de ce nom et rebâtir en premier lieu un véritable parlement, plus qu'une pseudo « agora » autocentrée autour d'un « star-system » comme nous l'avons actuellement avec nos médias. Il faut un parlement qui soit représentatif, légitime et actif pour épauler l'exécutif de ce pays qui ne peut plus fonctionner seul dans son coin. Seuls les parlementaires, élus du peuple, sont capables et ont encore la légitimité pour engager ce travail de pédagogie qui est à mener pour transformer ce pays. Quand je parle d'un parlement rénové, cela signifie qu'il nous faut inventer une véritable représentation politique où tous les référentiels identitaires peuvent se retrouver. Si nous continuons à avoir un parlement fantoche avec des énarques et des professeurs en disponibilités, ne nous étonnons pas si nous avons dans les cinq ou les dix prochaines années des parlements parallèles dans les quartiers avec des imams, des caïds ou des extrémistes et des excités de tous bords. Je les imagine à la tête de groupes de pression qui oscilleront entre des prétentions politiques et des pulsions quasi militaires avec l'émergence de branches armées illégitimes et incontrôlables. Nous en avons suffisamment l'illustration tous les jours, certes en Palestine pour ceux qui pensent que c'est encore loin et que nous ne sommes pas concernés par le phénomène. Mais il suffit d'observer le fonctionnement de certaines dissidences comme celles des Corses ou des Basques pour s'apercevoir que notre territoire est déjà marqué par ces pratiques. Que dire alors de l'émergence d'un certain nombre de dérives sur les zones de non-droit qui narguent en permanence la République. Ce point est crucial : il faut réinventer une démocratie participative et véritablement responsable de ses choix et de ses actes.

Ce nouveau modèle de gouvernance ne doit plus être pensé à partir du « on » impersonnel de l'État ou du « je » égocentrique de l'individu mais bien à partir d'un nouveau « nous » où la fusion des identités gréco-latines et arabo-africaines, des spiritualités judéo-chrétiennes, musulmanes, animistes… (pour ne prendre que les plus visibles, qui n'ont jamais eu l'occasion de s'additionner)

231

devront le faire. Parvenons-y, sinon nous irons droit sur ce choc des cultures tant redouté par nos élites (qui préfèrent une société bien lissée autour d'une idéologie positiviste plutôt qu'autour de référentiels identitaires et de convictions philosophiques et spirituelles).

À chaque épreuve, l'âme de la nation française a su faire la démonstration qu'elle avait en son for intérieur cette pugnacité, ce courage inexplicables qui lui ont permis de se redresser, de se relever et de marcher vers un destin toujours surprenant et redouté tant de nos alliés que de nos adversaires. Quelques grands hommes politiques l'ont parfaitement compris au cours des siècles. Ils ont épousé l'ambition du peuple français et celui-ci les a fait roi, empereur, président de la République en leur laissant les « pleins pouvoirs ». Le risque de ce jeu de fascination réciproque entre de grands hommes et cette « grande nation » impétueuse, arrogante, ambitieuse est de passer par des temps morts où les bureaucrates et les médiocres s'emparent des clés sans avoir la moindre aptitude à en assumer les « pleins pouvoirs ». Actuellement nous sommes dans cette phase de vide politique alors que l'horizon se charge lourdement et qu'il nous faut plus que jamais clarifier ces dix siècles de jeux ambigus entre la nation et ses gouvernants.

Notre défi européen

Cela peut être une solution momentanée, le temps de recouvrir ses esprits (pour ceux qui ont pratiqué le déni de réalité), de comprendre et de s'organiser pour les autres. Ce ne peut être une finalité en soi. Les exemples de l'Afrique du Sud, d'Israël, de la Californie illustrent chaque jour les limites de ces choix. L'histoire est encore plus riche d'exemples de citadelles qui se sont effondrées face aux nouveaux entrants. Cessons d'être naïfs dans ce domaine : la flèche l'a toujours emporté sur la cuirasse, ce n'est qu'une question de temps et de circonstances. C'est pour cette raison que nous devons être particulièrement innovants sur les nouvelles conditions de pilotage de la nation française. L'enjeu est d'autant plus important qu'il n'y a plus de pilote à la passerelle...

En cela nous sommes sur la seconde grande question : quel est désormais notre espace-temps stratégique pour permettre à ce rêve de se formaliser ? Inventer une nouvelle démocratie qui fasse sens pour tout le monde suppose de l'ancrer dans une réalité qui est celle d'une géographie et d'un rythme de progression acceptés et assumés par tous. Impossible de demander à un peuple d'aller au-delà de sa volonté et d'aller plus vite que ses capacités, excepté lorsqu'il adhère à un projet clair et ambitieux. Le résultat du référendum sur le projet de Constitution européenne devrait à ce titre nous faire réfléchir tant le discours est confus et le projet dénoué d'ambition. Il va bien au-delà du vote sanction vis-à-vis de notre corps politique. Il faut avouer que cet élargissement effréné qui nous est imposé par Bruxelles génère des déséquilibres de plus en plus flagrants entre des régions dont les maturités et les histoires n'ont rien de commun. Les seules choses communes à cet espace-temps dit européen sont ces procédures financières et réglementaires dictées par la « Commission ». Sur le terrain, les modes de vie, les aspirations, les réflexes identitaires sont peut-être régulés par l'Euro et par un passeport *a priori* commun, ils restent pour autant dispersés et très marqués par les empreintes locales. Il est important de clarifier ce point de l'espace-temps vital de notre redressement puis de notre renaissance sur les deux prochaines décennies.

S'il s'agit vraiment de l'Europe, il faut prendre des décisions considérables et dans les plus brefs délais pour rendre viable ce défi existentiel. Avant d'aller plus loin dans le propos il reste à en définir les limites géographiques. Autrement nous risquons de sombrer dans le grotesque. Au rythme actuel l'ensemble du monde finira par adhérer à l'Union européenne en 2050… Pour ma part je reste convaincu que le rêve européen demeure, pour le moment et de façon épistémologique, lié à ses racines gréco-latines et à son empreinte spirituelle chrétienne. Le nier serait faire de l'Europe un petit produit technocratique sans ambition et sans âme, ce qu'il est un peu devenu au fil des ans, d'où le vote sanction des peuples concernés. Heureusement l'arrivée du dossier turc et le spectre de la pieuvre russe avec son chantage au pétrole et au gaz nous ont un peu remis les pieds sur terre. Mais pas totalement : beaucoup croient encore au mythe de « l'amitié des peuples » ou à cet « œcuménisme angélique » qui consiste à faire croire aux naïfs (souvent très instruits) qu'il n'y a pas de rapports de force entre les peuples et que nos voisins n'ont que de nobles intentions à notre égard. Beaucoup voient aussi derrière ce rêve de fusion des peuples l'expression d'une idéologie collective et laïque vertueuse – que les bons esprits opposent aux idéologies collectivistes et totalitaires qui ont tant endeuillé l'Europe – et qui serait quelque part la seule démarche capable de surmonter les divisions historiques de ce continent. Entre cette illusion territoriale et l'émergence de cette nouvelle utopie collective que constitue la conscience écologique dans les débats électoraux nous pouvons nous demander si les dirigeants européens ont encore le sens des réalités...

Beaucoup n'ont pas compris que l'Europe que nous portons aux nues comme étant le modèle sublimatoire de demain n'est pour le moment qu'une chimère. Il rassure tout le monde car il représente le modèle qui ne pourra qu'émerger après l'inévitable effondrement américain (car pour les meilleurs spécialistes français le modèle américain doit nécessairement disparaître : ils feraient mieux de s'interroger sur le devenir du nôtre pour le moment !) et la souhaitable explosion chinoise (car toujours pour nos meilleurs spécialistes le modèle chinois ne pourra pas tenir longtemps face à la pression sociale liée à son réveil économique : là aussi ils feraient mieux de s'inquiéter de notre probable et proche effondrement !). À croire que ce sera le modèle qui résistera le mieux au fameux réchauffement climatique dont toutes les gauches caviars du monde occidental se sont emparées pour inventer une nouvelle taxation du monde des affaires, à l'origine bien entendu de l'irresponsabilité des consommateurs (dont ils font partie...). Après avoir fiscalisé les citoyens à outrance pour financer la paix sociale, puis la paix civile, ils nous inventent maintenant la paix écologique en instrumentalisant les OGM, le CO_2... Les mêmes ne clament pas sur les toits que ces dossiers sont devenus de bons marchés lucratifs pour ceux qui ont bien compris les produits dérivés de cette nouvelle pression politique sur le dos de la société civile. L'Europe au milieu de tout ce capharnaüm idéologique serait-elle donc cet espace-temps salvateur des temps nouveaux ? Pourquoi pas et après tout ; sous réserve de ne pas tomber dans le délire des diagnostics ou agitations que je viens d'évoquer !

Si tel est le cas nous devons alors sans attendre provoquer des changements radicaux dans le pilotage de cette nouvelle « géographie commune ». Celle-ci ne pourra pas être conditionnée à la seule approche latine et oligarchique que nous connaissons et pratiquons de la « *res-publica* ». Il faudra faire un effort considérable pour marier l'approche universaliste latine et la praxis anglo-saxonne qui a structuré les modèles nordiques de l'Europe. C'est une véritable révolution qui est à mettre en œuvre. Elle constitue un préalable incontournable avant d'aller sur d'autres projets tout aussi stratégiques comme celui de l'Euro Méditerranée. Comment prétendre être à la hauteur de ces défis à l'horizon 2020-2030 si nous sommes faibles et confus sur notre propre cœur stratégique ? Le problème est que nous ne sommes pas parvenus à régler cette question en mille ans, là où les migrants américains libérés de l'étreinte et des démons du vieux continent ont mis trois siècles pour bâtir un socle commun pour 300 millions d'habitants venant du monde entier. C'est un défi dont nous ne mesurons pas l'ampleur et l'enjeu. Pourtant nous devons désormais le réussir en deux ou trois décennies maximum alors que nous venons déjà de prendre un demi-siècle de retard. Pourquoi ? Parce que nous n'avons jamais voulu aborder cette question de l'espace-temps vital européen en l'approchant sous un angle politique. Peut-être avons-nous eu peur des réminiscences de ces conflits fratricides qui n'ont cessé d'alimenter la succession des fils de Charlemagne depuis un millénaire.

Une chose est certaine : nous n'avons plus le choix aujourd'hui[1]. Soit nous surmontons cette hantise politique et nous décidons de bâtir un véritable processus politique, soit nous continuons à ergoter et à nous limiter à des petites réunions de comptables et nous n'existerons plus dans 10-15 ans. Ou tout le monde parlera de l'Europe comme une référence politique incontournable, ou plus personne n'en parlera, comme on ne parle plus de l'URSS... Tel est le sort des idéologies désuètes ; elles sont sur les cartes politi-

---

1. Cf. *Où va l'Europe ?* de Philippe Moreau Desfarges, Eyrolles, 2006 et *France-Allemagne, mission impossible ?* de Joachim Bitterlich, Albin Michel, 2005.

ques comme des mers mortes oubliées par les grands courants de l'Histoire. Si nous prenons le pari d'une véritable Europe, non pas confinée et bunkérisée autour de quelques réserves de vieillards nantis, mais bien identifiée en termes de périmètres de vie, de référentiels et d'ambition, cela signifie qu'il faut que nous ayons la même vision de notre destin pour le pire et pour le meilleur. Aujourd'hui nous ne l'avons que pour le meilleur : celui de la jouissance de nos actifs, de notre culture et de notre patrimoine.

La véritable question est bien celle du pire. Si nous devons aller sur ce terrain, cela veut dire que la France doit contribuer alors à sacraliser le défi européen. Comme le rappelle fort justement François Heisbourg : « *Si la France a pu boxer au-dessus de sa catégorie pendant cinquante ans, c'est en partie grâce à la construction européenne, nous nous sommes mis dans une impasse et nous y avons aussi entraîné nos partenaires. Dire que la question institutionnelle est secondaire est absurde. Elle est au contraire fondamentale. Sortir de cette impasse sera la priorité des priorités du prochain président de la République, quel qu'il soit.* »[1] Pour cela il faut sortir de notre doctrine de l'indépendance en termes de souveraineté et partager notamment l'arme nucléaire et les attributs régaliens qui font de l'exécutif français un gouvernement à part au sein de l'Union européenne. Nous en sommes loin et les débats actuels vont plutôt dans le sens opposé. Prendre une telle décision avec tout le train d'initiatives qui va avec est non seulement une réelle prise de risque pour la France, surtout face à une organisation qui n'est perçue par la population que sous un angle technocratique. Partager le dossier « assurance-vie » de notre peuple avec de petits comptables et offrir aux autres pays le même niveau de défense en diluant notre signature diplomatique n'est pas rien en effet. Cela signifie que non seulement nous renonçons à l'indépendance nationale, dont nous pouvons nous demander si nous l'avons toujours..., mais que nous serions prêts à céder aussi notre siège au Conseil de sécurité de

---

1. Cf. interview de François Heisbourg, président de la FRS, dans « Au cœur des alliances mondiales », *Enjeux les Échos*, décembre 2006, hors série « La France dans le monde demain ».

l'ONU pour le transférer à l'Union européenne (ce que les Anglais se sont toujours refusés de faire).

Pour y arriver il faut désacraliser un peu plus la République et sacraliser l'échelon politique européen. Cela ne sera possible que si nous avons réussi à inventer en amont un autre mode de démocratie participative qui fasse sens. Il n'est pas imaginable que les Français acceptent de s'engager dans un tel processus à la fois de renoncement et de redimensionnement de leur espace-temps stratégique sans qu'ils aient mûri sur le plan des modes de gouvernement de la nation et de pratique de la démocratie. L'avenir de l'Europe se joue sur ces dimensions et pas uniquement sur l'Euro. Il se joue sur la capacité des peuples à assumer ensemble avec le même niveau de détermination ce « pire » qui scelle le destin des nations, beaucoup plus que celui des États dont le cynisme se nourrit souvent de la tragédie des peuples, malgré eux ! Si l'Europe est vraiment notre destinée en termes d'espace-temps vital pour permettre à notre pays de renaître, il faut alors faire émerger une territorialité assainie en arrêtant la cavalcade actuelle de nouvelles adhésions. Il faut promouvoir une autorité rehaussée par de véritables transferts de pouvoir de notre défense et de nos outils de sécurité les plus sensibles au niveau européen. Cela concerne la question du nucléaire, du contre-terrorisme, du renseignement et des capacités de déploiement rapide de nos forces conventionnelles avec tout ce que cela comporte sur le plan des déclinaisons industrielles, financières et les transferts de compétences. Il faudra aller jusqu'à recentrer et clarifier la légitimité de la signature européenne sur le plan international. Les Français accepteront-ils d'être représentés par une institution supranationale quand on connaît notre prétention à une certaine universalité de notre aura ? Telle est la question pour nos petits-enfants. Si nous ne sommes pas en mesure de générer cette dynamique avec des initiatives hors normes, alors il vaut mieux penser immédiatement la défense du réduit français et essayer de passer les prochaines décennies avec le minimum de dégâts, à défaut de les passer avec de l'ambition.

Dans cette hypothèse, le coût sécuritaire d'un tel repli identitaire risque d'être colossal. Il paraît même aberrant non pas en termes financiers mais en termes humains car nous ne pourrons pas demander aux jeunes générations d'assumer cette sécurisation du bunker français. De toute façon ils n'accepteront pas de payer de leur vie la protection de « papy-boomers » égoïstes et sans envergure. La France n'est pas Israël. Il lui manque aujourd'hui cette dimension existentielle, philosophique et spirituelle qui fait que, même petit, un peuple a la capacité de résister à la vindicte et arrive à transformer l'histoire. Ce n'est pas du tout joué pour Israël, alors encore moins pour la France. Dans ce domaine nous nous faisons des illusions. Si la France préfère se replier sur elle-même, préfère un espace-temps plus classique, préfère ne pas oser pour mieux profiter de son patrimoine, alors elle n'a pas besoin d'une démocratie rénovée et responsable. Une République bananière améliorée suffira ! Elle devrait nous permettre, tel le régime cubain, d'entretenir le peuple dans une soumission de nantis en voie d'appauvrissement mais qui donneront encore l'impression d'être puissants et reconnus parce qu'ils seront devenus une destination touristique sympathique sur le plan médiatique.

Il en est ainsi de Cuba, qui n'est rien d'autre qu'une carte postale. Nous pouvons devenir cela au sein d'un espace-temps européen rénové autour d'une Allemagne à nouveau conquérante. Nous pouvons choisir de devenir une sorte de bantoustan avec des îlots touristiques pour Chinois ou Indiens fortunés et des îlots de non-droits pour les caïds et radicaux de l'est et du sud de la Méditerranée. Nous pouvons aussi être dans un scénario encore plus sombre avec une Europe à la dérive, disloquée derechef par ses querelles fratricides et déstabilisée de l'intérieur par des vagues de migrants qui refusent l'autorité de nos institutions chancelantes et confuses. Pour éviter ces scénarios inavouables et insupportables pour nos enfants, nous n'avons plus le choix. Il faut une fois pour toutes clarifier cet espace-temps stratégique et aller jusqu'au bout du raisonnement sur les conditions de son pilotage. Là aussi le script n'est pas écrit, tout est à imaginer et la prise de risque est énorme pour le destin de notre pays. La seule façon de faire pour réussir est d'aller plus vite et plus fort que les autres. C'est à nous de donner le « la » et le « tempo ». Qu'attendons-nous ?

Reprendre « la main »

Se pose alors la troisième grande question pour notre pays. Question que s'est posée l'Angleterre à un moment donné, que se pose actuellement l'Allemagne et je préfère ne pas parler du tzar russe qui est de plus en plus impatient. Faut-il faire dans le consensus comme ce fut le cas depuis trente ans, ou faut-il faire dans la prise de leadership sans trop attendre et trop demander l'avis aux uns et aux autres ? Ce qui a tué notre vie politique est le consensus mou : le jeu est en permanence au centre (comme dans un mauvais match de football). L'absence de débats, cette dialectique stérile « gauche/droite », l'émergence de cette « pensée unique » ont neutralisé notre pays. Ce qui a tué le projet européen c'est l'absence de leadership et par là même d'émulation, de compétition entre ses membres. Tout a été là aussi lissé, amoindri, aplani. Les fameux critères de Maastricht nous ont fait glisser dans ces dérives malsaines des déficits publics, l'Euro couvrant les mauvaises décisions et permettant à nos technocrates de poursuivre ainsi, sans qu'il y ait de sanctions des peuples tout en continuant à prélever fiscalement sans vergogne.

Ce temps est terminé. Une démocratie rénovée et qui se respecte, un espace-temps stratégique qui s'affirme et s'impose, ne peuvent pas s'imaginer sans un sens du leadership. Cela va plus loin que le sens des responsabilités et de l'ambition qu'il nous faut déjà retrouver ; cela suppose que nous ayons quelque chose à dire, à promouvoir mais aussi à promettre, certes à notre peuple mais en outre aux autres peuples du monde entier. Un ami me faisait remarquer avec beaucoup d'humour que dans ce domaine notre fascination pour les plaidoyers d'Al Gore, de Tony Blair et de tous nos écolos sur l'état de la planète était très sympathique, mais comment faire confiance aux discours de dirigeants qui ne sont pas capables de traiter correctement le « réchauffement de leurs banlieues » ! Comment en effet relever la tête et engager nos meilleurs talents sur des lignes de progrès audacieuses quand nous sommes incapables d'affirmer notre « force de caractère » et notre « force d'âme » à trente minutes de nos centres de décision. Il y a là un enjeu pour notre pays qui est de plus en plus crucial. Il est plus

239

que temps de sortir des discours biaisés et archaïques qui piègent notre société : celui du travail, du social, de la solidarité... tous basés sur le partage d'une économie manufacturière et totalement obsolète. Ce discours est d'un autre temps. C'est pourtant celui-là qui alimente tous les plaidoyers « en boucle » de nos politiques sur la « bataille du plein-emploi », sur « le maintien des prestations sociales », sur la « nécessaire égalité des chances »... Tous ces discours nous tirent vers le bas et empêchent l'émergence d'une société gagnante et porteuse de projets, d'espoir et d'espérance pour sa jeunesse. Ils entretiennent les esprits dans le repli sur soi, la précarité, la pauvreté, là où les Français ont besoin d'ouverture, de défi, de confrontations pour se réaliser et s'exprimer.

Cessons de raconter des histoires à nos concitoyens ; il n'y a pas de victoire sans compétition, sans combats, sans confrontations. La culture des « Droits de l'homme » a littéralement endormi nos cerveaux et neutralisé nos libidos. Nous avons fabriqué dans nos écoles et nos grandes organisations des êtres fortement instruits et dotés de « savoir-faire » souvent exceptionnels. Cette éducation s'est parfois faite au détriment d'un minimum de « savoir-être », pour aboutir la plupart du temps à des êtres totalement soumis et serviles qui n'ont plus le sens du combat et de la victoire. Non seulement ils n'en ont plus l'idée mais ils n'en ressentent pas le goût et le besoin. Nous sommes loin de cette culture du leadership où la prise de risque et l'audace sont des leitmotives permanents des cheminements de vie. Notre société a vendu à sa jeunesse la « peur de tout perdre », lui donnant l'illusion qu'elle avait déjà tout ; elle lui a vendu en fait un certain nombre de chimères à crédit. Aujourd'hui nous devons inverser ce processus car nous sommes en train de tout perdre pour avoir trop peur des choses élémentaires de la vie. En face de nous, autour de nous, parfois et de plus en plus chez nous, il y a de nouveaux entrants, de nouveaux acteurs qui n'ont peur de rien car ils n'ont ni patrimoines, ni référentiels. Ils veulent tout simplement ramasser le pouvoir que nous leur abandonnons ! C'est bien de cela dont il s'agit. En plus, le butin est alléchant...

La renaissance de notre pays est à ce prix. Elle passe par une réaffirmation non seulement de notre identité, de notre rêve, de notre ambition mais aussi de notre prétention à redevenir un point de référence, à être un acteur incontournable, à être une « âme » pour l'histoire qui va s'écrire. Et que l'on ne me dise pas que nous n'avons plus la masse critique. Je ne le sais que trop ! C'est justement parce que nous sommes confrontés à des jeux asymétriques qu'il nous faut inventer d'autres formes de prise de leadership. Dans les arts martiaux on apprend bien à se battre à un contre dix, c'est une discipline mentale avant d'être une application physique sur le terrain. Il nous faut nous mettre dans cette philosophie et accepter l'inversion des rapports de force. Nous sommes face à d'autres jeux, à nous d'imaginer les postures et les parades.

Pourquoi « avoir peur d'être » ? Il est vrai qu'une stratégie de leadership suppose un coût d'affirmation de soi, de présence, de rayonnement, d'implication et surtout de convictions avec forcément un risque de perdre. Immédiatement je sens les critiques des détracteurs du libéralisme ou du colonialisme… Ce sont généralement les mêmes qui n'ont jamais été gênés par les génocides systématiques de ces modèles idéologiques collectivistes qui dominent leur pensée et qui ont tant marqué cette histoire tragique du XXᵉ siècle. Mais évidemment tout ceci a été fait pour le bien-être de l'humanité, si je les écoute bien. C'est parce que nous avons eu cette tragique démonstration qu'il nous faut renouer avec des élans forts et porteurs d'espérance pour l'humanité. Il ne faut plus avoir peur de ce discours du leadership et se cacher parce que nous avons envie de faire des choses durables et porteuses de sens pour les populations. Je dis bien de sens et pas uniquement de progrès car là furent les limites du leadership d'hier.

Le monde qui apparaît fonctionne en réseau, autour de logiques de compétences et sur des protocoles qui sont ceux de la confiance, d'où la nécessité de faire émerger cette démocratie symbiotique et ce nouvel espace-temps stratégique dont je viens de parler. Cette révolution est basée non pas sur le partage de biens et de richesse mais sur celui du savoir et de l'influence. C'est dans ce sens que nous devons orienter ce défi du leadership pour notre pays. Nous avons toutes les compétences requises pour nous engager dans cette voie et il faut le faire avec détermination. Bien entendu elle suppose deux préalables que j'ai évoqués : restaurer cette confiance qui fait tant défaut au sein de notre société civile et repositionner notre signature stratégique au sein des masses critiques qui émergent au niveau mondial. Il faut abandonner l'idée que nous serons capables de tenir face à l'impressionnante puissance de transformation qu'est devenue la Chine, et de développement industriel qu'elle deviendra d'ici 5 à 10 ans avec l'Inde. Notre devenir est ailleurs.

Il est dans cette capacité, certes d'innovation, de créativité que l'on nous accorde encore de façon parcimonieuse (même si nos chercheurs vont chercher la reconnaissance ailleurs), mais aussi, ce qui est moins connu, d'ingénierie et « d'ingéniosité » comme le disent les Canadiens. Dans ce domaine nous avons des cartes à jouer qui sont aux carrefours de tous les grands enjeux des cinquante prochaines années : celui de l'urbanisation et des grandes migrations de population, celui des technologies, des énergies du futur et de la maîtrise du vivant, mais aussi celui des grandes reconfigurations collectives au travers d'une meilleure gestion des risques et des sorties de crise face aux inévitables dysfonctionnements que nous aurons à assumer[1]. Sur tous ces points la France a des talents, des sensibilités, des possibilités qui ne demandent qu'à s'exprimer de façon plus claire, plus explicite[2]. De nombreux dirigeants, équipes, experts souhaitent prendre le pilotage d'expérimentations, d'opérations sur le territoire ou sur des lignes de front internationales. Ils sont souvent empêchés d'agir par des administrations tatillonnes, des hommes politiques incompétents, des concitoyens désinformés et angoissés. Il y a là un enjeu considérable pour notre pays. Sur des dimensions que je côtoie : quand un Bernard Kouchner, à la sortie de son expérience au Kosovo, n'est pas soutenu par la classe politique pour porter (comme d'autres moins connus mais tout aussi efficaces et innovants) ses talents à d'autres niveaux et imposer ainsi la signature et le leadership français en matière de sortie

---

1. Réf. : Rapport rédigé par Xavier Guilhou et Patrick Lagadec pour l'OCDE « Le Pilotage des crises non conventionnelles – aux confins du chaotique », mars 2006.
2. Cf. *La France qui gagne*, Nicolas Jacquet et Guéric Jacquet, Odile Jacob, octobre 2005.

de crise, c'est inadmissible pour l'avenir de notre pays ! Quand certains grands groupes innovants sur le front des grands enjeux des énergies renouvelables, du traitement de l'eau, de l'ingénierie urbaine se voient l'objet de mesquineries administratives d'un autre siècle alors qu'ils pourraient transformer radicalement nos banlieues et aider des pays à maîtriser une urbanisation galopante, c'est criminel ! Surtout quand à l'arrivée la désespérance locale se traduit aux portes de nos grandes villes par des bus incendiés avec des jeunes brûlés vifs ! Je pourrais multiplier à l'infini les exemples des retards pris, des aberrations engendrées par cette culture de la médiocrité, de la médisance, de la jalousie, je devrais dire de la bêtise humaine instrumentalisée pour empêcher celui qui est « ingénieux et audacieux » d'aider les autres à se grandir, à relever la tête, à marcher de nouveau.

Empêcher le mouvement, l'action, le renouveau est devenu le leitmotiv de certains lobbies politiques, syndicaux et corporatistes en fin de course. Ces derniers ont plus intérêt à maintenir le pays dans un état d'angoisse et de fébrilité qu'à l'engager dans des prises de risque dont ils seraient les grands perdants. Mais nous n'avons pas d'autre alternative, si nous faisons le pari d'une démocratie rénovée et d'une certaine ambition stratégique, il nous faudra assumer aussi le sens de la victoire. Il nous faudra accepter de porter cette promesse d'un autre destin, d'un autre devenir et d'une autre espérance que ceux que nous gérons bien tristement aujourd'hui. Pourquoi travailler cette « force de caractère » et cette « force d'âme » si nous ne voulons pas aller au-delà des conventions et du conventionnel ? C'est parce que nous avons ces aptitudes et que nous l'avons démontré à plusieurs reprises dans notre histoire qu'il nous faut aller plus loin et plus haut. Les peuples qui sont sortis de grandes catastrophes historiques comme ceux de l'Europe Centrale, ou de grands désastres tels ces Américains après Katrina, m'ont tous indiqué cette voie-là !

La France n'a plus le choix, et les Français le savent bien. C'est pourquoi il est encore temps d'organiser la survivance du pays. C'est pourquoi il est plus que temps d'engager aussi et en même temps la nécessaire renaissance du pays. Si nous n'avons plus l'amour-propre de le faire pour nous, ayons au moins le courage de le faire pour nos enfants et petits-enfants. Ils ne nous en voudront jamais d'avoir pris des risques (*a priori* inutiles pour certains) mais indispensables pour leur survie, ils nous reprocheront toujours notre lâcheté et notre manque d'imagination.

Récapitulons...

Rien n'est définitif et tout est toujours possible ! La question est en effet de le savoir, de le pouvoir et surtout de le vouloir ! Il me semble que désormais les Français commencent à comprendre que le monde bouge à très très grande vitesse et que nos images d'Épinal ne résistent plus aux vagues de fond de la mondialisation. Bien au-delà des chocs économiques qui sont devenus explicites, le pays est surtout de plus en plus ébranlé par ce réveil identitaire des nouveaux puissants ou turbulents de la planète qui se moquent de notre morale permanente sur les « droits de l'homme » ou de notre principe de précaution « universel ».

Les Français ont surtout la sensation que nous sommes « nulle part ». Ce ne sont pas la flamboyance des prises de position de nos politiques à la tribune d'institutions prestigieuses ou la pseudo-générosité de leurs initiatives en matière de taxation internationale pour financer le développement durable des pays du tiers-monde qui vont changer le sens de l'histoire. Celle-ci s'écrit désormais loin de nos rivages. Nous ne pouvons plus continuer à nous résigner à devenir cet espèce de grand « gîte rural », voire cette superbe « maison de retraite », certes bien climatisée mais particulièrement endettée et déconnectée des réalités, que tous les étrangers dépeignent désormais avec de plus en plus d'ironie… La girouette s'affole tant les vents dominants viennent frapper à nos portes de tous les horizons : contre toute attente et sans nous demander la permission, la Chine s'est transformée en véritable atelier du monde, l'Inde en centre serveur multi-médiatique, le Brésil en agro-fournisseur, la Russie en sauvegarde énergétique, le Proche-Orient en bombe nucléaire à retardement… Le réveil se met à sonner tant il est devenu crucial de sortir de notre indolence et de notre torpeur, de nous secouer et de reprendre la main de notre destin.

Au milieu de ce maelström de dynamiques, de turbulences mais aussi de formidables opportunités, la France a besoin de redéfinir la singularité de son cheminement. Son avenir passe en premier lieu par le redéploiement de sa signature et de son rayonnement à l'international. La mondialisation n'est pas une menace contrairement à l'idée répandue. Elle offre à tous les pays émergents la possibilité de s'exprimer et de ramasser le pouvoir. Qu'est-ce que nous attendons pour redevenir un pays « émergent » en ce début de XXIe siècle. Pour ceci il faut que nous soyons capables de nous battre à la fois très loin de nos centres de décision, mais aussi dans nos banlieues. Tout ceci n'est pas une question de taille et encore moins de moyens, contrairement à ce que beaucoup pourraient penser. C'est avant tout une affaire de détermination et d'intelligence (au sens où l'entendent les Anglo-Saxons en termes de leadership mais aussi de capacités de renseignement et d'influence, l'un n'allant pas sans l'autre...). Il y a des peuples petits par la taille mais grands et incontournables en termes de pilotage stratégique. Notre pays a tous les ingrédients pour retrouver une place honorable, si ce n'est incontournable dans de nombreux domaines au sein du petit club des puissants du monde. Nous y sommes bien arrivés dans le domaine économique avec des entreprises qui ont réussi à se hisser aux premiers rangs mondiaux sur des segments stratégiques. Pourquoi n'y arriverions-nous pas sur le plan national ?

Certes aujourd'hui nous ne sommes plus cette puissance moyenne qui s'interposait entre les blocs d'hier. Nous sommes devenus progressivement une petite puissance néanmoins dotée encore de moyens et de potentiels non négligeables. À nous de les redéployer astucieusement pour reprendre la main là où nos talents peuvent s'exprimer et s'imposer. Quelques fenêtres de tir sont encore ouvertes mais pour peu de temps, sachons les saisir ! Et ne rêvons pas personne ne nous tendra la main et personne ne nous attendra. Les autres espèrent même que nous allons abandonner petit à petit la partie pour nous remplacer. Nous avons besoin de réaffirmer nos « leaderships » dans tous les domaines et de sortir de cette fatalité de l'échec dans lequel nous nous sommes installés depuis trente ans. Ce que nos entrepreneurs sont capables de faire avec des moyens qui ne sont pas forcément extraordinaires et dispendieux, bien d'autres pourraient le faire sur le plan culturel, éducatif, public, institutionnel... Pour cela il faut changer radicalement de méthodes et privilégier la compétence et l'efficacité à ce pseudo élitisme et corporatismes de façade qui ont tué la créativité et les talents de notre pays.

Certes le monde est à nos portes et nos grands concurrents deviennent désormais nos actionnaires. Faisons en sorte qu'ils deviennent nos partenaires et s'appuient sur nos rêves et nos compétences. Tous ceux qui voyagent savent que nous sommes très actifs sur cette planète et que notre créativité, notre dynamisme sont aussi à l'origine d'aventures exceptionnelles et très profitables pour notre pays. Les Français le savent-ils ? Ce ne sont pas les journaux télévisés qui font dans les longues plaintes langoureuses qui en rendent compte. De tant à autre j'ai l'impression qu'ils voient le monde comme Vigny :

> *Que de fois seul dans l'ombre à minuit demeuré,*
> *J'ai souri de l'entendre, et plus souvent pleuré !*

Car je croyais ouïr de ses bruits prophétiques
qui précédaient la mort des paladins antiques.[1]

Mais je suis convaincu que mes concitoyens se rendent compte que la France pourrait être différente. Ils commencent à ouvrir les yeux sur ce début de XXIe siècle au demeurant particulièrement insolent pour notre arrogance séculaire. Oui, rien ne sera plus pareil et tout est à réinventer !

Tel est le cahier des charges que nous léguons à notre jeunesse. Celle-ci doit être replacée au cœur de nos préoccupations et de toutes les stratégies nationales. Si les générations aux commandes doivent tenir le front de la survivance en ne se trompant pas dans les priorités à traiter, la jeunesse ne doit avoir qu'un seul objectif : faire émerger contre vents et marées notre renaissance. Certes il faut lui donner des « moyens » (mot qui est toujours dans toutes les bouches pour soutenir la moindre revendication catégorielle…), mais il faut surtout lui transmettre cette « force de caractère » et cette « force d'âme » que le système éducatif n'est plus en mesure de lui communiquer. Il faut sortir notre jeunesse de cet hédonisme et de ce « désenchantement »[2] terrible et absurde dans lequel ses aînés, orphelins des grandes utopies du XXe siècle, l'ont enfermé et la contiennent. Il faut lui redonner du rêve, de l'enthousiasme, de l'envie, de l'audace. Tout ceci ne pourra émerger que si nous savons surmonter l'actuelle « trahisons des clercs », sortir de cette « étrange défaite » et impulser cette « force d'âme » que je ne cesse d'invoquer depuis le début de ce livre. Après avoir détruit le « mur de la honte »[3] il faut désormais s'attaquer au « mur de la désespérance » qui a été bâti par la génération de 1968 ! Je ne la juge pas, c'est comme pour le communisme, nous n'avons plus le temps de faire le procès des totalitarismes du passé. D'autres impératifs se présentent à nous et nous devons faire au plus vite nos deuils de ces extravagances de l'histoire, de ces pensées uniques qui nous ont inhibés, anesthésiés, neutralisés. Il nous faut désormais réinventer notre futur et sortir des archaïsmes. Les enjeux et surtout les franchissements de seuil que nous avons à assumer sont tels que nous devons mobiliser

---

1. Vigny extrait du poème « *le Cor* », La Pléiade.
2. Cf. *Le Désenchantement du monde*, Marcel Gauchet, Gallimard, 1995.
3. Terminologie qui était donnée pendant la guerre froide au « mur de Berlin ».

© Groupe Eyrolles

toute notre énergie et notre intelligence sur demain. Hier, c'est déjà trop tard, même si intellectuellement c'était *a priori* beau !

Pour cela il faut travailler sur ces fondamentaux que sont l'ambition de notre pays et sa légende qui transcendent les frontières et le temps. La question n'est plus de penser en « exception individuelle » mais en « émulation collective ». Le cheminement ne peut se faire qu'avec des convictions forcément contagieuses, des intuitions fortes et l'acceptation d'un coût sociétal important. Cela suppose des résiliences inavouables aujourd'hui mais absolument indispensables pour espérer s'inscrire dans les coursives du futur. Le script n'est pas écrit. Heureusement, car il laisse libre cours pour les jeunes générations à toutes les formes de créativité et d'espérance.

Tout est à imaginer et tout dépend de nous. Les politiques ne seront que les relais de ce réveil et de ces impulsions vitales. Je ne crois pas à l'inverse, même si de temps à autre un homme ou une équipe peuvent momentanément porter plus haut une ambition, un projet, un rêve collectif. Mon expérience du terrain m'a souvent prouvé que ce sont les peuples qui ont toujours le dernier mot. Pour rester fidèle à Stendhal : « *Les peuples n'ont jamais que le degré de liberté que l'audace conquiert sur la peur.* » Pour cela il faut faire confiance au temps et au courage des hommes et des femmes de ce pays.

Pour générer des initiatives audacieuses et permettre à la France de renaître il faut accepter maintenant de grands sacrifices et prendre de véritables décisions. Cela commence par l'annulation pure et simple de ces accords implicites de 1946 qui saignent notre économie et gangrènent notre contrat social[1], par l'arrêt de l'hémorragie de nos finances publiques, par un respect de la société civile, par une rénovation en profondeur de nos institutions... Sans ces préalables qu'il nous faut traiter sans préavis et au plus vite, il n'y aura pas le rétablissement de cette confiance sans laquelle il n'y a pas de conquête possible, de jeunesse engagée et de leadership crédible et durable. La confiance est la clé de notre survivance, elle est le préalable du réenchantement de notre société et le ferment de notre renaissance. La France mérite mieux qu'un simple redressement fiscal et social. Il lui faut à nouveau un grand destin ! Qu'attendons-nous ? Notre sort est entre nos mains !

---

1. Cf. *Coup de gueule en urgence, alerte sur notre contrat social,* Hervé Sérieyx, Eyrolles, 2004.

Conclusion

« Il faut que le hasard renverse la fourmi
pour qu'elle voit le ciel. »
Proverbe arabe

J'achève ces dernières pages dans mon havre breton sur les bords de l'Odet. La journée est superbe : la mer moutonne gentiment du côté des « *Glénans* » sous un soleil d'automne radieux. En observant le large, avec ses ballets de voiles blanches qui dansent sur l'Océan, je repense aux paysages dévastés que j'ai vus de l'autre côté de l'Atlantique, là-bas en Louisiane. Je me souviens du regard de tous ces Américains croisés dans les décombres des bords du Mississipi. La mer et le vent leur ont rappelé brutalement, il y a un peu plus d'un an, que la vie ne pouvait se limiter à une désuète accumulation de moyens. En quelques heures ils ont vu toutes leurs certitudes s'effondrer et tout leur capital, leurs souvenirs, être engloutis sous les eaux furieuses du golfe du Mexique. À Buenos Aires ce ne furent pas les éléments naturels, mais l'implosion du système financier et économique qui a mis le pays à genoux en quelques jours. À Beyrouth et à Sarajevo ce furent les hommes, pris de cet accès de folie collective dont notre espèce est régulièrement capable, qui ont détruit le pays en quelques mois. Tous m'ont appris que la puissance, la richesse ou la beauté d'un paysage, d'un peuple, d'un pays sont des réalités éphémères et fragiles. Elles méritent un soin et une

249

attention particuliers si l'on veut en jouir pleinement et durablement. Il y a un prix à payer et ce coût n'est pas forcément que financier et matériel.

En revenant d'une longue marche, je croise quelques anciens combattants qui préparent les prochaines cérémonies du 11 novembre à côté de cette vieille église dont le clocher breton brave la fureur des vents depuis des siècles. Un passant amusé de me voir avec ces quelques rescapés de la Seconde Guerre mondiale et des guerres coloniales me fait remarquer que ce rendez-vous est désormais d'un autre temps. Pour lui le travail de mémoire se limite à la rigueur à 45 minutes de plaisir devant un écran plat avec des amis, et à la seule condition que le scénario soit bon, même s'il contient des erreurs historiques. Qu'importe le sujet, il faut que le spectacle soit à la hauteur de ses désirs. Il est clair que la transmission de valeurs, le sens de la mémoire ne sont pas à l'ordre du jour de ses préoccupations. Par contre la fébrilité de son comportement autour de son téléphone portable révèle combien l'instantanéité des échanges le domine et combien le côté fugitif de l'existence l'obsède. Interpellé par son indifférence, je lui rétorque que depuis l'Algérie, l'Indochine, d'autres combattants français ont vécu les horreurs de Beyrouth, l'implosion de l'Afrique, de l'ex-Yougoslavie et maintenant l'explosion du Proche-Orient et de l'Asie centrale. Que tous ces combattants dits « de la paix » ne sont pas fictifs et que ces conflits ne sont pas virtuels. Qu'ils ont toujours vingt ans quand ils sont envoyés sur ces différentes lignes de front…

Mes arguments sont bien d'un autre temps, s'il m'entend il ne m'écoute pas ! Il pense surtout à cette belle journée d'automne, au bon repas qu'il va se faire avec ses amis au restaurant avec vue sur mer et à la belle sortie en bateau de l'après-midi… Que puis-je lui dire ? Dans cette confrontation d'idées, de valeurs, de postures je ne peux qu'apparaître « ringard ». Mon vécu et mon regard du monde ne l'intéressent pas. Il me fait gentiment comprendre que je me « trompe de guerre » et qu'il est important de jouir de l'instant présent plutôt que de se préoccuper du sort de ceux qui sont aux avant-gardes des turbulences mondiales. Après tout s'ils sont là-bas, c'est un peu comme nos grands marins qui défient les Océans, c'est parce qu'ils l'ont choisi ! Alors laissons-les assumer leurs destins, laissons les télévisions nous transformer ces réalités en déni pour le 20 heures et ne gâchons pas le spectacle d'une si belle journée. On ne peut pas lui en vouloir certes, la majorité de la population raisonne comme lui : tout est ramené à l'immédiat et à la jouissance du présent, avec en toile de fond une perte de conscience de ce qui fait notre quiétude et notre qualité de vie.

Ce petit village digne des pages d'*Astérix*, qui a su résister et s'adapter à maintes situations, est devenu en quelques décennies un petit joyau balnéaire pour troisième âge. Le front de mer s'est transformé au fil des ans en quatre étoiles pour papy-boomers. Tout doit être propre, lisse, sans aspérité afin de faciliter la retraite de cette population au pouvoir d'achat très élevé. Pendant ce temps les jeunes générations qui ne peuvent plus rivaliser avec les revenus et les exigences des personnes âgées quittent le littoral du fait de la spéculation et vont s'installer dans l'arrière-pays ou pour les plus aventureux hors de nos frontières. Le patrimoine de leurs parents a été transféré en moins de dix ans à des nantis ou à des étrangers qui ont su tirer les bénéfices des marchés financiers. Tous les jours des cars déversent des bataillons de retraités franco-allemands qui viennent profiter des revenus de ces « trente piteuses » en se moquant bien des chèques qu'ils font sur le dos de leurs enfants, quand ils en ont conscience… L'économie locale tourne désormais autour de l'immobilier, des thalassos et du casino, il n'y a plus d'industries liées à la mer et à quinze kilomètres de ce petit paradis une zone de non-droit prête à s'embraser au moindre déclic se constitue, se consolide et grossit telle une tumeur maligne… Voilà à une petite échelle l'image de notre pays ! Quel espoir laissons-nous aux jeunes générations pour préparer leur avenir ? Entre celui qui n'a plus conscience de son histoire et ceux qui se moquent de leur descendance, quelle désespérance, quelle inconscience, quelle folie !

Et pourtant sur ces mêmes rives, comme « au fond de la rivière », je connais des hommes et des femmes qui sont à l'opposé de cet état d'esprit égoïste, autiste et un tantinet schizophrène. Il y a ici et là des signatures prestigieuses tels ces grands navigateurs comme Éric Tabarly, Poupon, Jean Le Cam, Vincent Riou… qui ont défié tous les océans et continuent à ramener les plus grands trophées convoités par les marins. Il y a ces chefs d'entreprises connus comme Bolloré mais le plus souvent méconnus comme ces patrons de PME-PMI, qui sont présents sur tous les continents grâce à leur audace et leur inventivité. Il y a ces jeunes innovateurs qui dans des « communautés ingénieuses » du côté de Brest, Lorient et dans l'arrière-pays breton font faire des bonds gigantesques aux technologies de demain, celles des nanotechnologies, des biotechnologies, de l'océanologie… Il y a aussi ces professeurs qui produisent les meilleurs résultats au BAC et aux concours des grandes écoles. Dans leurs domaines ils sont surprenants de ténacité, de convictions et d'audace quand on les connaît bien. Ceux-là croient encore aux grandes aventures, à la victoire, aux talents des uns et des autres pendant que leurs concitoyens se vautrent dans l'indolence, dans l'indifférence… Tel est le paradoxe de la France d'aujourd'hui !

Nous arrivons au bout de ce temps où nous pouvions encore tricher avec la réalité. Les marins de cette magnifique rivière de l'Odet savent combien il est important de savoir ausculter les horizons pour anticiper les « coups de torchon ». Ils savent que face à l'imminence d'une tempête « *pour saluer les grains, il faut savoir arrondir les pointes à temps* ». Cela signifie qu'il faut savoir réduire la toile en fonction de la force du vent, de la violence de la mer et souder l'équipage autour de quelques réflexes simples mais essentiels pour survivre face aux éléments déchaînés. Cela devrait être la même chose à l'échelle de notre pays. Avant toute chose, il est désormais prioritaire de s'attaquer à la réduction de l'immense voilure de déficits qui menace les gréements du bateau France. Un bateau sans gréements n'avance plus. En pleine tempête, il peut même couler : une mature brisée qui traîne dans l'eau est la pire des menaces pour les marins. Ce qui a fait notre fierté hier, à savoir notre vision bien étalée de la puissance et du pouvoir, peut se retourner contre nous tel ce gréement brisé qui d'outils de propulsion devient alors bélier contre la coque. Il est encore temps de redimensionner la toile, quitte à la redéployer le moment venu quand la météo sera plus propice. Pour renaître il faut d'abord se donner les moyens de survivre ! Ne nous trompons pas une fois de plus dans les priorités et ne programmons pas une nouvelle « étrange défaite » !

Pour rassurer l'équipage qui n'est plus forcément prêt psychologiquement et encore moins préparé à cette échéance, nous avons peu
de temps. Par expérience il faut le resserrer sur la « chose
commune » et remettre du sens, des valeurs, de l'espérance là où
nous avons cultivé le nihilisme, le matérialisme et le cynisme. Pour
y arriver il n'y a pas de recettes toutes faites, bien que certains le
fassent croire. Il y a la plupart du temps des hommes de convictions avec des ancrages simples autour d'un vécu fort. Ces leaders
n'ont pas besoin d'en dire ou d'en faire beaucoup. Ils ont généralement cette « force de caractère » et cette « force d'âme » qui nous
manquent aujourd'hui. Il suffit de lire dans leurs regards. J'en ai
croisé là-bas, à la Nouvelle-Orléans, sur les rives de l'Adriatique,
de la Méditerranée et même sur les rivages de la Chine… Je sais
qu'ils existent sur les bords de l'Odet et ailleurs un peu partout en
France et qu'ils sont eux prêts. Mais ce n'est pas suffisant, il faut
que l'équipage ait confiance en eux et puisse se préparer à temps.
La priorité pour sortir le pays de la crise dans laquelle nous nous
enfonçons est là : rétablir la confiance d'abord entre des « hommes
de bonne volonté ». Sans ce préalable ce sera très dur, très éprou-
vant et il y aura beaucoup de casse pour le bateau, l'équipage et les
passagers. N'épousons pas la culture du Titanic ! Nous pouvons
encore donner tort aux Cassandres, non pas sur l'inévitable déclin
qui est déjà derrière nous, mais sur le tragique naufrage de notre
pays qui est malheureusement devant nous. Pour cela il nous faut
être désormais obsédés par notre survivance et notre renaissance
plus que par notre jouissance et notre bon plaisir ! Un sacré défi
pour un peuple qui se croit protégé des ouragans et qui pense que
la mer sera toujours belle et clémente…

Les dépressions se creusent au large et les marins savent bien
qu'elles n'épouseront pas forcément la trajectoire que nous souhaitons. Ce fut bien le problème des habitants de la Nouvelle-Orléans
avec Katrina. L'ouragan a fait un 90° inconcevable et il a frappé le
cœur des activités de la Louisiane. Il est passé là où il n'aurait
jamais dû passer… Il n'a pas continué tout droit comme cela aurait
été souhaitable. L'Histoire impose aux peuples le même type
d'extravagance. Arrêtons de penser que nos véritables rendez-vous
n'arriveront qu'en 2050 ! Ne prenons pas nos rêves pour des

réalités ! Par contre, essayons de faire en sorte que nos rêves deviennent des réalités. Pour cela il faut croire en l'espérance. C'est la seule chose qui nous reste aujourd'hui et c'est considérable. C'est pour cette raison que nous nous en sortirons en dépit de toutes les prévisions négatives des modèles économiques et de toutes les bêtises de notre bureaucratie. Il nous reste encore quelques fenêtres de tir, sachons les utiliser à bon escient !

Bibliographie

Claude Allègre, *Quand on sait tout, on ne prévoit rien ! Et quand on ne sait rien on prévoit tout !*, Fayard/Robert Laffont, septembre 2004.

Patrick Artus et Marie-Paul Virard, *Comment nous avons ruiné nos enfants*, La Découverte, 2006.

Bertrand Badie, *L'Impuissance de la puissance*, Fayard, 2004.

Jacques Baud, Christine Lorin de Grandmaison, *La Guerre asymétrique ou la défaite du vainqueur*, Éditions du Rocher, 2003.

Pascal Baudry, *Français et Américains – l'autre rive*, Village mondial-Pearsons, septembre 2004.

Nicolas Baverez, *Nouveau monde, vieille France*, Perrin, décembre 2005.

Nicolas Baverez, *Les Trente Piteuses*, Flammarion, 1999.

George Bernanos, *Dialogues des Carmélites*, Actes Sud, 2006.

Joël-Yves le Bigot, Catherine Lott-Vernet et Isabelle Porton-Deterne, *Vive les 11-25 ans*, Eyrolles, mars 2004.

Joachim Bitterlich, *France-Allemagne, mission impossible* ?, Albin Michel, 2005.

Marc Bloch, *L'Étrange Défaite*, Gallimard, 2000.

Pascal Boniface, *Vers la Quatrième Guerre mondiale*, Armand Colin, 2005.

Rémi Brague, *La Loi de Dieu*, Gallimard, 2005.

Fernand Braudel, *Grammaire des civilisations*, Champs Flammarion, 1963.

Julien Brenda, *La Trahison des clercs*, Grasset, Collection les Cèdres rouges, 2003.

Michel Brulé et Michel Drancourt, *Service public – sortir de l'imposture*, Jean-Claude Lattès, 2004.

Pascal Bruckner, *La Tyrannie de la pénitence – essai sur le masochisme occidental*, Grasset, octobre 2006.

Manuel Castells, *La Société en réseau, Le pouvoir de l'identité et Fin de millénaire*, Fayard, 1999.

Georges Castellan Arméline, *Histoire de l'Albanie et des Albanais*, Crozon, 2002.

Gérard Chaliand, *Guerres et civilisations*, Odile Jacob, septembre 2005.

Joseph Chami, *Les Cèdres du Liban*, librairie du Liban, 1968.

Mustapha Cherif, *L'Islam, tolérant ou intolérant ?*, Odile Jacob, 2006.

Carl Von Clausewitz, *De la guerre (Vom Kriege)*, traduction de Nicolas Waquet, Éditions Rivage poche, 2006.

François de Closets, *Toujours plus !*, Grasset, 1982.

François de Closets, *Encore plus !*, Fayard/Plon, 2006.

François de Closets, *Plus encore !*, Fayard, mai 2006.

Charles Cogan, *Diplomatie à la française*, Jacob-Duvernet, 2005.

Laurent Cohen-Tanugi, *Le Droit sans l'État*, PUF, 1985.

Jean-François Copé, *Promis, j'arrête la langue de bois*, Hachette Littérature, 2006.

Hubert Coudurier, *Requiem pour les années Chirac*, Jacob-Duvernet, mars 2006.

Stéphane Courtois, *Le Livre noir du communisme*, Robert Laffont, 1998.

Michel Crozier, *La Société bloquée*, Seuil, 1971.

Michel Crozier, *La Crise de l'intelligence – essai sur l'impuissance des élites à se réformer*, Interéditions, 1995.

Thérèse Delpech, *L'Ensauvagement – le retour de la barbarie au XXIe siècle*, Grasset, octobre 2005.

Vincent Desportes, *Décider dans l'incertitude*, Economica, 2004.

Jared Diamond, *Effondrement : comment les sociétés décident de leur disparition ou de leur survie*, Gallimard, juin 2006.

Raphaël Draï et Jean-François Mattéi (sous la dir.), *La République brûle-t-elle ?*, Éditions Michalon, janvier 2006.

Jean-Louis Dufour, *La Guerre, la Ville et le Soldat*, Odile Jacob, 2002.

Alain Etchegoyen, *Votre devoir est de vous taire*, L'Archipel, juin 2006.

Alain Finkielkraut, *Nous autres modernes*, Ellipses, 2005.

Jean Fourastié, *Trente Glorieuses*, Hachette Pluriel Référence, 2004.

Anatole France, *La Vie en fleur*, Gallimard, 1983.

Marie-France Garaud, *La Fête des fous*, Plon, mai 2006.

Marcel Gauchet, *Le Désenchantement du monde*, Gallimard, 1995.

Pascal Gauchon, *Inde, Chine, à l'assaut du monde*, PUF, 2006.

Charles de Gaulle, *Mémoires de guerre*, Plon, 1999.

Charles de Gaulle, *Le Fil de l'épée et autres écrits*, Plon, 1999.

Michel Godet, *Le Courage du bon sens*, Odile Jacob, déc. 2006.

David Goodstein, *Panne sèche, la fin de l'ère du pétrole*, Buchet-Chastel, 2005.

Julien Gracq, *Le Rivage des Syrtes*, Éditions Corti, 1951.

Charles Gave, *C'est une révolte ? Non, Sire c'est une révolution*, Bourin Éditeur, mai 2006.

Jean-Pierre Guichard, *De Gaulle face aux crises*, Le Cherche Midi, 2000.

Xavier Guilhou et Patrick Lagadec, *La Fin du risque zéro*, Eyrolles/Les Échos, février 2002.

Marc Halévy, *L'âge de la connaissance – Principes et réflexions sur la révolution noétique au XXIe siècle*, M2 Éditions, octobre 2005.

Martin Hirsch, *Ces peurs qui nous gouvernent*, Albin Michel, mars 2002.

Samuel Huttington, *Le Choc des civilisations*, Odile Jacob, 1997.

François-Bernard Huyghe, *Quatrième Guerre mondiale – faire mourir et faire croire*, Éditions du Rocher/L'art de la guerre, mars 2004.

Éric Izraelewicz, *Quand la Chine change le monde*, Grasset, 2005.

Nicolas Jacquet et Guéric Jacquet, *La France qui gagne*, Odile Jacob, octobre 2005.

Philippe Jaffré et Philippe Riès, *Le Jour où la France a fait faillite*, Grasset, octobre 2006.

Jean-Marc Jancovici et Alain Grandjean, *Le Plein s'il vous plaît*, Seuil, 2006.

Denis Jeambar et Jacqueline Remy, *Nos enfants nous haïront*, Seuil, septembre 2006.

Jean-François Kahn, *Les Bullocrates*, Fayard, 2006.

James Howard Kunstler, *La Fin du pétrole – le vrai défi du XXIe siècle*, Plon, septembre 2005.

Général Éric de la Maisonneuve, *La Violence qui vient*, Aléa/Le Seuil, avril 1997.

Richard Labévière, *Le Grand Retournement Bagdad-Beyrouth*, Seuil, octobre 2006.

Patrick Lagadec et Laura Bertone (avec Xavier Guilhou), *Voyage au cœur d'une implosion, ce que l'Argentine nous apprend*, Eyrolles, octobre 2003.

Patrick Lagadec, *Ruptures créatrices*, Éditions d'Organisation/Les Échos, 2000.

Mathieu Laine, *La Grande Nurserie*, Lattès, 2006.

Christophe Lambert, *La Société de la peur*, Plon, septembre 2005.

Éric Laurent, *La Face cachée du pétrole*, Plon, 2005.

Michel Lejoyeux, *Overdose d'info – guérir des névroses médiatiques*, Seuil, janvier 2006.

Pierre Lellouche, *Les Illusions gauloises*, Grasset, janvier 2006.

Emmanuel Lémieux, *Le Krach des élites*, Bourin Éditeur, février 2006.

Marie-Laure de Léotard, *Le Dressage des élites de la maternelle aux grandes écoles : un parcours pour initiés*, Plon, septembre 2001.

Michel Maffesoli, *Éloges des tribus*, coll. Table ronde, octobre 2000.

Michel Maffesoli, *La Part du diable*, Flammarion, mars 2004.

Joseph de Maistre, *Les Soirées de Saint-Pétersbourg*, Éditions Du Sandre, 31 juillet 2006.

André Malraux, *La Tentation de l'Occident*, Grasset Fasquelle, 1926.

Jacques Marseille, *Du bon usage de la guerre civile en France*, Perrin, mars 2006.

Alain Ménargues, *Les Secrets de la guerre du Liban*, Albin Michel, 2004.

Gérard Mermet, *Révolution ! Pour en finir avec les illusions françaises*, Audibert, décembre 2005.

Gérard Mermet, *Francoscopie 2005*, Larousse, 2005.

Alain Minc, *Le Crépuscule des petits dieux* Grasset, mai 2006.

Philippe Moreau Desfarges, *Où va l'Europe ?*, Eyrolles, 2006.

Laurent Murawiec, *La Guerre au XXIe siècle*, Odile Jacob, décembre 1999.

Denis Muzet, *La Mal-info – enquête sur des consommateurs de médias*, coll. L'Aube essai, 2006.

Bernard Nadoulek, *L'Épopée des civilisations*, Eyrolles, 2005.

Ghislaine Ottenheimer, *Nos vaches sacrées*, Albin Michel, 2005.

Maurice Pergnier, *La Désinformation par les mots – Les mots de la guerre, la guerre des mots*, Éditions du Rocher, 2004.

Pierre Piquard, *L'Empire chinois*, Faure, 2004.

Olivier Postel-Vinay, *Le Grand Gâchis. Splendeur et misère de la science française*, Eyrolles, 2002.

Laurent Artur du Plessis, *La Troisième Guerre mondiale a commencé*, Éditions Jean-Cyrille Godefroy, octobre 2002.

Michel Richard, *La République compassionnelle*, Grasset, mars 2006.

Colonel De Richoufftz, *Pour qui meurt-on ?*, Éditions l'œil de F.x. De Guibert, 2000.

Joël de Rosnay, *La Révolte du pronét@riat : des mass media aux médias des masses*, transversales Fayard, janvier 2006.

Joël de Rosnay, *L'Homme symbiotique*, Seuil, 1995.

Pierre Rosanvallon, *La Contre-démocratie. La politique à l'âge de la défiance*, Seuil, 2006.

Pierre Rosanvallon, *La Crise de l'État providence*, Seuil, 1981.

Jean-Christophe Ruffin, *Globalia*, Gallimard, 2004.

Christian Saint-Étienne, *Génération sacrifiée*, Plon, janvier 1993.

Hervé Sérieyx, *Le Big-bang des organisations, quand l'entreprise, l'État, les régions entrent en mutation*, Calman-Lévy, 1994.

Hervé Sérieyx, *Les Jeunes et l'entreprise*, Eyrolles, 2002.

Hervé Sérieyx, *Coup de gueule en urgence, alerte sur notre contrat social*, Eyrolles, 2004.

Jean Sevillia, *Le Terrorisme intellectuel de 1945 à nos jours*, Perrin, octobre 2003.

Antoine Sfeir et Nicole Bacharan, *Américains, Arabes – l'affrontement*, Seuil, 2006.

Antoine Sfeir, *Vers l'Orient compliqué*, Grasset, 2006.

Ted Stanger, *Sacrés Français ! Un Américain nous regarde*, Éditions Michalon, 2003.

Ted Stanger, *Sacrés fonctionnaires ! Un Américain face à notre bureaucratie*, Éditions Michalon, 2006.

Joseph Tainter, *The Collapse of Complex Societies*, Cambridge University Press, 1988.

Alvin Toffler, *Le Choc du futur*, Denoël, 1971.

Alvin et Heidi Toffler, *Créer une nouvelle civilisation : la politique de la troisième vague*, Fayard, 1995.

Vladimir Volkoff, *La Désinformation, arme de guerre*, Éditions L'Âge d'Homme, 2004.

Philippe Vuitton, *Peur ?*, Éditions Ellébore et Gnos, avril 2006.

Norman Yoffee et George Cowgill, *The Collapse of Ancient States and Civilisations*, University of Arizona Press, 1988.

Paul Yonnet, *Le Recul de la mort. L'avènement de l'individu contemporain*, Gallimard, 2006.

Index

Symbole

35 heures 225

A

Agnosticisme 48
Angélisme 126
Anticipation 197
Arbitrage 112
Arme nucléaire 236
Assistance 127
Authenticité 79
Autodéfense 10
Autorité 138

B

Barbarie 132

C

Capitaux 109
Changement 127
Choc des civilisations 176
Cholestérol bureaucratique 102
Chômage 214

Chose commune 120, 126
Clientélisme 115
Communautarisme 145
Communication 82
Communisme 144
Confiance 80, 155
Consanguinité 101
Conscience 78
Consensus mou 239
Consommation 48
Contrat social 55, 155
Contre-terrorisme 202
Corporatisme 20
Courage 151
CPE 206
Créativité 151
Crise
    ~ civique 138
    ~ d'adolescence 140
    ~ de sens 141
Culte
    ~ de l'aventure 151
    ~ du « moi » 123
Culture
    ~ de la tragédie 151
    ~ du risque 151

Cycle pervers 49
Cynisme 46

D

Déchristianisation 46
Défi religieux 142
Défiance 118
Démocratie 161
  ~ participative 231
Démographie 194
Déni de réalité 23
Dépression 45
Désacralisation 139
Déstabilisation 125
Détermination 167
Développement durable 74
Devoir 121
Dissuasion 58

E

Égoïsme 141
Employabilité des jeunes 113
Empowerment 70
Énergie 197
Engagement 220
Envie 157
Environnement 198
Espace-temps 155
Espoir 168
État de droit 41
Évitement 127
Exemplarité 79

F

Faillite 85
  ~ morale 46

Fascisme vert 145
Fatalité 89, 149
Fierté nationale 109
Force
  ~ d'âme 3, 218
  ~ de caractère 217
Formation 205
Fracture 45
Fragilité structurelle 199
Franchissements de seuils 202

G

Gestion des ressources 113

H

Hémorragie
  ~ externe 95
  ~ interne 95

I

Identité 127
Illusion 209
Imaginaire 158
Implosion 43, 60
Impuissance européenne 178
Incivilité 138
Inconscience 79
Incrédulité 173
Infantilisation 54
Infantilisme 126
Innovations 202
Intuition 161
Inventivité 158
Irresponsabilité 78
Islam 181

J

Jeu 161

L

Lâcheté 140
Laïcité 142
Libéralisme 163
Lobbies 100
Lolf 105

M

Mal-info 120
Marxisation 46
Matérialisme 47
Méthodes 213
Multiculturalisme 113

N

Nazisme 144
Nihilisme 46, 158

O

Œcuménisme 144
Optimisme 152
Ordre
  ~ moral 132
  ~ public 132
Oxymore 73

P

Pacifisme 124
Paix
  ~ civile 30, 36
  ~ écologique 234
  ~ sociale 29, 36
Patriotisme 145
Paupérisation 32
Pédagogie 167
  ~ de l'action 217
Perte
  ~ de référence 49
  ~ de référentiel 113
  ~ de spiritualité 50, 141
  ~ identitaire 115
Pessimisme 151
Peur 48, 207
Pilotage 64
Principe
  ~ de précaution 40, 125
  ~ de responsabilité 114
  ~ de survivance 47
Priorités 90
Prise de risque 217
Privatisation 213
Privilèges 104
Projet de vie 147
Prosélytisme 145

R

Racket budgétaire 99
Rayonnement de la France 125
Recherche 211
Reconstruction 118
Réforme 52
Régulation des naissances 111
Religiosité 47, 141
Renaissance collective 148
Repli identitaire 119, 123
Resacralisation 146
Réseau 241
Résilience 168

Résistance au changement 153
Respect de la loi 140
Responsabilité 78, 81
Ressources 111
Retour de la guerre 176
Révolution 44
Risque 81
Rupture 127
    ~ créatrice 7
    ~ de confiance 21, 23
    ~ générationnelle 20
Rurbanisation 195

S

Sacré 137
Sacrifice 134
Savoir
    ~ -être 216
    ~ -faire 240
Sectarisme 141
Sécurité
    ~ extérieure 136
    ~ intérieure 138
    ~ nationale 115
Sens des responsabilités 218
Service militaire obligatoire 121
Social-démocratie 163
Société de l'information 203
Solidarité 80
Spiritualité 47, 186
Spoliation 98
Surenchère législative 45

Survie 95
Survivance 167
Symboles 150

T

Talents 109
Terrorisme 164
Tolérance 144
Transnationalité européenne 119
Transparence 81
Travail de deuil 118
Trente
    ~ glorieuses 53
    ~ piteuses 53
Tribus 123
Trotskisme 144

U

Urbanisation 195
Urgence 90

V

Valeurs 78
Victimisation 6
Vieillissement
  de la population 110

Y

Ying et Yang 152